현장적용을 위한

ㅣ술치료의 이해

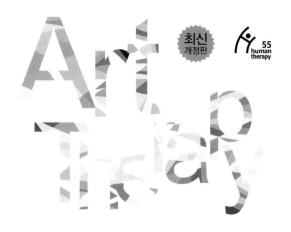

최신 개정판

55
human therapy

현장적용을 위한

미술치료의 이해

유 미 지음

이담
Books

필 자는 2007년 1월, 같은 이름의 이 책을 출판하였다. 그동안 우리나라의 미술치료는 괄목할 만한 성장을 하였고 필자 역시 부족하기는 하지만 많은 임상 경험과 노력으로 개인적인 성장의 과정이 있었음을 자부한다. 그리고 그 성장으로 2007년 집필했던 책을 같은 이름의 책으로 수정하여 쓰게 되었다. 앞으로 더 열심히 임상현장에서 일하면서 꾸준히 이 책을 수정할 수 있었으면 하는 바람이 든다.

우연히 만난 자폐아동은 나를 '미술치료'라는 매력 있는 학문으로 이끌었다.

많은 집단 워크숍에 참여하면서, 내 의도와는 상관없이 행해졌던 수많은 작업들과 많은 사람 앞에서 흘렸던 눈물들, 내가 토해 내었던 이야기들, 그리고 그 과정 속에 하루하루 변해 가는 내 모습을 보면서, 살아가는 데 많은 용기를 얻었고 '미술치료'를 공부하는 것이 누군가를 위해서가 아니라 내 자신을 위한 길이라는 것을 깨닫게 되었다. 지금도 역시 치료현장에서 미술치료를 진행하고, 많은 워크숍을 진행하지만, 뒤돌아보면 내가 그들에게 도움을 주고 가르치기보다는 현장에서의 느낌으로부터 내가 더 얻어 가는 것이 많다는 사실을 뼈저리게 느끼고 그 느낌을 무척 소중하게 생각한다.

열정적인 작업을 통해 자신을 사랑하게 되는 모습을 보면서, 때론 울부짖고, 때론 어디서도 말할 수 없었던 가슴속 깊은 이야기를 토로해 내면서, 서로 이해하고 공감하고, 가끔은 서로에 대한 질책을 마다하지 않았던 많은 내담자들, 아마도 그분들이 계시지 않았다면 이 책을 출간하기는 무척 힘들었으리라 생각된다. 지면을 빌려 감사의 말을 전하고 싶다.

이 책은 미술치료를 처음 접하는 사람들의 이해를 돕기 위해 비교적 쉽게 기술되었다. 강의 현장에서 보면 미술치료사가 되고자 하는 분들 가운데는 나이가 드신 분들이 제법 많다. 그분들은 항상 쉽게 이해할 수 있는 책이 있음을 원하셨는데, 이 책이 그분들께 조금이나마 보탬이 되었으면 한다.

제1장에서는 미술치료의 개념과 미술의 역사 속에 자리한 미술치료의 역사, 미술활동의 창작과정과 미술의 상징성을 통한 여러 가지 의미를 알아보고 미술치료의 효과와 함께 몇 가지 기법들을 소개하였다. 미흡하긴 하지만 1장을 통해서 미술치료가 무엇인지 조금은 이해할 수 있으리라 생각된다. 또한 1장에서는 특별히 미술표현의 발달과 함께 각 연령에 요구되는 미술교육활동을 간략하게 기술하였다. 아동 미술치료에 있어서는 교육적 효과도 무시할 수 없기 때문이다.

제2장은 심리상담/치료 이론에 따른 미술치료적 접근을 다루었다. 미술치료에서 중요한 부분을 차지하는 정신분석과 분석심리학에서부터 발달 이론적 심리상담/치료 이론까지 구체적인 심리 이론과 그에 맞는 미술치료적 접근방법을 소개하면서, 필자가 직접 진행했던 미술치료 현장의 사례들을 독자들이 쉽게 이해할 수 있도록 함께 수록하였다. 이러한 이론적 접근은 미술치료사로서 내담자(환자)들에게 필요한 방향을 제시해 줄 수 있을 것이다. 그러나 한 가지 이론적 접근을 고집하기보다는 다양한 이론적 관점에서 내담자에게 필요한 부분을 융통성 있게 접목하는 것이 효과적이라 할 수 있다. 이를 위해선 각 이론에 대한 정확한 이해가 필요하다.

제3장은 미술치료의 영역을 다루고 있다. 여기서는 장애아동과 아동 및 청소년기에 보일 수 있는 부적응 행동, 성인 및 노인기에 보이는 정신병리 등의 설명과 그에 따른 미술치료방법 및 예방적 차원에서의 미술치료를 소개하였다. 이 중 특히 아동, 청소년기에 보이는 여러 가지 부적응 행동들은 생활 현장에서 많이 접하게 되는 부분이기 때문에 많은 관심이 필요하다고 생각된다. 미술치료의 영역에 따른 미술

치료 접근은 제2장의 심리 이론적 접근과 함께 공부하면서 적용할 수 있는 방법을 모색하면 미술치료의 진행에 많은 도움이 될 것이다.

제4장은 미술치료의 진행에 필요한 여러 가지 요소와 함께 미술치료 현장에서 사용되는 프로그램을 함께 수록하였다. 여기서 소개되는 미술치료 프로그램은 그동안 필자가 미술치료 현장(임상) 혹은 미술치료 워크숍 현장에서 진행되었던 사례들을 정리한 것이다. 그림들을 실을 수 있도록 허락하신 내담자들과 보호자들께도 감사의 말을 전한다.

여기 수록된 프로그램들은 이미 잘 알려진 프로그램 혹은 그 프로그램들을 변형하여 사용한 경우도 있고 필자가 직접 개발한 프로그램도 있다. 각 프로그램은 처음 미술치료를 진행하는 실습생들을 위해 간략하게나마 진행에 필요한 질문 요소들도 함께 실었고 내담자의 사례를 통해 각 작업에서 내담자가 느꼈던 감정들도 간단히 소개하였다. 이 부분이 처음 미술치료를 공부하는 학생들에게 많은 도움이 되었으면 한다. 그러나 무엇보다도 미술치료사는 창의적이어야 하며, 어떤 책에서든 보이는 프로그램을 그대로 사용하는 것이 아니라 변형하거나 새로이 개발할 수 있는 능력이 요구됨을 잊어버리지 않았으면 한다. 그러기 위해선 개인적인 많은 작업과 워크숍 참여가 이루어져야 할 것이다.

그리고 특별히 부록을 실었다. 부록에는 HTP검사 진단에 필요한 질문지와 기록지 및 자유화 분석 보고서를 실었는데 이는 다른 그림검사에 적절히 응용하여 사용하면 될 것이다. 또한 미술치료 현장에서 사용되는 미술치료 회기 기록지도 첨가하였다.

부족하지만 이 책이 미술치료를 공부하는 분들과 미술치료에 관심이 있는 관련 종사자들에게 조금이나마 보탬이 되었으면 한다. 또한 이 책을 읽는 분들의 많은 비평과 조언을 진심으로 바란다.

늘 그렇지만 이 책을 쓰면서 많은 분들을 떠올렸다. 항상 사랑으로 나를 감싸 주는 가족들, 특히 부족한 손녀를 위해 밤낮으로 기도해 주시는 외할머니, 내 옆에서 늘 힘이 되어 주고 격려와 지지를 아끼지 않는 연리지 가족 부부치료연구소 박성덕

선생님, 용인정신병원 신동근 선생님, 이용석 선생님께 감사의 말을 전하며, 이 책의 출간을 위해 애쓴 한국학술정보㈜ 여러분께도 감사의 말을 전한다.

마지막으로 늘 바쁜 엄마 옆에서도 불평 없이, 건강하고 씩씩하게 잘 자라 주는 나의 사랑하는 딸 민재에게 사랑과 고마움을 전한다.

늘 바쁘고 지친 생활 속에서도 건강을 잃지 않도록 허락해 주시는 하느님께 진심으로 감사드립니다.

유 미 씀

머리말

미술치료의 이해

1
미술치료의
개념

'art therapy'라는 용어는 1942년 결핵요양소에서 동료환자들과 함께 치료 작업을 시작했던 영국의 미술가 Adrian Hill에 의해 유래된 것으로 알려져 있다(Ulman, 1976).

미술치료(art therapy)는 미술활동을 매개로 자기 자신의 문제와 인격을 인지하고 극복하여 보다 나은 삶을 살 수 있도록 도와주는 치료방법이다.

미술(art)과 치료(therapy)라는 두 가지 영역에서 탄생한 미술치료는 미술, 심리학, 정신의학, 인간학, 사회학 등의 여러 학문이 상호 관련을 맺고 있으며, 그 이론적 관점과 방법적 관점이 학자마다 다르기 때문에 어떤 한 가지의 개념으로 정리하기가 어렵다. 용어에 있어서도 회화요법, 묘화요법, 그림요법 등 다양하게 사용되고 있으며 영어의 art therapy도 예술치료, 예술요법, 미술치료, 회화요법, 여러 가지 단어로 번역되고 있다(김동연, 1994).

그래서인지 미술치료 현장에서 활동하는 치료사들의 미술치료 진행 과정도 치료사마다 상당한 차이를 보인다. 어떤 치료사는 미술활동이 주가 되어 활동시간에 대한 비율이 높기도 하고, 어떤 치료사는 미술활동보다는 대화시간에 대한 비율이 높기도 하다. 어떤 미술치료사는 지시적일 수도 혹은 비지시적일 수도 있다. 물론 이러한 형태는 내담자가 가진 병리적인 증상이나 치료환경에 따라 변화되기는 하지만 임상현장에서 미술치료사들의 슈퍼비전 내용을 검토해 보면 대부분은 치료사의 이론적 입장이 가장 중요한 부분을 차지하는 것 같다.

이러한 관점에서 울만(Ulman, 1961)은 미술치료가 어떤 영역에서 어떻게 활용되고 있든 간에 공통적으로 부여된 의미는 '시각예술'이라는 수단을 이용하여 인격의 통합 혹은 재통합을 돕기 위한 시도라고 말한다.

미술치료의 목적은 육체적·정신적 질병을 앓고 있는 환자의 상태와 문제를 파악하여 미술활동이 가진 치유적 기능을 통해 이들이 겪는 고통을 덜어 주고, 환자의 사고를 긍정적으로 변화시켜 환자 스스로 자신의 상처를 치유할 수 있는 내면의 힘을 키우도록 하는 데 있다.

미술치료의 가장 큰 장점은 환자가 외부의 힘을 빌려 수동적으로 병을 치료하는 것이 아니라 자발적으로 자신의 치료에 참여한다는 데 있다. 이처럼 스스로 자신을 치유할 수 있다는 것은 다른 치료와는 구분되는 매우 특별한 의미를 지니는데, 이를 통해 얻어진 내면의 힘은 내담자가 보다 긍정적인 시각으로 세상을 바라볼 수 있도록 해 주며, 내담자는 미술활동을 통해 이전에는 알지 못했던 자신의 잠재적인 능력(창의성)을 발견함으로써 자신이 가진 내적인 힘을 외부에 표출할 수 있게 된다. 즉, 미술치료 과정에서의 자발적인 조형활동은 개인의 내적 세계와 외적 세계 간의 조화를 이룰 수 있도록 도와준다.

미술치료는 모든 사람이 예술가일 수는 없지만 누구나 잠재된 창조성을 가지고 있다는 전제에서 출발한다. 이러한 창조성은 지난 수십 년간 우리가 원한다면 우리의 내면에서 계발할 수 있는, 인간의 잠재된

13

능력으로 정의되어 왔으며, Rogers와 같은 인본주의 심리학자는 창조성을 강조하여, 창작과정이 자아실현을 하기 위한 능력의 한 부분이라고 여겼다. 인간에게 있어서 자아실현은 삶을 더욱 의미 있게 해 주고, 능력을 고양시키며, 인간이 가진 완전한 잠재성에 도달할 수 있도록 해 준다(Malchiodi, 2000).

즉, 미술치료의 창조적 활동과정은 인간의 자아실현을 위한 도구로서 인간의 삶을 의미 있고 풍요롭게 만든다.

▲ 그림 1 **나와 동생**(여/23)
갈등관계에 있는 동생과 자신의 모습을 표현한 작품. 울고 있는 모습과 정면을 바라보는 모습의 두 자매. 그러나 그림을 그린 후 내담자는 자신과 동생을 구분하지 못했다. 그림은 갈등을 겪고는 있지만 어느 한 사람만이 피해자는 아니며 두 사람 모두 같은 상황에 놓여 있다는 것과 함께해야 한다는 마음을 갖고 있음을 보여 준다(연결된 머리카락). 그림을 통해 내담자는 동생과의 관계를 회복해야 하는 마음을 가질 수 있었다. 미술치료의 과정은 이처럼 그림을 통해 자신의 진실한 모습과 소망을 객관적으로 바라볼 수 있도록 도와준다.

미술과
미술치료

미술치료사들은 종종 이런 말을 듣게 된다.

"저는 그림을 잘 그리지 못해서 미술치료를 받을 수 없어요" 혹은 "제가 그림을 잘 그리지 못하는데 미술치료사가 될 수 있을까요?"

대부분의 미술치료사들은 미술치료는 그 결과가 중요한 게 아니라 그 과정을 중요시하므로 그림을 잘 그리는 것은 그다지 중요하지 않다고 대답할 것이다. 그러나 이것이 결코 "미술에 대한 아무런 지식을 갖고 있지 않아도 된다"라는 말은 아니다. '미술치료'에 대한 이해가 필요하다면, 미술[1]이 갖는 여러 가지 의미도 알아 두어야 할 것이다.

미술은 인류의 역사와 더불어 시작되어, 인간의 문화적 · 사회적 · 인격적 발달과정을 증명하고 있는 예술로서, 인간의 삶과 밀접한 관계를 맺고 있다. 환자의 치료에 대한 기술에 art therapy라는 용어가 사용된 것은 그리 오래되지 않지만, 우리는 길고 긴 미술의 역사 속에서 수많은 치료적 의미를 찾아볼 수 있다.

15

---

1) 미술은 작가의 미적(美的) 충동에 의한 감정과 뜻을 조형적인 방법으로 표현하는 예술의 한 분야이다. 우리나라에서는 시대에 따라 공예 혹은 서화라고도 불렸으나, 서양의 미학사상이 도입되고 과학의 발전과 인간생활의 변화 등으로 그 영역이 확대되면서 현대에는 시각예술이나 공간예술, 조형예술과 같은 새로운 단어가 사용되고 있다(이영환, 1990).

따라서 미술치료는 어떤 치료를 위해 계획되어 만들어진 '치료제'가 아니라 인류문화의 형성(미술의 기원)과 함께 자연스레 발전되어 왔다고 해도 과언이 아닐 것이다. 그렇기 때문에 미술에 대한 이해는 미술치료를 좀 더 깊이 이해하고, 인간의 내면세계를 알아 가는 데 중요하다 할 수 있다. 이러한 차원에서 다음에서는 미술활동이 미술치료로 발전할 수 있었던 배경과 미술치료의 역사에 대해 간략하게 다루고자 한다.

1) 미술활동의 창작과정

'미술'이라 하면 역사적으로 제한된 소수 부유층에게 만족을 주기 위해 자기 재능을 발휘했던 유능하고 독창적인 사람들이 연상된다. 그러나 오늘날, 일반 대중이면 누구나 미술을 감상할 수 있다는 점에서는 물론, 모든 사람은 미술활동을 통해 자신을 표현할 수 있으며, 모두가 나름대로의 예술성을 가지고 있다는 점에서 '미술'은 모든 사람의 것으로 인식되고 있다(Gumaer, 1987).

미술활동은 여러 가지 미술매체를 사용하여 개인이 적극적으로 무엇인가를 만들어 내는 활동이다. 무엇을 그릴까? 혹은 만들까? 원하는 재료를 선택하여 구상하고, 혼합하고, 그리고, 만들고, 붙이고, 색칠하고, 다듬어 가는 등 형태를 완성하는 미적인 경험들을 체험하는 것이다. 그러나 이런 것이 특정한 시간 안에서만 행해지는 특별한 활동일까?

우리는 인식하고 있지는 않지만 살아가는 일상에서 다양한 '미술활동'을 체험한다. 방 안의 커튼을 바꾸거나, 집을 새롭게 단장하기 위해 벽지를 바꾸고, 뭔가 독특한 멋을 창출하기 위해 자신의 옷에 새로운 장식을 달아 보기도 한다. 또한 식욕을 돋우기 위해 음식을 예쁜 그릇에 모양을 내어 담고, 케이크 위의 장식을 나름대로 예쁘게 꾸며 보기도 한다. 그리고 이러한 행위(활동)를 통해 기쁨과 즐거움, 그리고 완성된 작업 결과에서 오는 아름다움을 감상하고 자신도 모르게 감탄하기도 한다.

이처럼 우리가 일상에서 이런 반복적 행위를 하는 이유는 그 행위를 통해 얻어 낼 수 있는 정서적인 기쁨과 안정, 그리고 만족감일 것이다.

Ellen Dissanayake는 "무엇을 위한 예술인가?(What is art for?)"에서 미술 활동은 독특하고 특별한 물건을 만들고 손으로 창조하는 자연스러운 관심을 의미한다고 하였다.

역사적으로 볼 때 미술은 그 시대 인간의 진정한 소망을 반영해 왔다. 사람들은 자신이 소망하는 것이 있거나 중요한 일이 있을 때, 혹은 특별한 행사가 있을 때 그림을 그리거나 조각을 하고, 다양한 의상과 소품을 만들어 착용하였다. 이렇듯 이전엔 없던 새롭고 독특한 것을 만들어 가는 창조적 과정은 개인적인 만족감과 성취감을 줄 뿐만 아니라 자신을 가치있고 의미있는 존재로 살아갈 수 있도록 해준다. 그리고 우리는 이를 통해 용기를 얻고 좀 더 성숙된 인간으로서 자신의 인생을 풍요롭게 만들어 갈 수 있다.

이처럼 창조적인 활동은 인간의 삶을 윤택하게 하고 긍정적으로 살 수 있도록 도와주는 치유적인 힘을 지닌다. Lowenfeld(1957)는 그의 저서 '인간을 위한 미술교육'에서 미술의 창의적(creative) 활동에서 확인되는 특성을 다음과 같이 설명하고 있다. 우리는 각각의 특성을 읽고 이해하는 과정에서 미술활동의 치료적 가치를 쉽게 구조화할 수 있다.

(1) 감수성(sensitivity)

어떤 문제에 대한, 다른 사람의 태도와 느낌, 그리고 생활경험에 대

17

한 감수성을 말한다. 감수성은 주어진 재료나 상황 등에 능동적으로 대처하는 독특하고 적절한 고도의 인식을 말하며 미술재료로 작업하는 데 있어서 중요한 요인이 된다.

(2) 유창성(fluency)

짧은 시간에 많은 양의 아이디어를 떠올릴 수 있고, 신속하며 자유롭게 사고하는 능력을 말한다. 미술활동에서는 특별한 형태와 색에 대한 조형적인 특성을 연합하여 여러 아이디어를 만들어 낼 수 있다. 물론 미술활동에 있어 반드시 수많은 아이디어가 필요한 것은 아니지만 여러 가지 가능한 접근방법으로 작업을 시도한다는 것은 삶의 문제를 다루는 데 도움이 될 뿐 아니라 현실생활에서의 가능성을 탐구할 수 있는 중요한 기초단계가 된다.

(3) 융통성(flexibility)

융통성은 새로운 상황에 빠르게 적응하거나 사고를 빠르게 전환시키는 능력으로, 판에 박은 듯한 경직되고 고착된 것에 대한 반대개념이다. 우연한 계기는 창의적 사고에 새로운 방향과 도전을 제공한다. 이는 좌절할 수 있는 상황이나 예측하기 어려운 사건들을 다룰 수 있는 힘을 준다.

(4) 독창성(originality)

창의적인 사람의 가장 잘 알려진 특성은 '독창성'일 것이다. 이 능력은 전혀 새롭게 또는 색다르게 반응하는 사고 능력으로서 평범하고 일반적으로 인정된 것에 대한 반대개념이다. 자신만의 독특한 표현은 진정한 자신을 발견할 수 있도록 해 준다.

(5) 재정의/재구성(redefine/reorganize)

아이디어를 재정리하고, 대상의 용도와 기능을 변화시키며 새로운 관점으로 대상을 보는 능력으로, 이미 알려져 있는 것을 새롭게, 그리고 이전과는 다른 목적을 위해 활용할 수 있는 자질이라고 할 수 있다. 새로운 재료에 의한 실험은 새로운 발견을 가능하게 한다.

(6) 추상화(abstract)

추상하는 능력은 어떤 문제에 내재한 다양한 요소를 분석하거나 특정한 관계를 찾아내는 능력을 말한다.

(7) 종합화(synthesize)

어떤 문제에 내재한 다양한 요소를 의미 있는 방법으로 종합하는 능력을 말한다.

(8) 조직하는 능력(organize)

어떤 문제에 내재한 다양한 요소를 의미 있는 방법으로 결합시키는 능력을 말한다.

Lowenfeld는 (1)에서 (8)까지의 요소는 각각이 분리된 구성 요소가 아니며 서로 관련을 맺으면서 창의적인 사고를 자극한다고 말한다.

이와 같은 창의성에 관한 능력들은 대부분 확산적 사고(divergent thinking)에 속하며 이는 현재 직면한 문제를 해결하기 위해 하나의 정답이 아닌 다양한 해결 가능성을 떠오르도록 하게 한다. 창의적인 사람은 어떤 상황에 직면했을 때 불안하거나 경직되지 않고 상황을 해결하기 위한 다양한 방법들을 모색할 수 있다.

미술치료는 이처럼 미술활동이 지닌 창의적인 특징들과 더불어 발전되어 왔다.

미술치료사 Bruse Moon은 미술활동이 정신적 상실감과 존재론적 의미에서의 공허감과 같은 느낌을 극복하도록 도와준다고 하였으며, 심리학자 Rollo may는 미술의 창작과정이 변화와 성장에 대한 가능성을 제공하고 인간의 충만한 잠재력으로 도달하는 과정, 개성화에 이바지한다고 하였다. Schäfer(1973)는 미술활동이 인간 개인이 처한 삶의 어려운 상황을 표출하고 받아들일 수 있는 자세, 즉 삶에 대한 용기와 의지를 키우는 데 기여한다고 말한다(정여주, 2003).

또한 미술활동에서는 자신도 모르게 쌓아 온 경험과 잊고 지냈던 과거의 기억, 말로는 표현하기 어려웠던 생각과 감정, 자신의 성격이나 욕구, 소망 등이 나타나게 되는데, 우리는 이로써 스스로 자신의 내면세계를 바라볼 수 있게 되며 동시에 타인을 이해할 수 있게 된다.

필자의 임상에서도 보면 많은 내담자들이 미술활동이 자기 자신을 인식하고 표현하는 데 큰 힘을 줄 뿐 아니라 타인에 대한 이해와 공감을 가능하게 한다고 말한다.

미술활동을 함으로써 사람들은 자신을 객관적이고 올바르게 바라볼 수 있고, 창조적으로 자신의 문제를 해결 할 수 있게 된다. 또한 다양한 재료(미술매체)를 다루고 작품을 완성해 나가는 동안 융통성 있고 책임감 있는 태도를 가지게 된다. 이로써 우리는 자신을 변화시킬 수 있다. 즉 미술활동은 삶의 질을 향상시킨다.

2) 미술의 상징성

미술에 있어서의 상징이란 우의성(優毅性)·속성 등 어떤 의미를 가지는 도상이라고 말할 수 있다. 도대체 인간이 어떤 동기에서 미술작품을 제작했을까? 그 제작의 동기나 목적에 대해서는 오랫동안 논의되어 왔다(이영화, 1990).

원시 미술의 동굴벽화는 종족의 번성과 안녕을 위해 사냥의 성공과 풍요를 기원하는 주술적인 의미를 지니고 있고, 절대적인 왕권과 자연숭배에 의한 거대한 미술을 이룩한 이집트 미술은 영혼 불멸의 사상을 밑바탕으로 하고 있으며, 고딕 미술의 높은 첨탑과 뾰족한 지붕 등은 하늘을 향한 수직선을 강조하여 신에게 좀 더 가까이 다가가고자 하는 인간의 염원을 나타내고 있다. 이처럼 미술은 글 자체가 내포하고 있는 '아름다움'을 표현하고자 했던 것이 아니라 인간의 간절한 소망에서 시작되었다.

Fontana(2001)는 이러한 미술의 역사가 바로 인류에게 의미가 있는 상징의 기록이라고 말하고 있다. 특히 인간에게 문자가 생기기 전부터 존재한 그림은 바로 인류의 역사와 문화의 흔적을 가리키며, 그 시대를 이해할 수 있는 중요한 역할을 한다. 즉, 그림에 나타난 형상들은 화가의 그림이든 일반인의 그림이든, 그 시대의 흐름과 정신을 상징한다는 것을 우리는 알고 있다(Riedel, 1988).

이렇듯 미술은 인간의 역사를 기록하는 한편, 우리의 사상과 감정, 꿈과 열망을 통합해 왔다. 미술은 최상의 기쁨에서 가장 슬픔까지, 승리에서 상처까지의 폭넓은 감정을 기록하며 전달한다. 이러한 의미에서 미술은 뜻을 통하게 하고 이해할 수 있게 하며, 언어를 사용하지 않고도

21

내적인 경험을 명확히 하는 방법으로 사용된다. 이러한 미술의 상징성은 시대와 문화를 초월하는 힘을 가지고 있는데, 그것은 미술(그림)이 인간 최초의 단일 언어이기 때문이며 공통 언어이기 때문이다(정여주, 2003).

이처럼 색, 형태, 선, 이미지 같은 시각예술언어는 말로는 불가능한 방법으로 우리에게 이야기한다(Malchiodi, 2000). 그리고 미술치료에 있어 이러한 상징을 읽어 내는 것은 치료과정에서 매우 중요한 역할을 한다. Freud와 Jung은 인간의 무의식이 표출되는 꿈, 백일몽이나 그림의 상징성들을 다루고 있는데, 특히 Jung 학파는 그림의 상징성에 대한 연구를 통하여, 그림은 인간의 집단무의식에서 나온 인간 영혼의 방향이며, 그 시대의 종교, 사회, 문화적 인식과 가치의 상징이 될 수 있다고 본다(Jung 외, 1996). 그림(미술)이 심리치료의 도구로 사용 가능 한 것은 이러한 상징성에 의거한다.

그러나 그림에 나타나는 다양한 요소들을 그림을 그린 이의 사회·문화적 상황 및 상징에 맞추어 일률적으로 해석하거나 통계적인 해석에 의존하는 것은 매우 위험한 일이다.

가장 중요한 것은 그림의 요소들이 주는 의미가 개인적인 경험과 상황에 따라 표현된다는 것을 인식하고 내담자와의 대화를 통하여 그 의미를 파악하고 이해하는 것이다. 즉, 일반적인 상징보다는 개인적인 경험이 우선시되어야 한다. 예를 들어 우리가 하나의 그림을 감상한다고 하자. 그 그림에 대한 정보가 있을 때와 없을 때 어떤 차이가 있을까? <그림 2>의 예에서 우리는 그림의 상징해석에 있어 개인적인 경험(사실)을 알아내는 것이 얼마나 중요한지 알 수 있다.

또한 이와 더불어 그림을 분석하는 치료사의 경험은 매우 중요한 부분을 차지한다. 이는 어린 아동의 그림표현과 이해에서 예를 들 수 있

◀ 그림 2 (여/12)
좌측 그림을 나이와 성별만으로(그림을 삭제) 보았을 때 우리는 그림에서 무엇을 볼 수 있을까? 대부분의 치료사들은 내담자의 지적인 능력이나 기능 상태를 의심해 보곤 한다. 그러나 내담자가 성 정체성을 겪고 있는 아동이라는 사실을 알게 된다면 우리는 이 그림에서 자신의 정확한 '성'을 결정 짓지 못하고 있는 한 아동의 불안한 심리 상태를 볼 수 있을 것이다.

다. 어린 아동들은 어른과는 전혀 다른 눈으로 그림을 그리고 이해한다. 여기에는 그림발달과는 구분되는 일상에서의 경험들이 존재한다. 경험이 많은 사람과 그렇지 않은 사람은 그림을 감상하는 측면에서 큰 차이를 보일 수밖에 없다. 그림을 이해하는 것은 단지 보는 것만으로는 충분하지 않다. 그림은 자신이 가진 경험의 수준에서 지각되고 이해되기 때문이다.

◀ 그림 3 (여/만 4세)
만 4세 유아가 그린 원숭이 그림. 일반 성인에게 "이것은 무엇을 그린 것인가?"라고 물었을 때 단 20%의 성인만이 원숭이라고 대답한 반면, 같은 또래 유아의 60%는 원숭이를 그린 것이라고 대답했다. 그러나 유아들과의 미술활동 경험이 많은 미술치료사들은 모두 "원숭이가 아닌가요?"라고 대답했다. 이는 그림의 해석에 있어 현장에서의 경험이 얼마나 중요한지 우리에게 알려 준다.

경험이 많은 치료사는 그림에 대한 많은 정보를 지니고 있으므로 비교적 내담자의 그림에서 보이는 성격적인 부분과 증상, 그리고 그 수준에 따른 분류가 빨리 이루어질 수 있다. 이러한 분류는 내담자 정보의 한 부분이며 다음 치료를 위한 계획에 있어 매우 중요한 부분을 차지한다.

그렇기 때문에 그림을 분석하는 치료사들은 특별히 신중을 기해야만 한다.

그림의 상징적인 요소와 내용을 해석하기 위해서는 내담자의 개인적인 경험(그림에 대한 서술)과 치료사의 경험, 이와 더불어 그림의 상징적인 통계해석을 종합하는 과정이 필요하다.

Read(1998)에 의하면 그림을 통한 상징 언어는 회화를 구성하는 기본 요소인 선의 율동, 형태, 공간, 색채로 표현되며, 이와 관련되어 미술치료에 적용되는 대표적 상징은 공간 상징, 색채상징, 선 상징 등을 들 수 있다(정여주, 2003). 각각의 상징에 대한 의미를 살펴보면 다음과 같다.

(1) 공간 상징

공간 상징에 대한 연구는 많은 학자들에 의해 다양하게 개발되고 있기 때문에 다소 복잡한 내용을 지니며, 치료사에 따라 그 적용도 다르다고 할 수 있다. 따라서 학자들의 의견을 모두 수용하거나 비판하기보다는 각 이론의 공통적인 부분을 파악하는 것이 그림의 공간 상징을 이해하는 데 도움이 될 것이다. 그런 관점에서 여기서는 많은 공간 상징들을 분석하고 보완하여 다양한 관점들을 종합적으로 제시한 Jung 학파인 Michel의 공간 상징 및 공간위치에 따른 상징해석에 대해 소개하고자 한다.

① Michel의 공간 상징

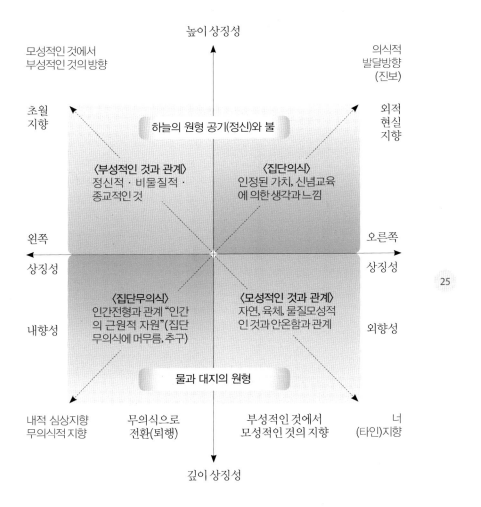

높이 상징성

모성적인 것에서
부성적인 것의 방향

의식적
발달방향
(진보)

초월
지향

외적
현실
지향

하늘의 원형 공기(정신)와 불

〈부성적인 것과 관계〉
정신적 · 비물질적 ·
종교적인 것

〈집단의식〉
인정된 가치, 신념교육
에 의한 생각과 느낌

왼쪽

오른쪽

상징성

상징성

내향성

〈집단무의식〉
인간전형과 관계 "인간
의 근원적 자원"(집단
무의식에 머무름, 추구)

〈모성적인 것과 관계〉
자연, 육체, 물질모성적
인 것과 안온함과 관계

외향성

물과 대지의 원형

내적 심상지향
무의식적 지향

무의식으로
전환(퇴행)

부성적인 것에서
모성적인 것의 지향

너
(타인)지향

깊이 상징성

25

② 공간위치에 따른 해석

▼ 표 1 공간위치에 따른 해석

중앙에 위치	• 안정된 사람, 모범생의 경우 많이 보임 • 정중앙에 위치할 경우: 불안, 완고함(인간관계) • 정중앙에 매우 작게 그려진 경우 양육자에 의해 압박을 받는 경우(교육 및 일상 생활에서)
왼쪽에 위치	• 자의식이 강하고 내향적이며 소극적 • 과거로의 퇴행 및 공상적 경향, 여성적 성향
오른쪽에 위치	• 미래지향적, 남성적, 적극적, 외향적 • 지적 만족
지면 위쪽에 위치	• 높은 수준의 열망, 목표를 위해 열심히 노력함. • 부적합한 낙천주의 및 공상에서의 만족, 자신에 대한 존재 불확실 • 때로는 종교적 망상, 산만함, 들떠있음, 인지적 문제
지면 아래쪽에 위치	• 불안전감, 위화감, 우울감 • 부적합한 감정, 패배감 및 반대로 안정되고 침착한 경우, 안정을 찾으려는 노력
왼쪽 귀퉁이에 위치	• 강한 불안 및 새로운 일에 대한 회피와 퇴행
지면 전체에 위치	• 조증일 경우(산만하게 그린 경우) • ADHD 아동에게도 많이 나타남. • 높은 에너지 수준 (선이나 형태가 비교적 안정 적일 때)
지면의 하단에서 절단된 경우	• 성격 통합에 있어서 병적인 저지 • 비행청소년의 그림에 많음 • 인지적 기능의 문제
지면의 상단에서 절단된 경우	• 나무 그림에 많으며, 현실에서 만족하지 못하고 공상을 통해 얻고자 하는 경우 • 나무 그림의 경우 과도한 에너지 혹은 욕구로 해석

③ 공간위치에 따른 해석의 유의점

㉠ 그려진 대상은 무엇인가? 그려진 대상에 따라 그림의 위치는 변화될 수 있다(<그림 4> 참조).

◀ 그림 4 기차 여행(남/8)

주제그림(기차)이 좌측의 그림처럼 논리적으로 하단에 위치한 것이 일반적일 경우 공간 상징은 고려하여 해석해야 한다. 상단과 하단에 치우쳐 그린 그림의 경우 부정적인 해석이 많은 만큼 상징해석에서도 신중을 기하여야 한다.

◀ 그림 5 피아노(남/30)

조증환자의 그림은 좌측의 그림처럼 모든 지면을 산만하게 사용하는 경우가 많다.

ⓛ 단일 그림을 해석하는 것은 위험하다.

ⓒ 그림을 그렸을 때의 주변 환경을 고려한다.

ⓔ 상, 하, 좌, 우에 위치한 대상이 절단된 상태로 치우쳐 그렸을 경우는 각각의 위치에 대한 해석이 아닌 성격적인 통합에 있어 병적인 요인일 가능성이 높다.

(2) 선 상징

그림에 나타나는 선의 형태는 그리는 사람의 심리적 상태, 나아가 신체적인 상태까지도 알 수 있다. Riedel(1988)은 선들의 조합은 현실성과 동등한 가치를 지닌 형태이며, 인간의 신체구조, 대지에서의 인간의 위치, 운동성과 관련이 있다고 본다. 이러한 의미에서 선에 대한 이해는 환자의 그림에 나타난 의미를 읽고 해석하는 데 중요한 도구가 된다.

선에 대한 심리적 해석은 다음과 같다(Koch, 1997; Riedel, 1988; Buck, 1948; Hammer, 1969; Jolls, 1964).

▼ 표 2 선에 대한 심리적 해석

그림 전체가 강한 선	• 극도의 긴장 상태, 독단적, 힘이 있는, 양가감정 • 공격적이거나 공격 가능성의 경우
일부분만 강한 경우	• 그 부분에 대한 고착 및 그 상징에 대한 억압이 나 적의
윤곽선만 진한 경우	• 성격의 평형을 유지하기 곤란함. • 지면 선의 선 강조: 현실수준에서의 불안함. • 인물화의 윤곽선 강조−대인공포, 만성정신분 열증적 알코올중독
극단적으로 약한 선	• 자신감 결여 및 폐쇄적 사고
약한 불연속적 스케치 선	• 자신을 잘 드러내지 않는 소심한 사람
윤곽선이 확실하고 힘 있고 선이 중단되지 않는 경우	• 외부압력으로부터 자신을 지키고자 하는 강한 욕구를 나타냄.
또렷하고 명확한 선	• 자제력과 사고력이 있음.
경직된 선	• 긴장, 예민함, 자제 및 규율적인
격렬한 선	• 난폭성
부드러운 선	• 감각적이고 본능적인
끊어지거나 여러 번 그은 선	• 불안함을 의미
필압의 증가	• 스트레스
건조한 선	• 건조한, 억제하는, 조심성이 많은
넓은 선	• 접촉을 쉽게 하는
엉켜 있는 선	• 절제되지 않은 강한 본능 및 격앙하고 흥분을 나타냄.
물결선	• 감각적 민감성

너무 뻗쳐지는 선	• 심한 정신적 긴장 상태
약한 선	• 허약한 사람
떨리거나 불규칙한 선	• 신경장애, 간혹 혈액순환장애가 있음.
막힘이 있는 선	• 본능의 억제가 강한
윤곽이 없는(문지른) 선	• 무의식에 사로잡혀 있거나 미비한 형상력
더듬거리는 선	• 예민성, 불확실성, 불안전, 억제, 주저, 민감한 반응
구멍을 내는 선	• 강인함, 몰인정, 지나치게 골똘히 생각하는 성격
필압이 넓은 선	• 본능이 강한, 의지력이 강한
거침없는 선	• 목적이 분명함, 활기, 예민함의 결여
힘이 있고 짙은 선	• 암시적 효력을 지닌
거친 선	• 생명력이 있는 거칠음.

◀ 그림 6 (남/7세)
그림의 선이 대부분 엉켜 있어 전체적인 그림의 윤곽을 구분하기 어렵다. 그림에서 우리는 불필요한 에너지를 많이 느낄 수 있다. 이런 유형의 그림은 절제되지 않은 강한 본능 및 격앙하고 흥분되어 있음을 나타낸다. 산만하고 충동성향이 있는 아동의 그림에서 자주 볼 수 있는 그림(선)이다.

(3) 색 상징

그림 속에서 환자의 정서생활의 성질이나 그 표출의 강도를 잘 반영하는 것이 색채이다. 임상에서 보면 일반적으로 충동적인 환자는 색채에 강한 흥미를 보인다. 충동적이고 정서적인 생활에서부터 비교적 자기 통제가 잘된 생활로 옮아감에 따라 색채에 대한 흥미가 줄어드는 경향이 있다.

때때로 환자가 그림을 그릴 때 사용하는 색채에 대한 관찰은 치료사로 하여금 관심과 흥미를 유발하게 한다. 환자의 감정 변화와 함께 가장 많이 변화되는 부분 역시 색채이기 때문이다.

색채는 인간의 감정과 정서에 많은 영향을 주며, 우리의 실생활과 많은 관계를 맺고 있다. 개인이 선택하는 색채는 그 개인의 특성, 경험, 감정 등을 반영하기도 하고 개인이 생활하고 있는 시대, 문화, 사회적 특성을 알 수 있게 한다.

각각의 색이 주는 고유한 상징성은 인간이 오랫동안 자연을 통하여 체험하게 된 원형적 근거를 이루고 있으며(Muths, 1998; 정여주, 2003 재인용), 미술치료에서는 색의 일반적인 상징과 심리적 진단 및 치료로서의 적용 가능성을 다루고 있다. 그러나 개인이 체험한 색은 일반적인 상징성과는 다른 의미를 가지고 있다는 것을 간과해서는 안 된다. 그림의 주제와 환자(내담자)의 상태, 그리고 환자(내담자)의 경험 및 생활환경에 따라 색이 갖는 의미는 다르게 해석될 것이다.

미술치료에서 가장 중요한 것은 인간의 삶에서 필수적 요소인 빛 에너지를 통하여 경험하게 되는 색을 다양하고 균형 있게 사용하는 것으로, 어떤 사람이 한 색만을 너무 오랫동안 사용하는 것은 균형을 이루지 못하는 삶을 살고 있다는 것을 의미하기도 한다(정여주, 2003).

이런 관점에서 색이 주는 상징적 의미를 고려하는 것은 미술치료에서 색채를 진단적으로 혹은 치료적으로 활용하는 데 매우 중요하다. 따라서 다음에서는 각 색이 갖는 상징 및 심리적 작용과 선호와 기피의 성향, 그리고 치료적 개입효과에 대해 살펴보고자 한다.

① 색이 갖는 상징 및 심리적 작용과 치료적 개입효과

▼ 표 3 색의 상징 및 치료적 개입효과

색명	색의 연상		색의 상징	심리적 작용	치료적 개입효과
	긍정적 의미	부정적 의미			
빨간색	행복, 강인함, 역동성, 낙관주의, 생동력	폭발성, 죽음, 전쟁, 피, 고통, 공격성, 지배성, 부끄러움, 위험성	열정, 활력, 행운, 에너지, 확장, 사랑, 에로스, 불, 헌신, 피, 범죄, 분노, 용기, 정지신호	온기, 생기, 맥박과 호흡증가, 식욕증가, 운동성 증가, 충동적, 활기	부부관계 및 성 문제가 있는 사람, 무감각하거나 냉정한 사람, 활동에 대한 동기유발
파란색	고요, 안정성, 평안, 온건, 신뢰감	놀람, 우울, 차가움, 침체, 황폐	영원성, 진실, 용기, 낭만, 순수, 초현실, 비참함, 초월, 영원한 삶	내향적, 편안, 안정, 동경, 우울, 조용, 강한잠재력	피로나 이완이 필요한 사람, 인내심, 문제의해결
노란색	희망, 순수, 기대, 기쁨, 행복, 맑음, 개나리, 병아리, 밝음, 봄	질투, 외로움, 연약함, 적대적 행위, 유아적 행동	태양, 영웅, 지성, 사랑, 관대, 불변, 부와 권력, 풍요, 우울, 가을, 무기력, 소망, 혁신, 배신	생동감, 명랑함, 자유로움, 유머감각, 자기중심적, 참을성이 적음, 센고집, 완고, 강제적, 우쭐	활기와 정서적 안정 좌뇌를 자극하여 지적인 일에 도움이 됨. 긍정적 에너지, 정보기억력, 고집이 센 사람이나 집착이 강한 사람에게 사용
녹색	위로, 치료, 평화, 시원, 청순, 안전, 희망	이기심, 질투, 게으름, 우울, 공포	새로운 생명, 즐거움, 신세대, 봄, 기쁨, 희망, 평화, 자유정신, 행운, 개혁, 부흥	조화, 균형, 인정, 신선하고 평화로움, 확실성과 인내성 및 균형과평형	심신의 균형과 조화, 약화된 시력보강, 불안증, 현실성과 지구력이 약한 사람, 분열된 사람, 운동성이 강한 사람에게 효과적

31

제1장 미술치료의 이해

색명	색의 연상		색의 상징	심리적 작용	치료적 개입효과
	긍정적 의미	부정적 의미			
주황색	원기, 활력, 희열, 유쾌, 명랑, 가을, 태양, 오렌지, 노을, 사랑	천박, 사치, 경박함, 화려함, 요란함	힘, 인내, 따뜻함, 환기, 생명력, 약진, 거부당함, 버림받음, 혼돈, 외향적, 사랑, 자비, 용기, 호기심	명랑한 효과, 흥분, 편안함, 갈등이완, 성취에 대한 노력과 추구, 불안 및 경계의 의미	침울, 우울, 무기력, 무감각한 사람, 도피적, 불분명한 사람에게 효과적
분홍색	우아, 기품, 사랑스러운, 부드러운, 청춘, 소녀, 귀여운, 벚꽃	나약한, 유아적인, 유치한	열반의 꽃, 성스러움의 꽃, 천상의 색, 여성, 부활, 사랑, 행복, 달콤한	쾌감과 고통, 부드럽고 섬세함	생동감과 활기를 잃은 사람, 편안하게 쉴 여유가 없는 사람, 스트레스가 많은 사람에게 효과적
보라색	고귀, 신비, 부드러움, 신성함	불만, 질투, 광기, 공포	고귀함, 신성함, 신비, 치유력, 분노, 균형에 대한 욕구, 슬픔, 고통, 참회, 단식	창의적, 불안정, 직관적, 감각적 이해 미결정 및 미분화	평온, 평정을 줌. 의기소침, 우울증, 감정의 기복이 심한 사람에게 효과적
갈색	풍요로운 들판, 대지, 가을, 대변, 흙, 안정감	건조함, 쇠퇴, 외로움, 쓸쓸함, 불경기	향문기, 불굴의 정신, 안정감, 풍요로움	수용적이며 수동적, 자기주장 관찰력, 심리적 저항, 충동성 완화	강박증, 신경과 감정이 양극화되어 있는 사람, 피상적인 사람, 우울함, 췌장에 문제가 있는 사람 등에게 효과적
흰색	구름, 흰옷, 간호원, 신부, 국화, 웨딩드레스, 의사, 병원	뼈, 항복, 실패, 재, 냉기, 차가움, 단순함, 허무함	빛, 성스러움, 순수, 청결, 평화, 허무, 정숙, 결백, 공간, 자유, 신선함, 소박함, 숭고함, 희망	개방과 자유, 내적 정화작용, 신선하고 솔직함	청렴, 수렴

색명	색의 연상		색의 상징	심리적 작용	치료적 개입효과
	긍정적 의미	부정적 의미			
검은색	밤, 눈동자, 피아노, 석유, 머리카락	탄 것, 죽음, 그림자, 동굴 지옥, 심연, 밤, 연기, 상복, 어둠	절망, 두려움, 고통, 슬픔, 불안, 우울, 공포, 악, 범죄, 부정, 죄, 침묵, 후회, 의지, 냉담, 정숙, 고생	자기 방어, 자극적 영향억제항의, 폐쇄적, 포기, 우울성향, 통제된 욕구, 지적 능력	잘 권장되지는 않는다. 한국의 문화에서는 정신을 깨고, 통일하며 마음의 안정을 준다고 본다.

② 색에 따른 선호와 기피의 성향

▼ 표 4 색에 따른 선호와 기피의 성향

색명	선호하는 경우의 성향	기피하는 경우의 성향
빨간색	• 에너지가 넘치는 아이들 • 외향적 · 역동적 · 단정적 · 충동적 • 낙천적 · 자발적 혹은 냉혹, 탐욕적 • 신체적 활동, 모험, 운동을 좋아함. • 성급, 불안정, 공격적, 단순함. • 자신의 실패를 타인에게 돌리는 경향	• 모성관계에 대한 부담 • 생각이 많은 사람 • 움츠리거나 냉담한 사람
파란색	• 의무를 잘 지키고 양심적 · 인습적 • 집단생활을 잘하며 신의가 있음. • 감성풍부, 지혜, 자기 통제를 잘함. • 애정이 많고 감성적 • 걱정을 너무 많이 하는 경향 • 너무 집착하는 경우: 완고, 엄격, 독선, 과거 지향적, 자기비판 결여	• 휴식과 신뢰에 대한 욕구가 충족되지 않은 상태
노란색	• 다방면에 관심 • 변화를 필요로 하며, 새로운 생활에 대한 기대(지적 모험심과 자기성취를 찾음) • 철학적이고 종교와 세계관에 관심이 많음. • 미래지향적, 행복에 대한 희망 • 정신분열증 환자들이 선호하는 색	• 자신만의 생각, 느낌에 대한 불안 • 상투적인 것에 대한 두려움 • 기대상황을 이루지 못할 때, 허무와 소외감이 많이 들 때 노랑을 기피함.

색명	선호하는 경우의 성향	기피하는 경우의 성향
녹색	• 집단에서 지도자 역할 • 겸손, 참을성, 유순, 성실 • 책임감, 교양 있고, 명성을 가지고 있는 사람이 많음. • 수용적, 융통성, 자기 통제력 있음. • 솔직, 집단생활을 잘하고, 개방적 • 녹색만 고집하는 사람: 무의식적 불안에 시달리는 사람	• 전나무 색의 기피: 한결같지만 반대에 부딪히면 저항력을 잃고 긴장에 시달리는 경향
주황색	• 교우 관계가 좋고, 사람에게 적응 • 높은 포부, 집단 활동을 좋아함. • 명랑, 예의 바름, 사회적 인기 높음. • 성공에 대한 열망 • 사랑스럽고 단순한 것을 즐기며, 일에 대한 논리적이고 지적인 처리	• 빨간색과 같으며, 주황색을 선호하는 사람과 반대되는 경우가 많음.
분홍색	• 특별한 대우와 보호된 삶을 원함. • 애정과 사랑이 필요한 사람 • 너무 많이 선호하는 경우: 환상 속에 사는 경향	• 강한 거부: 정서적으로 부드럽고 섬세하고 귀여운 것에 대한 평가를 절하한다는 표현. 분홍이 촌스럽고 약해 보이기 때문에 그 색이 좋을 경우 자신의 약함을 인정하거나 그렇게 될 수 있다고 생각하여 기피하는 경우가 많다.
보라색	• 타인에게 일반 사람과 다르게 인식되고자 하는 경향 • 공생과 융합에 대한 동경 • 신비주의적 집단이나 종교영역에 관심 • 최상의 취향과 고상 • 문화적인 것에 대한 관심, 예술적 재능 보유 • 오만하거나 여성성 강조, 허영심	• 타인과 융화하고자 하는 동경을 억누르는 경향(타인과 융화를 이루기 위한 조건이 이루어지지 못함)
갈색	• 말 없음, 책임완수 • 운동성이 적으며 적응능력 결여 • 포근함과 감각적 만족에 대한 욕구가 높음.	• 신체감각이 강하지 못함. • 편안함이 거부되었음을 의미

색명	선호하는 경우의 성향	기피하는 경우의 성향
갈색	• 갈색 옷의 선호: 감각적이고 성적인 부분과 관련이 많음. • 갈색만을 고집하는 경우: 묵직, 답답, 비행동적, 개성이 약함, 나태한 경향	
흰색	• 내면으로부터 자신을 숨김. • 종교집단에서의 선호는 순수함과 단순한 종교생활에의 욕구 • 그렇지 않을 경우 미성숙, 완벽주의 경향성, 실천 불가능한 생각을 하고 있음.	• 흰색을 사용하지 않는 경우: 아동의 경우 지우개와 같은 의미
검은색	• 반항적 항의, 포기를 잘하여 운명에 맡기는 사람 • 검정 옷을 즐기는 사람: 자신이 교양 있고, 흥미로운 사람이라는 인상을 주고 싶어 함. • 검정 옷만 입는 사람: 내면의 소원과 욕구를 감추는 사람 • 억제, 불안, 슬픔, 분노 • 신체에 사용: 그 부분의 기능상 문제나 장애가 있음(손-소유개념 희박 및 도벽/다리-성에 대한 금기 및 성적 행위에 대한 양심적 가책).	• 어떤 것에 포기하지 않음. (포기는 결핍과 불안을 주는 손실을 의미하는데, 반면에 어떤 것을 포기할 수 없으므로, 과도한 요구를 부과할 위험이 있다).

3) 미술치료의 역사

　　그림을 그리고 조각을 하고, 그 외 여러 형태의 미술 작업은 괴롭고 고통스러운 감정으로부터 안도감을 주는 정화를 가능하게 한다. 심한 스트레스 상황에 놓인 사람들이 내면적 갈등을 표현하고 변형하는 방법의 하나로 미술작품을 만든다는 것은 역사를 통해 알 수 있다. 빈센트 반 고흐를 비롯한 여러 화가의 창작 작업이 이러한 사실을 증명해 주고 있다(Malchiodi, 2000).

◀ 그림 7 울산 반구대 암각화 고래 임신 사진
울산 반구대 암각화에는 여러 가지 동물상과 인물상이 새겨져 있는데, 특히 고래를 사냥하는 모습이 묘사되어 있는 점이 주목을 끈다. 암각화 중에는 다산을 기원하는 의미로 남성이나 여성의 성기만을 묘사한 것이 있다. 동물상의 경우 배가 임신한 것처럼 볼록하게 그려진 것은 사냥의 대상이 되는 동물들의 수가 많아지길 바라는 청동기인들의 염원을 표현한 것이다.
<사진 출처: http://www.flickr.com/photos/chunjaegirl/179749138/in/set-72157594184843295/>

　　창작 활동을 통해서 개인과 집단의 안녕을 기원하는 활동은 인류가 생성하는 그 순간부터 인간이라는 동물의 탄생과 더불어 시작되었다. 고대 샤먼의 주거지였던 동굴 속에서 찾아볼 수 있는 주술적인 목적의 암각화(<그림 7>), 무속화, 부적 등과 상징적인 색상을 이용하여 치병을 한 경우로 한국무당들이 오방신장기[2] 이용으로 공수를 하는 것, 나바호 인디언족이 모래그림[3]을 이용하는 행위 등은 자신의 염원을 어떤 상징화 작업을 통해 표현한 것으로 치료적 의미가 부가된 것이라 할 수 있다(김진숙, 1993).

　　이렇듯 미술이 지니는 치료적인 힘은 많은 문화를 통하여 오래전부터 널리 알려져 왔으나, 임상 차원의 치료적 접근으로서의 미술을 인식하게 된 것은 그리 오래되지 않는다(정여주, 2003). 미술행위가 치료적 측

---

2) 오방신장기의 색깔은 다섯 방위, 즉 동서남북 및 중앙과 관련이 있다. 각각 동쪽은 파란색으로 우환(憂患)을, 서쪽은 흰색으로 천신(天神) 혹은 명복(冥福)을, 남쪽은 빨간색으로 재수(財數)를 북쪽은 검은색으로 죽음을 중앙은 노란색으로 조상(祖上)을 상징한다. 오방신장기는 무당이 굿에서 사용하는 위의 다섯 색깔의 깃발로 주로 운수를 점치는 무구이다.

3) 나바호족 인디언들의 종교의식에서 볼 수 있는 모래에 그린 그림으로 종교적 치료의식에서 이루어졌다. 그림의 주 내용은 신화에 나오는 신과 동물·식물·산·해·무지개·번개 등으로 모래그림은 치료의식이 끝나면 흩어 없애버렸는데 인디언들은 이 그림을 신의 염력이 왔다 가는 영원한 세계라고 믿었다(두산 백과).

면에서 관심을 보이기 시작한 것은 19세기 후반 프랑스, 이탈리아의 정신과 의사들이 아동과 정신질환자들의 그림에 관심을 보임으로써 그림이 환자의 상황과 연관이 있음을 인식한 것이 최초였다.

Tardieu, Simon 등은 그림과 환자의 증상과의 연관성을 찾으려 하였고, Prinzhorn은 환자의 그림을 예술성과 상관없이 객관적으로 관찰하여 회화적 표현의 심리적 토대를 연구하고 그 형태적 특징을 어린이, 원시인의 그림과 비교하였다(윤경미, 1994). 또한 그는 자신이 근무했던 정신병원의 환자들이 그린 그림 약 5,000여 점을 수집하여 『정신병자들의 그림(Die Bildenerei der Geisteskranken)』이라는 책으로 출판하고, 미술활동이 환자들의 심리에 접근하는 데 중요한 의미를 지니고 있다는 것을 제시하였는데, 이것은 정신과 의사들과 전문 예술가들로 하여금 정신병과 예술에 대한 그들의 관념을 제고하는 계기가 되었다(최현진, 2004).

미술활동을 정신 병리적 관점에서 소개한 이러한 시도는 그 시대의 화가들에게 큰 영향을 끼쳤으며 심리학과 문학 등에서도 인간의 무의식에 관한 관심이 높아지면서 예술적 표현을 통하여 인간의 내적 세계를 이해하고 분석하려는 시도가 활발해졌다(Rubin, 1999).

미술치료는 무의식의 상징화에 대한 중요성을 부각시킨 Freud와 Jung의 역할이 컸던 현대 정신의학과 함께 성장해 왔다. Freud는 환자들이 자신들의 꿈에 대해 그림을 그릴 순 있지만 말로 표현하기는 힘들다고 했으며 이런 보고는 미술표현이 인간 정신의 내면세계를 이해하기 위한 길이 될 수 있다는 믿음을 주었다. Freud는 임상에 미적인 개념을 도입했을 뿐만 아니라, 문학과 미술에 대한 연구를 통해 자신의 많은 이론들을 끌어냈다(Malchiodi, 2000).

한편, Jung은 미술에 대한 개인적 관심으로 꿈을 그림으로 나타내고 탐구하며, 조각을 하고 그림을 그렸다. Jung은 그의 분석심리학에서 환자들의 그림을 분석하며 치료에 적용하기도 했다(정여주, 2003). 그는 미술이 자기이해와 감정에 접근하는 방법을 제공한다고 하며, 꿈, 기억, 이야기 그리고 미술이 무의식에 숨겨진 이미지들을 끌어낼 수 있다고 하였다. Freud와 Jung의 꿈과 미술에 대해 해석한 이미지 설명들은 정신치료 단체들의 관심을 끌었고, 정신분석가들이 미술표현에 대해 관심을 갖도록 유도하였다(Malchiodi, 2000). 20세기 초에는 로샤검사(Rorschach검사)나 주제통각검사(TAT검사), 그리고 집-사람-나무 그리기(HTP검사) 같은 검사법이 개발되어 미술이 진단과 치료에 접목되기 시작하였다 (유미·신동근, 2005).

이후 1940년대 Naumburg가 프로이드의 정신분석치료에 입각한 미술표현을 도입함으로써 미술치료의 새로운 영역을 개척하였다. Naumburg는 미술을 분석적이고, 역동적인 심리치료의 한 도구로 소개했다. 그녀는 환자들에게 자발적인 자유연상을 그림으로 표현하도록 하여, 상징성을 통한 치료사의 해석을 목표로 하여 미술을 치료과정의 도구로 보았는데, 따라서 미술치료는 환자와 치료자 간의 전이관계(Transference relationship)의 발달, 미술재료를 통해 자유 연상하는 환자의 능력, 그리고 환자와 치료자 간의 '상징적 대화'를 이루는 이미지를 해석하는 환자의 능력에 따라 좌우된다(Gumaer, 1987).

그 뒤를 이어 1950년대 Kramer가 등장하면서 미술치료 개념의 양극화가 일어났다. Kramer는 Naumburg와는 달리 상징성을 통한 해석보다는 환자의 미술활동의 창조적 행위 그 자체에 치료적 가치를 두고 미술치료사의 입장은 해석이 아니고 환자의 부정적 감정이나 욕구를 통합하고 승화할 수 있게 도와주는 역할이라고 주장했다. 그녀는 언어적 영향이 없는 창조적 과정 자체의 치료적 효과를 중시했다(정여주, 2003). 즉, 미술치료는 필연적인 환자의 자아방어기제[4]를 제거하지 않고도 무의식 세계를 방출시키고 표현하는 것을 도와줌으로써 심리치료를 보완하는 것이다. 그리고 이런 상징적 경험을 통해 환자는 불안전한 환경에서 비교적 보호되는 방법으로 행동변화를 시도해 볼 수 있는 것이다(Gumaer, 1987). 또한 Kramer는 미술활동과 작품이 전체적인 치료환경의 한 부분으로 인식되는 분위기를 통해 집단치료도 가능하다고 주장한 점에서 Naumburg와 구별되기도 한다. 그는 집단미술치료에서 미술치료사는 화가, 교사, 치료자 세 가지의 역할을 한다고 보았다(Kramer, 1958).

이 둘의 대립되는 접근은 Ulman에 의해 통합되기 시작했는데 임상가로서 그는 양극화된 미술치료의 개념을 융통성 있는 통합된 개념으로 굳히기 위해 노력하였으며, 이러한 절충적인 미술치료접근법은 미술치료의 확립과 발전에 주도적인 역할을 하였다. 그는 Naumburg, Kramer와 더불어 Freud의 정신분석적 틀에서 인간의 내적 갈등과 승화라는 중요한 두 가지 개념을 미술치료에 도입하였다(정현희, 2006).

1970년대에 접어들면서 미술치료계는 몇 가지 변화가 이루어졌다. Kwiatko-wska는 Kramer의 집단미술치료 원리를 확장하여 미술치료를 가족 간의 역동적 심리관계가 일차적으로 강조되는 가족집단치료에까지 응용시켰으며(Kwiatko-wska, 1978), Rhyne(1973)은 미술을 정상적인 집단

─────────────────

4) 방어기제(DEFENSE MECHANISM): 방어는 애정대상의 상실, 대상의 애정상실, 거세 그리고 초자아의 비난과 같은 위험하고 불쾌한 정동으로부터 자신을 보호하고자 하기 위해 애쓰는 자아의 분투를 일컫는 용어이다. 실제적이고 공상적인 처벌에 관한 억압된 소망, 생각 또는 감정은 의식 안으로 들어오고자 하며 여기에는 불안, 우울, 수치 또는 죄책감과 같은 고통스러운 감정들이 따라오는데, 이러한 감정들은 자아로부터 하여금 소망이나 욕동을 멀리하도록 강요당한다. 방어는 무의식으로 작용한다. 따라서 개인은 자신이 방어기제를 사용하고 있다는 사실을 눈치 채지 못한다. 방어기제가 사용되면 현실적인 측면은 삭제되거나 왜곡된다(미국정신의학회, 1990).

에 적용시켜 삶을 풍부하고 폭넓게 하는 데 도움이 되도록 적용하였다. 미술활동을 통해 자신을 표현하고, 자기를 지각하며 집단 간의 상호작용을 북돋아 주도록 하는 것이다.

이렇듯 미술치료는 학자에 따라 여러 가지 의견이 있을 수 있고, 접근방법이나 적용대상에 따라 정신요법적 미술치료, 재활적 미술치료, 레크리에이션 미술치료 등으로 나누기도 하지만, 미술치료는 결국 이미지 표출 과정에 있어서 비언어적인 커뮤니케이션 기법으로서의 우위를 차지하고 있다. 이 기법을 반복적으로 시행함에 따라 언어적 이미지와 시각적 이미지에서 지금까지 상실, 왜곡, 억제되어 있는 상황에서 보다 명확한 자기상, 자기 자신의 세계관을 재발견하여 자기 동일화, 자기실현을 꾀하게 된다고 보는 것이다(Wadeson, 1980).

4) 한국미술치료의 발전과 현황

우리나라의 경우 미술치료가 소개 된 것은 대략 20년 전 쯤으로 역사는 그리 길지 않지만, 정신병원이나 종합병원의 신경정신과에서 입원 환자를 대상으로 병원 안에서 부터 시작되었다는 특징이 있다.

1960년 국립 서울 정신병원에 정신건강 전문가 및 작업치료사를 중심으로 산발적으로 미술치료가 시행되다가 1982년 정신과 의사들이 주축이 되어 정신의학계의 산하단체로서 한국임상예술학회(음악, 미술, 무용 매체 3가지)가 창립되었다(김선현a, 2006). 그러나 미술치료가 본격적으로 시작된 것은 1990년대이며, 1991년 일본의 묘화검사, 묘화 요법학회(Japanese Association of Clinical Drawing: JACD)의 창립은 우리나라 미술치료 학회 창립에 큰 영향을 끼쳤다고 말할 수 있다(임지향, 2005).

2000년도 초반까지 우리나라의 미술치료는 소정의 미술치료교육을 받은 자원봉사자들로 이루어져 있었지만, 지난 20여 년간 미술치료 관련 학회의 발족과 학술지의 발간, 국제 교류기구의 발족, 각 대학의 석사 및 박사과정에 미술치료학과 및 전공이 개설됨으로써 학문적·임상적 연구가 활발히 진행되었으며, 미술치료사의 지위도 전문직으로서의 지위가 이전에 비해 크게 향상되었다. 1991년에는 우리나라 최초로 대구대학교 재활과학 대학원에 미술치료학과가 정규 교육과정으로 개설되었고, 1992년 한국미술치료학회가 창립됨으로써 미술치료가 전문적인 양상을 보이기 시작했다. 1999년에는 한국표현예술심리치료협회(예술매체 2가지 이상)가 창립되었고(임지향, 2005), 2008년에는 한국정신보건미술치료학회가 창립되어 미술치료를 치료에 국한하지 않고 미술을 통해 정신장애인이 직업재활에 성공할 수 있도록 가교 역할을 하며 국내 순회전시 및 국제 교류전 등 다양한 활동을 전개하고 있다.

◀ 그림 8 Asia-Pacific Art and Mental Health Network -2011 (호주/멜버른)
아시아 태평양지역 19개국이 참가한 컨퍼런스에서 각국의 미술치료 현황이 소개되고 있다. 미술치료는 국내에서 뿐만 아니라 국제적으로도 많은 관심을 받고 있다. 이러한 국제적인 교류는 효과적인 미술치료방법에 대해 연구하고 임상에 적용할 수 있도록 하여 미술치료가 치료로서 확고히 자리하고, 꾸준히 발전할 수 있도록 하는 데 큰 힘이 되어 주고 있다.

이후 우리 사회의 큰 변화와 문제점(다문화 및 새터민 가정의 증가, 실업률의 증가, 청소년 자살률 증가, 학교 내 폭력과 성폭력 사건 등)은 미술치료를 비롯한 심리치료 전반에 대한 관심을 증폭시키고 그 가능성에 대해 많은 기대를 갖게 하였다.

현재 학부에는 대구 한의대와 대구 사이버 대학, 세경대학에 미술치료학과가 개설되어 있고, 대구대, 동국대, 명지대, 서울여대, 영남대, 원광대, 한양대 등 15개 이상의 대학에 미술치료전공 석사과정이 개설되어 있으며, 미술치료학과의 개설은 점차 증가추세에 있다. 이러한 현상은 미술치료의 효과를 인정하고, 그 필요성을 절실히 느끼는 사회적 상황을 그대로 반영하는 것으로 해석할 수 있다.

우리나라에서 미술치료가 시행되고 있는 기관은 병원, 지역 정신보건센터, 지역 복지관(아동, 노인 및 장애인 복지관 포함), 아동발달센터, 심리상담소, 교도소, 특수학교, 일반학교의 특수학급[5], 사설로 운영되는 미술치료실 등을 들 수 있으며, 이 중 미술치료가 가장 활발히 진행되는 기관은 각 지역 복지관이며, 지역사회 복지시설에서의 미술치료는 점차적으로 확대되어 가는 추세이다. 복지정책에 따른 미술치료 확산이 단순한 양적 확산이 아닌 내담자에게 실질적인 서비스로서의 기능을 다하기 위한 뒷받침이 절실히 요구된다. 또한 이것은 미술치료가 치료영역이라는 그 기능과 함께 사회복지시스템 속에서 미술치료의 위

---

5) 일반학교의 특수학급에서의 미술치료 시행은 '국가적 차원에서의 미술치료보급'이라는 점에서 주목할 만하다. 지난 2005년 3월 국회에서는 "특수학급에 치료교육을 담당하는 교원을 두거나 순회교사를 둔다"는 내용의 특수교육진흥법 개정안이 통과되었다. 그리고 같은 해 9월부터 특수학급이 개설된 서울의 초등학교들이 방과 후 치료교사를 선발하기 시작했으며, 현재 경기도 내 초·중학교까지 시행되고 있다. 장애아동들은 정부지원하에 무상으로 치료교육을 받을 수 있게 되었으며, 프로그램에는 미술치료 외에 언어치료, 음악치료, 인지치료 등이 포함되었다. 그동안 다른 사교육기관들을 이용했던 학부모들은 경제적·시간적 부담을 덜 수 있게 되었으며, 이러한 제도는 점차 확대될 전망이다.

치정립과 관련한 거시적 · 정책적 접근의 필요성도 일깨워 준다(유미, 2008).

정신건강과 사회복지에 대한 관심이 증대되면서 미술치료를 필요로 하는 기관이 많이 늘어나고 있다. 이러한 시대적 흐름에 발맞춰 미술치료에 대한 체계적인 연구와 역량 있는 전문 미술치료사의 배출은 중요한 과제라 할 수 있다.

2013년 현재 우리나라의 미술치료사 자격제도는 국가 공인이 아닌 민간 등록 단체의 교육에 의존하고 있으며 미술치료를 포함하는 모든 민간 자격증 발급에 관한 심의는 한국직업능력개발원에서 담당하고 있다. 그리고 이에 대해 2년마다 재심의 과정을 거치도록 하고 있다. 그러나 미술치료 자격증을 발급하는 기관이 계속적으로 증가하고 있고 기관마다 교육기관 및 교육내용, 임상 실습 이수 시간 등에서 많은 차이를 보이고 있어 이에 대한 관련 규정이 시급하다 생각된다.

최근 10여 년간 미술치료에 대한 연구와 그에 대한 성과는 매우 크다. 그리고 그에 따라 미술치료를 받기 위한 사람들도 꾸준히 증가하고 있다. 미술치료가 학문적으로 자리매김하고 치료현장에서 제 몫을 담당하기 위해서는 경험 많은 미술치료사의 배출이 가장 중요할 것이다.

이를 위해선 국가적 제도하에서의 미술치료사 양성과 사회적 관심이 절실히 요구된다.

5) 국외 미술치료 현황

(1) 미국의 미술치료 현황

미국에서는 1907년 이래 정신과 병동에서 환자들이 미술가들의 지도 아래 미술활동을 시도한 것을 미술치료의 출발로 보고 있다(Rubin, 1999).

미국의 미술치료는 1940년대부터 치료적 양식으로 도입되었으며, 이 시기에 미국에는 유럽의 정신과 의사들에 의해서 미술표현에 대한 정신병리학적 작업이 활발하게 소개되었다.

대표적으로는 정신분석이론에 근거한 Naumburg와 Kramer에 의해서 미술치료가 새로운 영역으로 자리매김하여 발전하게 되었다. Naumburg는 환자들의 심리치료에서 주로 하는 언어적 형태를 발전시킨 미술표현, 즉 무의식에서 표현된 상징적 내용과 그림 과정과 그림과의 대화를 중요시하였다.

그에 비해 제2차 세계대전으로 체코에서 미국으로 이민 온 화가이며 교육자인 Kramer는 미술치료에서 미술의 입장과 미술 교육적 관점을 중시하였다. 또한 Kramer는 Freud의 승화이론에 입각하여 미술을 방어기제[6]를 분출하여 승화를 이끄는 지름길로 여겼다(김선현a, 2006).

그 밖에도 미국에서는 미술가이며 심리학자인 Levy, 미술치료를 대학과정에 도입한 Levick과 Robbins, Landgarten, Wadeson 등이 50년대와 60년대를 거쳐서 오늘날까지 미술치료의 발전에 크게 기여하고 있다(김선현b, 2006).

1966년 미국미술치료학회(American Art Therapy Association, 이하 AATA)의 설립은 전문적인 영역으로서 미술치료 발전의 시발점이 되었고, 미술치료 전문지인 『American Journal of Art Therapy, The Bulletin of Art Therapy』가

---

6) 자아방어기제(DEFENCE MECHANISMS)란 애정대상의 상실, 초자아의 비난과 같은 위험하고 불쾌한 정동으로부터 자신을 보호하기 위해 애쓰는 자아의 분투를 일컫는 용어이다. 자아(EGO)에 부과되는 주요 과제 가운데 하나는, 개인에게 불안감을 조성하며 닥쳐오는 위험이나 위협을 어떻게 다루느냐 하는 점이다. 자아는 현실적 문제 해결의 방책으로 위험을 극복하려고 하는데, 이것이 뜻대로 안 될 때에는 현실을 부인, 왜곡, 위장함으로써 불안을 경감시키려고 노력하지만, 때로는 인격발달이 중지되기도 한다. 이런 자아의 노력을 자아방어기제라고 부른다(미국정신분석학회, 2002: PP.143~144; 캘빈 S. 홀, 1983: P.155).

출간되면서 학문적으로 많은 연구가 이루어졌다.

미국 대학의 경우 대학원 과정이 생긴 것은 1970년대에 들어오면서
부터이다. 1971년에 조지워싱턴 대학에 미술치료과정이 개설되면서
부터 현재까지 많은 미술치료전문가를 배출하였으며 각종 학술대회와
프로그램을 통해 괄목할 만한 성장을 이루었다(주리애, 2000).

또한 AATA가 주축이 되어 미술치료 관련 학문에 대한 학술활동과
미술치료사(ATR, ATR-BC) 양성의 역할을 하고 있다. 특히 미술치료사
자격위원회(Art Therapy Credentials Board: ATCB)가 학회로부터 독립하여 학술
단체와 전문 연구지를 통해서 미술치료훈련 프로그램의 제도를 마련
하고 전문가를 양성하고 있으며, 그 기능을 강화하고 회원관리를 엄격
히 하고 있다(임지향 2005; 정현희, 2005). 이는 미국의 국가공인 직업으로서
인정되고 있다.

미술치료사는 미국 최고 취업 정보 사이트 중 하나인 Career Builder.
com이 선정한 2007년 인기직종 탑10 중 5위를 차지한 직업이다.[7]

현재 미국에서 미술치료가 시행되고 있는 기관은 병원 및 치료센터,
통증클리닉, 학교, 미술 스튜디오 등이며, 또한 미술치료사들은 의사,
심리학자, 간호사, 재활상담사, 사회복지사, 선생님들과 같이 팀을 이
루어 여러 분야에서 그 전문성을 활용하고 있다(최윤희, 2004).

최근에는 병원뿐만 아니라 거동이 불편한 내담자를 위하여, 치료사
가 집을 직접 방문하여 치료를 진행하는 '찾아가는 미술치료'를 시행하
고 있기도 하다.

---

7) 미술치료사가 되려면 일단 미국 미술치료협회(AATA)가 인정한 학교의 석사학위를 받으면 가능하다. 공
인 학교의 리스트는 AATA의 웹사이트(WWW.ARTTHERAPY.ORG)에서 볼 수 있다. 일단 석사학위를 받으면 미술
치료사로 활동할 수 있지만, 미술치료자격심사위원회(ATCB)의 시험에 합격하면 미술치료사 자격증(ATR)
을 받아 등록된 미술치료사가 될 수 있다(WWW.ARTTHERAPY.ORG).

(2) 일본의 미술치료 현황

일본에서는 도쿠다 박사와 같은 정신과 의사들이 미술치료를 환자의 치료에 적용하기 시작했다(Rubin, 2006). 1969년 11월 22일에는 일본에서 제1회 예술 요법 연구회가 개최되었는데, 이것이 오늘날 일본예술 요법학회의 뿌리라고 말할 수 있다. 이후 미술치료만을 위한 학회를 1991년 9월에 창립하였는데, 이는 1984년 7월 창립한 '가족화 연구회'가 밑거름이 된 것이다(임지향, 2005).

2001년부터는 도쿄 미타카 시에 있는 요오시카 재활 클리닉을 시작으로 2003년 기무라 클리닉, 국립정신 신경센터, 무사시병원 재활치료실, 다이요 중앙병원 등 임상미술치료가 활발히 이루어지기 시작했다(최순주, 2006).

일본에서는 미술치료를 임상미술(臨床美術)이라는 용어로 사용하고 있으며, 노령화 사회의 특성에 맞게 미술치료의 주요 대상은 인지증(認知症)[8]환자(치매환자)이다.

임상미술은 일본노인복지의 일환인 개호예방사업에 속한 프로그램으로, 내담자의 뇌의 활성화를 촉진시키도록 고안된 독자적인 커리큘럼에 따라 내담자가 프로그램을 즐기면서 인지 장애를 개선해 나가는 방법이다. 최근 들어 치매 노인뿐만 아니라 아동의 정서 발달이나 감성을 풍부하게 기르는 데에도 그 유효성이 검증되어, 일본초등학교의 수업에도 임상미술이 활용되고 있다(가네코겐지, 2006).

일본의 임상미술사는 미술치료 프로그램 및 임상미술사 양성에 대

---

8) 인지증(認知症): 2004년 일본후생노동성 검토회는 '치매'가 관공서에서는 물론 평상시에도 많이 사용되지만 시민들로부터 "불쾌감과 경멸감을 주는 말"이라는 지적이 속출해 여론을 수렴한 끝에 대체용어를 개발했다.

한 교육 프로그램을 개발하고 현장에서 미술치료를 진행하는 전문가로, 임상미술사 육성은 1997년에 예술조형연구소의 양성 강좌에서 처음 시작되었으며, 2002년 임상미술사의 사회적 지위확립과 사회 공헌을 목표로 일본임상미술협회가 설립되었고 양성기관은 협회에서 지정하였다.[9] 이 협회는 2004년 2월, 일본 내각으로부터 인증을 받아 임상미술의 보급 및 연구 지원, 임상미술치료사의 자격에 관한 일을 관할하고 있다(최순주, 2006).

일본임상미술협회는 특정비영리 활동 법인으로 활동하고 있으며, 임상미술사의 재교육 및 활동을 돕기 위해 토호쿠 복지대학(東北福祉大學)의 예방 복지 건강 증진 센터, 호세 대학(法政大學), 도쿄 가정대학(東京家政大學), 히로시마 예술 전문학교(広島芸術専門学校) 등의 대학과 연계하여 임상미술사를 배출하고 있다.

또한 임상미술의 대상자가 치매 노인에만 국한되는 것이 아니라 초등학교 내에서도 종합 학습으로서 아동들의 임상미술 서포터 수업이 시작되어 현장에서 유용하게 사용되고 있다. 이렇듯 일본의 미술치료는 점차적으로 그 대상이 확대되고 공공적인 기능을 발휘해 나가고 있다.

일본임상미술협회는 그간 인지증의 개선을 목표로, 의료적인 측면에 많은 노력을 기울여 왔다. 지난 2004년 제20회 국제 알츠하이머병 협회(ADI)[10] 회의는 초고령화와 치매의 불안을 안고 있는 일본사회에 커다란 전환점이 되었다. 여기서 일본임상미술협회는 "아트 세라피의 12

---

9) 藝術造形研究所 HTTP://WWW.ZOUKEI.CO.JP/

10) ADI(ALZHEIMER'S DISEASE INTERNATIONAL) 국제회의: 알츠하이머 질환에 관한 국제협의기관. 의료 전문직에 종사하거나 기업단체 이외에도, 치매환자나 간병인까지 관련자가 한자리에 모여 회의하는 것으로 유명하고, 1985년부터 지금까지 세계 17개국 19개 도시에서 개최되었다.

월"을 일본 교토에서 개최하여 '일본 임상 미술 협회, 일본에서 태어난 미술 요법을 세계에 발신'이라는 슬로건을 내걸고, 국제 치매 관련 의학계에 일본임상미술을 크게 알렸다. 또한 이 회의에서 일본 고유의 임상미술프로그램을 선보이고 이 임상미술프로그램을 이용해 치료해 왔던 알츠하이머 환자들의 변화된 작품들을 선보였다. 이 전시는 임상미술과 같은 비약물 요법이 개발된 것을 전 세계에 알림으로써 비싼 의약품을 사용하기 어려운 나라 사람들이 희망을 가지게 되고, 예술을 통한 새로운 커뮤니케이션과 새로운 치료의 가능성을 발견하고, 치매환자들의 사회성 유지에 대한 중요성을 알리는 것, 그리고 치매에 걸린 사람이나 치매를 예방하고 싶은 노인, 그리고 어린이들도 표현의 기쁨을 느끼도록 하여, 적극적으로 자신의 인생을 살아가는 계기가 될 수 있도록 하는 데 목적을 두었다.[11]

또한 임상미술협회 외에도 동북복지대학과 감성복지연구소를 비롯한 각 분야에서 미술치료가 활발히 행해지고 있는데 특히 감성복지연구소에서는 노인들의 뇌기능을 연구하고 데이터를 수집하여 과학적인 미술치료를 성립해 나가고 있다.

일본은 우리나라와 달리 국가와 지역사회가 함께 연합하여 지역사회 속에서의 복지 서비스가 활발히 이루어지고 있다. 노인요양시설인 센단노 사토[12]의 예에서 찾아볼 수 있다. 센단노 사토와 같은 일본의 실버센터는 그 기능이 무척 다양화되어 있는데, 특히 이용객을 위한 정신, 신체, 마음을 함께 다스리는 서비스는 그들의 복지정책이 얼마나

---

11) 日本臨床美術協會 HTTP://WWW.ARTTHERAPY.GR.JP/
12) 센단노 사토는 장기입소시설, 단기입소시설, 주간보호 서비스 3개의 사업소로 이루어진 미야기 현에서 가장 큰 복지시설로서, 개호보험법과 노인복지법에 의거하여 운영되고 있으며, 집 같은 분위기 속에 재활시설, 컴퓨터 시스템에 의한 정보 교환 등 여러 가지 편의 시설을 이용할 수 있다.

높은 수준인가를 알게 해 주는 단적인 예라고 볼 수 있다(김선현b, 2006).

(3) 독일의 미술치료 현황

독일의 미술치료는 19세기 초반, 독일의 정신과 의사들이 미술활동을 작업 치료적 관점의 한 부분으로 환자 치료에 미치는 예술적 · 정서적 효과로 받아들이면서 시작되었다고 할 수 있다(Domma, 1990).

정신과 의사인 Prinzhorn은 독일의 미술치료 시작과 발전에 중요한 역할을 한 사람이라고 할 수 있다. 20세기 초반 그가 정신질환자의 그림에 관심을 보이고, 조형예술과 심리학에 대한 논의를 제기하면서, 미술 분야는 그 시대의 화가들 Klee(클레), Ernst(에른스트), Dubuffet(뒤 뷔페), Breton(브르통) 등에게 큰 영향을 끼쳤다. 또한 이 시기 심리학, 문학, 미술 분야는 인간의 무의식에 관심이 높아지면서 예술적 표현을 통하여 인간의 내적 세계를 이해하고 분석하려는 시도가 활발해졌으며, 정신분석가인 Rorschach(로샤), Anna Freud(안나 프로이트) 등도 환자의 그림에 대한 연구를 하였다(정여주, 2003).

그러나 독일은 제2차 대전이 발발하면서 히틀러에 의한 예술의 탄압과 50년대 향 정신약이 정신과 치료에 주도적 역할을 하면서 미술치료는 잠시 주춤하였다.

이후 60년대에 미술치료에 대한 재고가 새롭게 이어져 다시 학문으로서 정착하게 되었으며, 1970년대에는 미술치료가 정신분석적 측면, 마약중독 청소년, 노인과 성인 교육에 적용되기 시작했다. 그러나 미술치료사가 직업으로서 인정받기 시작한 것은 1980년대였으며, 현재 독일은 게슈탈트 치료적 관점, 인지학적 관점, 인본주의적 관점, 정신분석적 관점을 지닌 학자에 의해 다양한 노선을 걷고 있다.

49

유럽에서 통합의학을 실시하는 병원은 400여 곳이 있다. 독일의 훔볼트 대학 부속병원의 경우, 인지학(人智學) 치료의 이론적 배경인 루돌프 슈타이너 박사의 정신과학을 기반으로 하여 통합의학을 실시하고 있다. 이것은 의학뿐만 아니라 교육적, 예술치료 등 사회 전반에 걸쳐 적극 수용되어 있다. 이는 독일만이 가지고 있는 미술치료의 한 형태라 할 수 있다.

루돌프 슈타이너 박사는 인간을 육체적 · 정신적 · 역동적인 존재로 받아들이며, 인간의 병을 인식한다. 그는 인지학의 의학적 관심과 예술적 관점을 연결하여, 새로운 직업, 즉 '예술치료사'라는 직업을 창출하였으며, 이후 예술치료사를 배출하여 전 유럽으로 인지학적 미술치료를 확산시켰다.

독일의 Havellhöhe병원은 사회적 복지제도, 의료와 예술치료가 조화를 잘 이루고 있는 통합의학센터로서, 환자들은 자율적으로 미술치료, 음악치료, 오이리트미와 같은 예술치료를 받고 있다. 또한 바드 베르크자베른 암 전문병원에서도 명상치료, 마사지치료, 미술치료, 기공치료 등을 시행하고 있다. 환자들은 전통치료와 함께 보안치료를 병행하면서 정서적인 안정을 취하고 있고 의료진은 환자들이 편안한 상태에서 생명을 더 연장할 수 있도록 암 환자의 삶의 질을 향상하는 데 최선을 다하고 있다.

이처럼 의료시스템 속에 통합치료의 한 분야로써 예술치료가 자리할 수 있는 것은, 예술활동이 갖는 치료적 효과뿐만 아니라, 독일의 사회 · 의료복지 정책 또한 큰 몫을 차지한다. 예술치료를 받는 환자들은 치료비용에 대해 큰 부담을 갖지 않아도 되며, 이로써 치료를 효과적으로 지속시킬 수 있다. 이는 예술치료가 활성화되기 위해선, 치료효과

뿐만 아니라 국가정책의 뒷받침이 따라야 가능하다는 단적인 예를 보
여 주고 있다(유미, 2008).

3
미술치료의
특징

미술치료란 말로는 표현하기 힘든 감정과 생각들을 미술을 통해 표현하여 정서적인 안정과 감정의 정화를 경험하고 자신의 내면을 돌아볼 수 있도록 하여 자아 성장을 촉진시키는 치료법이다.

미술치료의 특징은 미술작품을 통해서 환자(내담자)[13]를 이해할 수 있고, 환자(내담자)는 미술활동을 통해서 욕구, 갈등, 충동과 같은 심리적 장애 요소를 충족하거나 해결한다는 것이다. 즉, 시각표현을 통하여 감정을 표현하고 혼란된 마음을 정리할 수가 있으며 무의식 상을 표현해 냄으로써 무의식의 창조적 기능을 촉진시킬 수 있는 것이다(이부영, 1995). 미술치료는 환자(내담자)로 하여금 자신의 정체성을 선언할 수 있는 영역을 제공하고 자신을 투사할 수 있도록 도움을 주며, 타인과의 대화를 가능하게 하며 자아에 직면할 수 있는 매개체 역할을 한다(Laing, 1974).

모든 치료가 그러하듯 미술치료 역시 미술치료가 행해지는 현장이나 치료사의 관점, 치료대상, 치료대상자의 정신병리적 증상 등에 따

---

13) 상황에 따라 어떤 치료대상자는 환자로 불리기도 하고, 내담자로 불리기도 한다. 일반적으로 병원 내에서는 환자로, 심리상담소나 개인미술치료실에서는 내담자로 부른다.

라 각기 다른 관점과 형태를 취하게 되지만, 기본적으로 미술치료가 갖는 특징은 다음과 같다.

1) 미술치료의 치료적 가치

일반적으로 미술은 긴장을 풀어주어 정서적인 안정감을 갖도록 해준다. 이는 미술적 형태(여기서는 추상계열의 미술은 일부 제외)와 색채감각이 인간의 정신적·신체적 피로를 풀어 주기 때문이다. 미술활동을 통해 우리는 환자(내담자)의 심리적 상태를 이해할 수 있고, 미술활동을 하게 함으로써 정신적인 문제들이 개선되어가는 것을 볼 수 있다. 그리고 이는 정신적인 문제 뿐만 아니라 신체적인 문제까지 극복할 수 있는 힘을 준다. 이것이 바로 미술이 지닌 치유적 힘이다.

인간의 심신에 미치는 미술치료의 효과를 요약하면 다음과 같다(김정, 1989).
① 미술 감상은 심리적으로 스트레스를 해소시키는 작용을 한다.
② 그림을 그림으로써 환자(내담자)의 상태를 측정한다.
③ 그림을 통해서 인간의 내면적인 욕구와 갈등을 해소한다.
④ 미술활동을 함으로써 순수한 기쁨을 맛보며 향상하려는 의욕을 자극한다.
⑤ 그림을 그리게 함으로써 불안을 제거하고 자발성을 회복시킨다.

2) 미술치료의 가치

미술치료는 제한점도 많고 아직 연구되어야 할 부분도 많지만, 심리치료의 한 부분으로서 독특한 가치를 지니고 있다. 미술치료의 몇 가지 이점을 중심으로 Wadeson(1980)이 제시한 미술치료의 가치를 살펴보면 다음과 같다.

첫째, 미술은 심상의 표현이다.

우리는 심상(image)으로 생각을 한다. 즉, 말이란 형태를 취하기 전에 심상으로 사고를 한다. 예를 들어 '엄마'란 단어를 말하기 전에 '어머니'의 심상을 떠올리게 되며, '가족'이란 말을 하기 전에 '가족'에 대한 이미지가 떠오를 것이다. 이렇듯 인간 삶의 초기 경험은 심상의 중요한 요소가 되는데 미술치료 역시 언어적 치료법에서처럼 말로 해석되기보다는 심상으로 표현된다. 심상으로서의 미술은 인간의 내적 이미지를 시각적으로 표현하는 데 적합한 수단이 되며, 우리는 이러한 이미지를 통해 억압되거나 알아차리지 못했던 자신의 감정을 형상화될 수 있다. 미술매체는 이렇게 심상의 표출을 자극하여 창조적 과정으로 나갈 수 있게 한다.

둘째, 미술은 비언어적 수단이므로 통제를 적게 받아 내담자의 방어를 감소시킨다.

심상과 밀접한 관련이 있는 것은 바로 '언어'이다. 언어는 주로 우리의 의식 속에서 이루어지며, 그렇기 때문에 이성의 통제를 받는다. 그러나 미술은 비언어적 수단이므로 비교적 통제를 적게 받는다. 예상하지 못했던 표현이 작품 속에 나타나기도 하며, 자신의 의도와는 전혀 다르게 표현되기도 한다. 방어가 심해서 스스로를 통제하며 미술 작업을 하는 내담자조차도 이를 벗어날 수는 없다. 이것은 미술치료의 가장 흥미 있는 잠재성의 하나로 이처럼 예상치 않았던 상황과 그에 대한 인식은 환자(내담자)를 통찰이나 학습, 성장으로 유도하기도 한다.

셋째, 미술은 구체적인 유형의 자료를 즉시 얻을 수 있다.

미술매체와 작업을 통해서 눈으로 볼 수 있고 만질 수 있는 자료가 탄생한다. 머릿속에서 떠오르는 것을 즉각적으로 이미지화할 수 있는 것이다. 그리고 이런 자료는 미술치료사와 환자(내담자) 사이를 연결해 주는 다리가 된다. 저항이 많은 환자들의 경우 직접 다루기보다는 그림을 통해서 접근하는 것이 더 쉽다. 그림이나 조형물 등은 환자(내담자)와의 대화를 이루는 중요한 매개체가 될 수 있다(유미, 2006). 처음 만난 사람들이 공통적인 취미가 있을 때 대화가 이루어지기 더 쉬운 것처럼 치료 현장에서도 치료사와 내담자 사이에 놓여 있는 자료(미술작품)는 두 사람 간의 사이를 좁혀 준다.

또한, 환자(내담자)의 감정이나 사고 등이 하나의 사물로 구체화되기 때문에 언젠가는 자신도 모르게 자신의 작품을 보고 자신의 실존을 느끼기도 한다. 어떤 환자(내담자)는 단 한 번의 작업으로 이런 감정을 느끼기도 하지만 저항이 강한 환자(내담자)의 경우는 더 오랜 시간이 소요될 수 있다.

넷째, 미술은 자료의 영속성이 있어 회상할 수 있다.

미술작품은 보관이 가능하기 때문에 환자가 만든 작품을 필요한 시기에 재검토하여 치료효과를 높일 수 있다. 때로는 통찰이 일어나기도 하며, 환자(내담자) 자신도 자신의 작품을 감상하며 당시의 감정을 회상하게 되기도 한다. 또한 작품의 변화를 한눈에 이해할 수 있으며, 치료팀의 회의에서도 작품을 통해 환자의 목소리를 생생하게 들을 수 있다. 한편 구체적 대상이 되는 미술은 내적 현실의 가장 깊은 체험인 동시에

'거리 두고 보기'를 가능하게 한다. 미술활동을 통한 치료가 강력한 치유적인 힘을 갖는 이유는 바로 강렬한 내적 경험을 거리를 두고 볼 수 있기 때문이며, 이때 진정한 통찰인 들여다보기(in-sight)가 가능하기 때문이다(Rubin, 2001).

구체적 유형의 자료를 갖는 미술은 영속성이 있어서 수시로 접근이 가능하고 회상이 가능하며, 작품의 변화를 통해 치료과정에 대한 이해와 새로운 통찰력을 얻을 수 있다(하세경, 2003).

환자가 자신의 변화과정을 한눈에 알아볼 수 있다는 것은 치료적으로 큰 가치를 지닌다. 환자는 자신의 변화를 시각적으로 확인하고 치료에 대한 의지 및 자신에 대한 믿음을 확고히 할 수 있다. 이는 어떤 치료에서도 볼 수 없는 미술치료만의 고유한 장점이다.

다섯째, 미술은 공간성을 지닌다.

공간성은 경험을 복제한 것이라고 말할 수 있으며, 미술표현은 공간 속에서의 연관성들이 발생하므로 가깝고 먼 곳, 결합과 분리 등 특정한 속성이 표현되어 개인과 집단 역동을 이해하는 데 용이하다. 언어는 일차원적인 의사소통방식이어서 대체로 한 가지씩 순서에 따라 나간다. 그러나 미술은 어떤 규칙을 따를 필요가 없다. 미술은 공간적인 것이며 (여기서는 작업을 만드는 과정에 대한 의미가 아니라 이후 결과에 대한 것을 의미함) 시간성이 없기 때문에 인물의 표현, 상황, 감정, 장소 등의 관계가 한 공간에 표현된다. 이 역시 다른 치료에서는 볼 수 없는 장점이다.

여섯째, 미술은 창조성이 있으며 에너지를 유발시킨다.

미술 작업을 시작하기 전에 개인의 신체적 에너지는 다소 떨어져 있지만, 작업을 진행하고, 토론하고, 감상하는 등의 과정을 통해 대체로 환자(내담자)들은 활기를 띠게 된다. 이것은 단순한 신체운동이라기보다 '창조적 에너지'의 발산으로 해석된다. 즉, 미술활동은 큰 원을 그리는 팔의 움직임, 못을 박거나 흙을 내리치는 공격적 행동, 세밀한 작업을 위한 조심스러운 손놀림과 호흡의 조절, 미술매체가 가진 촉각적인 특징과 그것을 다루는 경험 등을 통해 신체적 차원에서의 경험을 환기시킬 수 있으며, 신체적 에너지를 발산시켜 미술활동 자체가 주는 감각운동적 즐거움을 준다. 또한 이런 과정을 통해 생산된 자료는 환자에게 창의적 경험에 대한 큰 만족감을 느끼게 한다.

4

미술치료의 기법

1) 진단도구로서의 미술기법

　심리장애를 지닌 사람을 진단하고 치료하는 데 있어서 가장 주된 수단은 바로 '언어'다. 언어는 개인의 의식을 외부세계로 나르는 중요한 도구임은 사실이지만 개인의 느낌과 생각들을 담아내는 데는 한계가 있으며, 때론 개인의 내면을 왜곡하는 우려를 범하기도 한다. 무엇보다도 스스로 알지 못하는 마음의 작용, 즉 '무의식'을 표현하기에는 큰 제한이 있다. 사실상 자신의 '무의식'뿐만 아니라 타인의 '무의식'을 이해하고자 할 때, 언어를 통해 접근하는 것은 거의 불가능하다(신민섭 외, 2003). 따라서 언어를 매개로 하는 객관적 심리검사를 보완해 줄 수 있는 검사가 필요한데, 이런 차원에서 그림이 갖는 의미는 매우 크다고 할 수 있다. 그림은 언어 이전의 사고가 표현되는 것이므로 조작이 어렵고 자아검열을 적게 받기 때문에 개인의 무의식적인 사고가 잘 반영된다. 그림 속에는 말로 표현하지 못하는 느낌과 생각, 공상, 갈등, 분노와 갈등, 그리고 자신을 둘러싼 세상에 대한 지각이 담겨 있다. 그렇기에 그림은 환자의 문제를 진단하고 치료할 수 있는 중요한 자료가 될 수 있다.

환자(내담자)의 미술작품 속에는 의식과 무의식이 함께 내포되어 있으며 이는 상징으로 나타난다. 상징은 감정의 무의식과 의식에 뿌리를 두고 환자(내담자)의 성격이나 행동, 내적 충동, 감정, 정신세계 등이 어떤 형태로 나타나는 것인가 하는 미술의 진단적인 측면을 뜻한다. 환자(내담자)의 미술작품 속에서 문제요소를 찾기 위해서 미술치료사는 환자(내담자)의 그림을 면밀히 관찰하고 정상인들과의 차이점을 인식하여야 한다(김수진, 1996).

진단을 위한 그림 검사에서 가장 중요한 점은 검사자의 경험과 자질이다. 검사자는 검사의 목적을 분명히 알아야 하며 검사자의 자신의 투사에 유의하고, 각 그림 검사의 특징 및 검사 과정에 대한 훈련과 지식을 겸비해야 하며, 검사 상황에서의 객관적이며 중립적인 태도를 지키고, 환자(내담자)가 최적의 상태에서 검사를 받을 수 있도록 배려해야 한다.

미술에 의한 심리진단법은 미술을 통하여 환자(내담자)의 심리 상태를 진단하는 것으로 이른바 '투사적 검사법(projective drawing test)'이라는 이름 아래 인물화에 의한 지능 검사나 성격 검사, 집, 사람, 나무 검사(HTP), 나무 그림 검사, 가족화에 의한 성격진단 등에 대한 연구가 계속되어 왔으며 그 진단법에는 다음과 같은 기법들이 있다.

주의할 점은 절대로 그림만으로 해석해서는 안 된다는 것이다. 반드시 그림을 그린 후에는 그림 안에서 피검사자의 심리적 · 정서적 상태를 알 수 있도록 그림에 대한 이야기를 나눌 수 있어야 한다. 그리고 가능한 슈퍼바이저로부터 지속적인 슈퍼비전을 받도록 한다.

(1) 자유화에 의한 심리진단

자유화에 의한 심리진단은 환자(내담자) 스스로 무엇이든 자유스럽게 그리도록 하고 색채사용, 선과 형태, 공간의 사용과 그림의 내용(부모, 형제, 자신, 산, 나무, 태양 등)을 분석하는 그림 진단법이다. 그러나 이와 같은 분석방법은 너무 광범위한 주제로 검사자가 풍부한 경험 없이는 접근이 어렵고 아직 신뢰도나 타당도에서 동의를 얻지 못한 부분이 있으므로 제한성에 유의해야 한다. 또한 자발성이 없는 피검사자에게는 적합하지 않다. 이 검사법은 자유로운 주제를 통해 피검사자의 심리적 상황에 직접적으로 접근하기 쉽다는 장점이 있다.

① 검사방법: "자유롭게 그림을 그려 보세요. 어떤 주제든 상관없습니다. 잘 그리는 것이 중요한 것이 아니니 부담 갖지 마세요."
② 재료: 8절지, 여러 가지 드로잉 재료
③ 자유화에 의한 심리진단 및 해석: 자유화에 의한 해석은 그림의 크기 및 공간, 선, 색 등의 상징해석과 HTP 분석에서 사용되는 해석지침을 참고로 한다. 필자는 자유화의 분석에 있어 지난 십여 년간의 경험을 토대로 간단한 자유화 분석양식을 사용하고 있으며(부록 참조), 또한 분석양식을 작성하기에 앞서 아래와 같은 내용에 대한 검토를 하고 있다.

- 그림의 주제는 무엇인가?
- 인물이라면 누구를 그렸는가?(인물의 정보탐색)
- 사용된 재료는 무엇인가?
- 가족 중심의 그림이라면 생략된 사람은 있는가?

- 피검사자는 어느 부분에 가장 많은 작업량을 보였나?
- 특별히 강조된 부분이 있는가?
- 그림은 구조화되어 있는가?(구상 혹은 비구상)
- 피검사자가 언급한 내용과 주제의 연관성은 일치하는가?
- 내용은 긍정적인가? 혹은 부정적인가?
- 내용은 현실적으로 가능한 일인가?
- 사전 상담내용과 일치되는가? 일치하지 않는가?
- 사건의 내용은 과거중심인가? 아니면 현재? 혹은 미래인가?
- 그림에 나타난 자아방어기제는 무엇인가?

◀ 그림 9 자유화-1(남/9)

아버지로부터 도벽 때문에 가혹한 신체적 학대를 받았던 아동의 자유화. 도벽에 대한 죄책감으로 아동의 그림에는 늘 교회가 등장했다. 아동은 아버지에 대한 원망보다는 죄책감이 더 큰 듯했지만 벼락, 천둥, 비가 몰아치는 그림은 아동의 상처를 느끼게 한다. 그림의 특징은 형태보다는 색이 강하게 느껴진다는 점으로 감정의 충돌이 있을 때 많이 보인다.

◀ 그림 10 자유화-2

<그림 9>를 그린 아동의 미술치료 후 자유화. 눈에 띄는 것은 색채의 변화. 미술치료와 다른 심리치료를 병행하며 마음의 안정을 되찾았다. 늘 등장했던 십자가가 사라지고(죄책감이 사라짐) 자기라고 지칭하는 모습에 천국에 갈 수 있는 날개를 달았다. 여전히 비와 천둥은 치지만 이전과는 많이 약해진 모습 속에서 아동의 상처가 치유되어가는 것을 느낄 수 있다.

(2) 인물화 검사(DAP)

인물화를 아동진단을 위해 최초로 적용한 학자는 Goodenough다. 그녀는 1926년 아동의 지적 능력과 성장을 측정하기 위해 지능측정이라는 이름으로 이 방법을 고안했으며, 그림과 지능의 관계를 규명했다(김선현, 2006a).

인물표현을 잘 그리고 못 그리고는 중요하지 않으며, 묘사된 인물의 각 부분보다는 신체 각각 부분의 관계가 중요하다. 즉, 신체 부위의 비율이 조화로운지, 남녀의 모습이 어떤 차이를 보이고 있는지, 인물화의 순서와 그림의 위치, 인물의 동작 등은 그림을 해석하는 데 중요한 요소가 된다.

① 검사방법: "한 명의 사람을 그려 보세요." 그다음 "그와는 다른 성을 가진 사람을 그려 보세요."
② 재료: A4 용지 2장, 연필, 지우개
③ 인물화의 진단 및 해석
　　㉠ 크기: 종이 크기에 대한 그림의 상대적 크기는 자의식과 주도성을 나타낸다. 인물이 작게 그려진 경우는 열등감과 부족감, 소심함을 나타내며, 반대로 종이를 가득 메울 정도로 크게 그려졌다면 우월한 자아상을 가지고 있거나 공격적인 성향을 띠는 경우, 자신감이 지나치게 많아 자기중심적인 경우가 많다. 그러나 열등감이 심할 경우 그 보상심리로 인해 그림을 크게 그리는 경우도 있다. 우울증 성향의 피검사자의 경우 건강한 피검사자보다 작은 형상을 그린다.
　　㉡ 인물화의 순서: 대부분 인물화의 순서는 자신과 같은 성을 먼

저 그리거나, 간혹 이성이 먼저 그려지는 경우는 성 정체성에 혼돈을 느끼거나, 이성부모에 대한 강한 애착과 의존, 이성에 대한 강한 애착과 의존의 표현이기도 하다.

ⓒ 위치: 왼쪽 상단의 배치는 불안과 관련되며, 왼쪽에 그려진 경우는 소심하고 성취력이 약함을 나타낸다. 아래쪽에 위치하면 안정된 상태 혹은 우울감, 패배감을 나타내며 행동장애아동의 경우 아래쪽 가장자리에 그리는 경향이 많다. 중앙에 위치한 그림은 긍정적인 자아 중심적 성향과 관계가 있다.

ⓓ 기울기: 형상의 기울기는 신경의학에서 관심을 많이 보이는데 형상이 많이 기운 것은 병과 관련이 있다(예: 악성 뇌종양 환자가 그린 사람의 형상은 바닥 쪽으로 기운다).

ⓔ 신체의 생략이나 왜곡: 신체의 생략이나 왜곡은 피검사자가 심리적으로 갈등이 많음을 나타낸다. 특히 신체의 중요한 부분의 생략은 정신분열증 환자나 심한 퇴행과 관련되어 있다. 눈의 생략은 현실을 도피하거나 기피하고 입의 생략은 사회적 접촉을 기피하는 것으로 해석된다. 팔의 생략은 적개심이나 성적 충동에 의한 죄책감을 나타내며, 성적으로 문제를 겪은 아동은 허리 아랫부분을 잘 그리지 않는 경향이 있다. 작은 발은 안정되지 못한 불안정한 심리를 반영한다. 또한 긴 다리는 자율성에 대한 욕구를 나타내며 다리가 많이 벌려진 경우 불안한 감정을 나타낸다.

ⓕ 필압: 강한 필압은 자신감을 나타내며, 약한 필압은 부적절한 적응 상태를 나타낸다. 필압에 대한 부분은 <표 2>의 선에 대한 상징해석을 참조하도록 하자.

▲ 그림 11 인물화검사(남/8세)　　　　　▲ 그림 12 인물화검사(남/8세)

<그림 11>과 <그림 12>는 8세 남아의 인물그림으로 의복을 착용하고 있지 않다. 성인이 이런 나체 그림을 그렸을 경우는 대체적으로 성행위에 대한 관심이 많거나 성적인 편견을 가진 사람들, 조현증 환자에게 많이 보이지만 아동의 경우는 환경에 대한 영향으로 나타나는 경우가 많다. 이 아동은 성인물에 반복적으로 노출되어 성적인 호기심이 생긴 아동의 인물화로 남녀 신체의 차이점을 뚜렷하게 표현하고 있다. 강한 필압에서 긴장감과 스트레스를 볼 수 있으나 이런 그림의 경우 구체적인 그림의 해석보다는 그림의 주제에 초점을 맞추어 치료를 진행하는 것이 바람직하다. 비난보다는 아동이 가진 장점(여기서는 묘사력과 표현력)을 부각시켜 주는 것이 좋다.

(3) 집, 나무, 사람(HTP) 검사

집 – 나무 – 사람(House – Tree – Person) 검사는 Buck과 Hammer(1969)가 고안한 투사적 검사법으로 성인 환자들의 통합적 성격, 환자의 성숙도를 알기 위해 고안되었으며, 후에 8세 이상의 아동들에게 적용되었다(정여주, 2003). 집, 나무, 사람은 인간이 어릴 때부터 가장 가까이에 접하는 것으로, 인간에게 가장 친숙한 이 세 가지 그림을 자유롭게 그림으로써 억제된 정서를 나타낼 수 있다. 이 검사의 바탕은 Freud의 정신분석학적 기반에 의해 해석되지만, 피검사자의 연령이나 현재 당사자가 겪고 있는 문제와 개인적인 이력 등을 함께 고려하여 해석되어야 한다. 검사의 해석에 앞서 반드시 그림 그린 후의 질문을 하도록 한다(부록 참조).

① 검사방법: "당신이 그릴 수 있는 집을 하나 그려 보세요." – 그다음 "나무를 한 그루 그려 보세요." – "당신이 그릴 수 있는 사람을 한 사람 그려 보세요." 다음은 "앞에 성과는 다른 한 사람을 그려 보세요."

② 재료: A4 용지 4장, 연필, 지우개

③ 집, 나무, 사람(HTP) 검사의 진단 및 해석

　㉠ 집: 집은 그린 사람이 성장한 가정생활을 보여 준다. 기본적인 묘사는 문, 창문, 벽, 지붕, 굴뚝이다.

　　• 문의 생략은 타인에게 자신을 개방하는 능력이 부족한 경우이며, 마지막에 문이 그려지는 경우는 사람과의 접촉을 기피하는 것을 나타내며, 너무 작은 문은 까다로움과 수줍음을, 너무 큰 문은 사회적 접근을 나타낸다. 자물쇠가 있는 문은 방어를 의미하며, 집의 옆쪽에 위치한 문은 현실에서 도피하고자 하는 마음을 보여 준다.

　　• 굴뚝은 친밀한 관계나 남성의 성기를 상징하며, 가정에 있어서 심리적 온정에 대한 지나친 관심, 힘이나 창조력에 대한 관심을 나타낸다.

　　• 평면적 지붕은 상상력이 결여되거나 정서적인 억제를 뜻하며 너무 강한 음영을 넣으면 강한 죄의식을, 너무 큰 지붕은 환상에서 만족감을 얻음을 뜻한다.

　　• 창문의 생략은 적대감이나 은거 혹은 편집증적 경향성을 보여 주며, 많은 창문은 개방적인 성향이나 환경과의 접촉을 원하는 경우, 작은 창문은 심리적으로 접근이 어렵거나 부끄러움이 많음으로 해석된다. 위에서 내려다본 집을 그리는 경우는

가정적인 것을 거부하거나 가정에서 이미 멀어져 있음을 나타 내기도 하며, 자신이 남보다 우월한 위치에 있다고 느끼는 피 검사자에게서 보이기도 한다. 반대로 아래에서 올려다보는 집 은 집에 대한 거부나 이룰 수 없지만 바라고 있는 가정적인 것 에 대해 느끼는 감정을 나타낸다.

• 튼튼한 벽은 강한 자아를 반영하며 반대로 얇은 벽은 약한 자 아를 나타낸다.

ⓛ 나무

• 매우 큰 나무는 공격적 성향, 작은 나무는 열등감과 미비한 가 치의식을 나타낸다.

• 꺾이거나 잘린 가지는 외상 혹은 거세에 대한 불안한 감정을 의미하며 죽은 가지는 생활의 일부에서 상실감이나 공허함이 있음을 상징한다.

• 나무 그림에서의 줄기는 성장과 발달에 있어서 에너지, 창조 력, 생명력, 리비도, 생활의 느낌에 대한 감정을 반영한다. 현저 하게 큰 줄기는 환경에 대한 적극성을, 현실과 공상에서 공격적 으로 행동하는 경향을 나타내며, 작은 줄기는 무력감, 부적응 감을, 매우 좁은 줄기는 불확실한 생활과 얽매임을 의미한다.

• 커다란 잎은 부적합성과 관련된 의존성을 나타내며, 수관에 잎을 그리는 것은 안정욕구가 강하거나 쾌활한 성격과 예리한 관찰력을 가진 사람일 경우가 많다. 줄기에 비해 지나치게 큰 수관은 만족을 구하느라 마음을 상실하는 것을 뜻한다. 수관 의 오른쪽이 강조된 경우는 외향적이며 자신감이 많지만 조심 성이 부족한 사람일 경우가 많다.

- 잎나무에 꽃을 그리는 사람은 체면을 중시하고, 겉치레를 잘 하며 통찰력이 부족하고 자신을 찬미하는 사람이 많다. 열매가 있는 그림은 아동의 경우 강한 의존욕구와 지속성의 결여를 나타내며 성인의 경우 유아기의 고착이나 미성숙, 자기 현시적이며 과시적인 사람이 많다. 열매가 떨어지는 그림은 체념과 포기를 상징하며 열매가 썩은 경우 자신이 더럽혀졌다는 감정을 나타낸다.
- 해는 권위상을 나타낸다는 해석이 많지만 아동의 그림에는 학습되어 나타나는 경우가 대부분이다. 성인의 그림에서 해는 대부분 정서적인 결핍과 관련된다. 나무와 태양 사이의 구름은 피검사자가 어떤 사람에게 불만이 있음을 나타낸다. 지는 해는 우울감과 관련 있으며 달이나 별을 나무의 배경으로 그리는 것은 외로움을 나타낸다.
- 여러 풍경 속에 나무를 그리는 것은 상상력이 풍부한 사람인 경우가 많으나 간혹 현실 검증력에 문제가 있는 사람의 경우에도 보인다.
- 나무가 왼쪽으로 기울여져 있는 경우는 자기 방어적이며 내향적이고 자신에 대한 관심이 많음을 의미하며 오른쪽으로 기울어진 나무는 외향적이며 활동적이고 생활에 적극적인 태도를 가진 사람에게 많지만 때론 외계의 자극에 의해 충동적으로 움직이기 쉬운 사람에게도 보인다.

ⓒ 사람
- 성인이 아동을 그리는 경우는 유아기에 고착되어 있거나 퇴행하고 싶은 욕구, 피검사자의 환경에 아이들이 많거나 아이들

에게 특별히 관심이 많음을 나타낸다.

- 머리는 지능, 공상, 자기 통제, 대인관심을 상징한다. 머리를 생략하는 경우는 신경증, 우울증, 자폐적 성향이 많은 사람에게 보이고 머리를 크게 강조하는 것은 지적 욕구가 강하거나 정신의 중요성을 강조하고 공격적인 사람, 정신지체, 뇌수술 후의 사람, 자기애가 강한 사람, 편집증 환자에게 많다. 정상적으로 아동은 성인보다 머리를 크게 그린다.

- 머리를 작게 그리는 사람은 자신의 충동을 지적으로 통제하려는 사람, 무기력, 열등감, 약함을 의미한다.

- 얼굴을 검게 칠하는 것은 자의식이 강하고 부끄러움을 잘 타는 경우의 사람에게서 보인다.

- 얼굴 부분의 강조는 인간관계나 자신의 의견에 과도한 관심을 가지는 사람에게 많고 얼굴에 표정을 그리지 않는 사람은 움츠리고 겁이 많은 사람이 많다.

- 얼굴이 생략되고 나머지 부분이 부적절하게 그려진 경우 개인 상호 간의 관계가 분명치 않고 피상적이거나(Buck & Kaufman, 1972) 부적절한 환경과의 접촉(Machover, 1949)을 나타낸다.

- 눈은 환경과 접촉하는 가장 중요한 기관으로 눈을 그리지 않는 사람은 환시가 있거나 죄의식을 품고 있는 경우가 많고 균형 잡히지 않게 큰 눈은 타인에 의심이 많고 과민하거나 망상이 많은 사람에게 많다.

- 작은 눈은 내향적 경향(Machover, 1949), 텅 빈 눈은 환경에 관심이 없고 내성적이며 자아도취 경향을 나타낸다.

- 코의 생략은 성에 대한 갈등 및 거세 불안, 간혹 동성애 경향이

있을 가능성이 있다. 코의 강조는 열등감, 성적 불능, 성적 미숙, 동성애 등의 문제를 갖고 있는 경우가 많고 콧구멍의 강조는 불만과 공격성을, 매부리코나 퍼진 코는 타인에 대해 거절이나 경멸을 나타내는 경우가 많다.

- 입의 강조는 유아기 퇴행, 야만적 경향성을 의미하며 입의 생략은 우울, 대화거부, 강조된 턱은 공격적이거나 지배적인 경향의 가능성, 강한 충동적 경향을 나타낸다.
- 짧고 굵은 목은 난폭하고 완고하며, 저돌적인 경향을 나타내고 긴 목은 융통성 없고 지나치게 도덕적인 사람에게 많이 보인다.
- 큰 손은 공격적이고 희미한 손은 신뢰감의 부족, 생산성의 결여를 나타내며 주먹 쥔 손은 공격성과 반항심을 의미한다.

HTP에 대한 해석은 먼저 각각의 집, 나무, 사람을 해석하고 그 내용들을 다시 종합하여 해석하지만 우리는 그림을 해석하는 과정에서 4장의 그림이 모두 다른 형태임에도 불구하고 비슷한 상징해석을 지니고 있다는 점을 알 수 있게 된다. 즉, 4장의 그림은 다른 그림을 그리고 해석하는 것으로 생각되지만 실제로는 비슷한 상징(그림상징)을 해석하고 있다는 것. 따라서 4장의 그림 분석은 그만큼 그림 진단에서의 신뢰도와 정확성을 높일 수 있다.

(4) 동적 집, 나무, 사람(KHTP) 검사

집, 나무, 사람(HTP) 검사에 대한 보완으로서 집, 나무, 사람을 한 종이에 그리게 함으로써 세 가지 요소의 상호 역동성을 파악하는 그림 검사법으로 Burns가 고안하였다.

① 검사방법: "종이 위에 집, 사람, 나무와 함께 어떤 활동을 하는 사람의 모습을 그려 보세요. 캐릭터나 막대기 같은 사람은 그리지 않도록 하세요"라고 말하며 그림을 그릴 때는 긴 면이 가로가 되도록 놓고 그린다.

② 재료: A4용지, 연필, 지우개

③ 동적 집, 나무, 사람(KHTP) 검사의 해석 시 고려되어야 할 사항은 전체적인 느낌으로 다음과 같은 질문을 통해 해석해 볼 수 있다.

- 그림은 무엇을 이야기하고 있는가?
- 당신의 느낌은 어떤가? 당신은 무엇과 누구를 보는가? 당신은 무슨 일이 일어났다고 생각하는가? 그 그림의 느낌은 따뜻한가, 차가운가?
- 집, 나무, 사람 각각의 그림에서 어떤 느낌을 받는가?
- 집은 안전한 장소로 묘사되어 있는가? 활기가 없어 보이진 않는가? 집은 신체상징들에 대한 묘사인가? 집은 성공함과 부유함을 나타내는가? 어떤 가족이 살고 있는 것으로 보이는가? 그 집은 당신이 살고 싶은 집인가?
- 사람이 공격적으로 보이는가? 적대적으로 보이는가? 힘없이 보이는가? 활기가 있어 보이는가? 슬퍼 보이는가? 신체의 어떤 부분이 숨겨져 있거나 혹은 생략되어 있는가? 사람이 중요하거나 성공한 사람으로 보이는가? 온정적이고 양육적으로 보이는가? 당신이 좋아할 수 있는 사람인가?
- 나무는 죽었는가? 살아 있는가? 적대적으로 보이는가? 위협받고 있는 것으로 보이는가? 가지들이 위로 뻗어 있는가? 아래로 향하여 있는가? 나무가 생명력 있어 보이는가?

나무가 잘려 있지는 않은가? 나무가 집에서 멀리 있는가? 나무가 집을 보호하고 있는가? 사람을 보호하고 있는가? 나무가 잘려 있는가? 옹이 구멍이나 상처가 있는 나무인가? 당신이 나무라면 여기 그려져 있는 나무이고 싶은가?

- KHTP에서 가장 영향력(크기, 운동, 압력)을 나타내고 있는 것은 무엇인가? 집인가? 나무인가? 사람인가?

- KHTP에서의 거리와 배치는 어떠한가? 집 다음에 무엇이 있는가? 나무는 집과 사람에게서 멀리 있는가? 집 안에 사람이 있는가? 집과 나무가 밀착되어 있는가? 집, 나무, 사람의 상대적 크기는 어떠한가? 사람은 나무와 상호작용하고 있는가? 집과 상호작용하고 있는가?

  긍정적 상호작용인가? 부정적 상호작용인가? 태양이나 달이 집, 나무, 사람 위에 그려져 있는가?

- 그림의 양식은? 도화지 하단에 일렬로 나타나 있는가, 상단에 일렬로 나타나 있는가? 가장자리에 그림들이 그려져 있는가? 분리되어 나누어져 있는가? 조감도인가? 포위되어 있는가?

- 그림에서 각각의 요소는 무슨 행위를 나타내는가? 양육적인가? 의존적인가? 적대적인가?

④ 동적 집, 나무, 사람(KHTP) 검사에 적용된 Maslow의 모델

HTP검사를 개발한 Buck은 정신분석가였다. 따라서 그 해석은 Freud의 이론적 해석에 기반을 두었으며 정신분석학 내에서만 적합하도록 보는 자료와 상징들을 제한했다. 따라서 전체로서의 인간을 보기보다는 병리적인 면만을 보게 한 점이 여러 임상가에게 지적되어 왔다(김동연 외, 2002).

그러나 Burns는 Maslow의 발달적 관점을 HTP 해석에 부여하여, 전체로서 인간을 보는, 즉 인간의 건강한 측면과 잠재력도 고려하여 인간을 보았다. Maslow는 인간의 욕구를 생리적 욕구, 안전의 욕구, 소속의 욕구, 존경의 욕구, 자아실현의 욕구 등 5단계로 나누어 설명하였다(박용순, 2002).

하나의 기본적인 욕구충족은 다른 충족으로 옮겨가며, 인간은 낮은 수준의 욕구충족부터 높은 수준의 욕구해결을 위해 노력해야 함을 암시하고 있다. KHTP의 해석에 있어서는 그림을 통해 피검사자의 욕구 수준을 파악하여 치료의 목표를 정하는 데 적용시킬 수 있다. Maslow의 욕구체계와 관련되어 수정된 모델과 그림에 나타난 표현형태는 다음과 같으며, 3단계까지는 접근과 회피형으로 나뉜다(김동연 외, 2002).

▼ 표 5 Maslow의 욕구체계와 관련된 KHTP의 해석

욕구 단계	욕구 수준	수정된 모델	집 그림의 형태	나무 그림의 형태	사람 그림의 형태
1 단계	생리 적 욕구	생활에 대한 소속감 (생활, 안전, 일상에 대한 욕구)	이 단계의 그림을 그리는 사람은 생존에 대한 회의나 죽고 싶은 욕망에 사로잡혀 있다. • 접근형: 손잡이가 없는 문, 입구가 작은 문 • 회피형: 무너지려는 집, 공허한 집, 감옥 같은 집, 그림에 달이 그려져 있는 경우가 많다.	• 접근형: 갈고리 같은 나무뿌리, 가시 모양의 나무, 나무가 친숙하지 못하다. • 회피형: 나무가 죽어 가거나 죽어 있다. 좁은 줄기, 처져 있는 가지 혹은 부러져 있다. 줄기가 없기도 하다.	• 접근형: 공격적 외모, 무기를 든 인물, 의심하는 표정, 사냥이나 자르는 행위 등이 등장 • 회피형: 얼굴이 텅 비어 있거나 슬픈 표정. 죽어 보이거나 교활한 모습. 괴롭고 고통받는 표정. 작고 두려워하는 인물. 달, 물 등의 상징 보인다.

욕구 단계	욕구 수준	수정된 모델	집 그림의 형태	나무 그림의 형태	사람 그림의 형태
2 단계	안전 의 욕구	신체에 대한 소속감 (신체에 대한 수용, 신체 탐닉과 잠재성에 대한 통제력)	집의 개방과 돌출, 벽 등이 신체를 나타내는 경우가 많다. Freud의 상징해석이 적합하다. • 접근형: 남성 성기의 상징인 굴뚝과 촛불, 동그라미 등이 나타난다. • 회피형: X표나 종교적 상징물이 나타나기도 한다.	• 접근형: 나무가 감각적 특성을 가지고 있다. 남근 모양의 가지, 여성 성기의 상징(타이어 등) 나무껍질이나 잎의 강조, 줄기에 비해 가는 가지 • 회피형: 나무가 생략되거나 음영이 많다. 썩거나 떨어진 과일, 부러지거나 잘라진 가지, 너무 세밀히 그려진 나무, X표가 들어간 나무	• 접근형: 신체의 강조, 감각적. 남성근육의 강조. 여성의 경우 가슴이나 엉덩이의 강조. 아름다운 신체 및 세밀하게 그려진 사람, 조깅하는 사람 • 회피형: 신체 생략, 지우기, 가려짐. 신체 부위의 X표. 허리 아래의 진한 음영. 매력없는 신체. 무거운 의복이나 짐으로 신체를 가리는 것
3 단계	소속 의 욕구	사회에 대한 소속감 (지위, 성공, 존경, 힘에 대한 추구)	성공적인 것을 추구하는 사람에게 나타난다. • 접근형: 비싸 보이는 집, 부의 상징이 들어간다. • 회피형: 집은 크나 현대적이지 못하고 누추할 수 있다.	• 접근형: 강한 나무, 화려하고 외관적, 가지가 밖으로 뻗어 감. 균형 잡히지 않은 나무 • 회피형: 수동적으로 보이는 나무, 나무가 한쪽으로 기울어짐. 큰 줄기 작은 가지, 큰 줄기 큰 잎사귀, 큰 줄기에 가지가 안으로 향한다.	• 접근형: 현대적이며 성공과 중요함을 느끼게 하는 분위기. 세련되고 값비싼 옷을 입은 모습, 재산, 지위의 상징, 반지와 같은 보석이 보임. • 회피형: 세련되지 못한 모습, 유행에 떨어진 가난한 모습. 반문화적인 집단에 속하는 부류

욕구 단계	욕구 수준	수정된 모델	집 그림의 형태	나무 그림의 형태	사람 그림의 형태
4 단계	존경 의 욕구	자기와 자기가 아닌 것에 대한 소속감(동정심, 사랑을 주는 것, 양육 등)	집이 따뜻하고 아름답게 그려진다. 문에 손잡이가 있다. 그림에 따뜻한 양육적인 특성이 나타난다. 꽃, 관목, 가족, 빛, 장난감 등이 나타난다.	양육적이고 정착된 나무로 그늘과 올라갈 수 있는 장소를 제공. 떨어지지 않는 열매	사람은 양육적이고 사랑스러운 얼굴 표정. 양육적 행동. 동정심 있고 보호적임. 도와주는 행동. 지지적임. 꽃에 물을 주거나 하는 행위
5 단계	자아 실현 욕구	모든 생명체에 대한 소속감(사랑을 주고받기, 창조성, 생활에 대한 찬양)	가정은 따뜻하며 나무, 꽃, 새, 태양, 산 등이 등장한다. 가정은 모든 것과 조화를 이루고 내부, 외부가 연결되어 있다. 사랑스럽고 아름다운 분위기가 나타난다.	나무가 꽉 차 있으며 위와 밖으로 뻗어 있다. 생기 있고 즐거운 분위기. 새, 태양, 산, 꽃 등이 보임. 무지개나 동물들의 등장	사람, 땅과 꽃, 동물 등이 조화를 이룬다. 균형 잡힌 사람들. 주고받는 표정이 등장. 표현과 행동에 있어서 강하지만 사랑이 있고 균형이 이루어져 있다.

◀ 그림 13 KHTP(여/39세)
3단계의 욕구 수준을 가진 그림. 각 구성요소 간의 상호작용은 보이지만 내용적인 면에서의 상호작용은 보이지 않는다. 집, 나무, 사람의 형상에서 회피형에 속하는 것을 알 수 있다(<표 5> 참조). 높은 문턱과 계단, 집에 들어가 정원에 있지만 소파에 앉은 모습에서 대인관계를 어려워하고, 휴식을 원하는 피검사자의 마음, 이상과 현실에서 힘들어하는 피검사자의 마음을 알 수 있다.

(5) 동적 가족화(K-F-D)

동적 가족화(KFD)는 Burns와 Kaufmann(1970, 1972)에 의해 계발되었으며, 가족화에 움직임을 준 것이다. 이 검사법은 가족의 역동성을 드러내며, 피검사자가 가족 안에서 자신의 역할을 어떻게 평가하고 있는 지 자연스럽게 이끌어 내는 장점을 가진다(김선현, 2006a).

① 검사방법: "당신을 포함해서 당신의 가족이 무엇인가를 하고 있는 그림을 그려 보세요. 만화나 막대기 같은 사람이 아니고 완전한 사람을 그려 주세요. 무엇이든 어떤 행위를 하고 있는 그림을 그려야 합니다. 당신 자신도 그리는 것을 잊어선 안 됩니다(Burns & Kaufman, 1970, 1972)."

② 재료: A4용지, 연필, 지우개

③ 동적 가족화(KFD)의 해석: KFD에서는 가족을 그리는 순서나 가족 구성원의 위치, 크기, 동작, 표정, 전체적인 그림의 분위기를 통해 가족의 역동성을 알 수 있으며, 해석에 있어서 인물상의 행위와 그림의 양식, 상징, 그림의 역동성, 인물상의 특징 등이 진단 영역으로 나누어진다. 또한 그려진 인물과 피검사자와의 관계, 이름, 나이 등과 같은 해석에 필요한 질문을 하며, 그 내용은 다음과 같다.

- 각 인물에 대한 질문
  - 이 사람은 지금 무엇을 하고 있는가?
  - 이 사람의 좋은 점은 어떤 점인가?
  - 이 사람의 나쁜 점은 어떤 점인가?
- 이 그림을 보면서 무슨 생각을 했는가?
- 이 그림을 보면 어떤 생각이 나는가?
- 이 가족화에 그린 상황 바로 전에는 어떤 일이 있었을 것 같은가?
- 앞으로 이 가족은 어떻게 될 것 같은가?
- 만약 이 그림에서 무엇인가 바꾼다면 무엇을 바꾸고 싶은가?

ㄱ 인물상의 행위: 행위의 상호작용 측면으로 가족의 전체적 역동성과 각 인물상의 행위를 중심으로 가족 내 역할 등을 알 수 있다.

ㄴ 양식: 가족관계에서 자기의 감정과 상태, 신뢰감을 나타낸다.

- 일반적 양식: 보통의 신뢰감에 가득 찬 관계를 체험하고 있는 그림
- 구분: 하나 또는 그 이상의 직선이나 곡선을 사용하여 인물들을 분리하는 것은 가족들로부터 그들 자신과 그들의 감정을 철회하고 분리시키려는 욕구
- 포위: 어떤 사물이나 선으로 인물을 둘러싸는 경우, 가족원 또는 자기 자신을 닫아 버리는 양식(예: 양탄자, 소파 등으로 다른 가족 구성원과 분리되는 경우).
- 인물상을 용지의 주변에 나열해서 그리는 경우: 방어적이며 문제의 핵심에서 회피하려는 경향으로 볼 수 있다.
- 인물상의 아래에 선을 긋는 경우: 자신 또는 특정 가족에게 불안감이 강한 경우에서 볼 수 있다.
- 한 선 이상이 전체적 상단을 따라서 그려졌거나 인물상 위에 그려진 경우: 날카로운 불안, 산만한 걱정, 공포가 존재할 수 있다.
- 한 선 이상이 전체적 하단을 따라서 그려진 경우: 강한 스트레스하에 있는 아동이 안정을 강하게 필요로 하는 경우

ㄷ 상징

- 공격성, 경쟁심: 공, 축구공 그 밖에 던지는 물체, 빗자루, 먼지떨이 등

- 애정적, 온화, 희망적: 태양, 전등, 난로 등 열과 빛이 적절할 때, 빛이나 열이 강렬하고 파괴적일 때는 애정이나 양육의 욕구, 증오심을 나타낸다.
- 분노, 거부, 적개심: 칼, 총, 날카로운 물체, 불, 폭발물 등
- 힘의 과시: 자전거, 오토바이, 차, 기차, 비행기 등 자전거를 제외하고 모두 의존적 요소에 의한 힘의 과시
- 우울감정, 억울함: 물과 관계되는 모든 것, 바다, 호수, 강 등이 보인다.

ⓔ 역동성: 인물묘사의 순위, 인물상의 위치, 인물상의 크기, 인물상 간의 거리, 인물상의 얼굴의 방향, 인물상의 생략, 타인의 묘사 등으로 가족 간의 감정을 전체적 맥락에서 파악할 수 있다.

- 인물묘사의 순위: 가족 내의 위계 혹은 중요한 관계에 있는 대상을 알 수 있다. 대부분의 아동들은 아버지나 어머니를 먼저 그리게 되는데, 만약 아동이 자신을 먼저 그렸을 경우 가족 내의 서열관계를 생각해 보거나 지나치게 아동 위주로 생활하고 있지는 않은지 의심해 볼 필요가 있다. 아동의 그림에서 부모보다 형제나 자매가 그려졌을 경우 그 대상은 가족 내에 중요한 위치에 있으며 피검사자 자신과 심리적인 갈등관계에 있는 경우가 많다.
- 인물상의 위치: 위쪽에 위치한 사람이 가족 내 리더 역할을 한다. 반대로 하단에 위치해 있는 경우는 가족 안에서 영향력이 크지 않다고 해석된다.
- 인물상의 크기: 객관적 크기와 다른 경우 가족 내의 역할이나

비중에 대해 생각해 볼 수 있다. 자신일 경우 주목받고자 하는 마음 혹은 실제로 그렇게 대우받을 수 있다.

- 인물상의 거리: 그림 안의 대상들 각각의 거리는 심리적 거리와 비례한다.
- 가족 구성원이 생략되어 있는 경우는 그에 대한 거부나 스트레스 등으로 해석할 수 있다.
- 타인에 대한 묘사는 피검사자와 매우 관계있는 인물로 심리적 의존자일 경우가 많다.

ⓜ 인물상의 특징: 동적 가족화는 기본적으로 가족원이 포함된다. 동적 가족화에서 해석할 필요가 있는 특징을 나열해 보면 음영이나 가리기, 윤곽선 형태, 신체 부분의 과장, 신체 부분

◀ 그림 14 KFD(여/40)
▲ 그림 15 액자 그림

함께 살고 있는 친정어머니, 남편, 딸, 자신을 순서로 그린 가족화. 가족관계에서의 계열과 심리적 거리를 표현하였다. 소파에 함께 앉은 모습은 '포위'로 가족 간의 화목함을 나타냈지만 인물 간

팔의 연결로 보면 남편만이 분리되어 있어 친정어머니와 딸과의 거리를 더 가깝게 표현하고 있다. 그림에서 어머니와 남편의 모습이 다소 불편해 보이는데 이는 실생활에서 장모와 사위 간의 불편한 모습을 상징적으로 보여 준다. 이 그림에서 특이한 사항은 가족화 우측의 상단에는 또 하나의 가족 그림이 등장한다는 것(<그림 15>), 해를 향하여 날아가는 새 두 마리는 부부의 모습, 새를 바라보며 미소 짓는 큰 물고기는 친정어머니, 바다와 하늘에 서로 닿을 듯 말 듯 그려진 작은 물고기는 딸의 모습으로 보인다. 전체적인 가족 그림이 실제를 반영했다면 액자 속의 그림은 피검사자의 소망이 담겨 있는 가족 그림이라 볼 수 있다. 그림에는 두 사람만의 시간을 자주 갖지 못하고 있는 맞벌이 부부 아내의 작은 소망이 담겨 있다.

이 생략, 얼굴 표정, 의복의 장식, 회전된 인물상, 정교한 묘
사, 필압 등이 있다.

- 인물상의 음영이나 거친 표현: 지나친 몰두나 불안을 나타낸다.
- 윤곽선의 형태가 가는 것은 우울을 나타내며, 고친 흔적이 많
  음은 소심함을 보여 준다.
- 회전된 인물상은 그 사람에 대한 기능을 상실했음을 의미한다.

(6) 빗속의 사람 그리기(Draw-A-Person-In-The-Rain)

이 그림 검사는 인물화 검사의 변형으로 외적인 스트레스 요인을 비
가 오는 상황을 상징화하여 그 속에 사람이 보이는 자세를 그림으로 관
찰하는 것이다(Oster & Gould, 1999).

① 검사방법: "빗속의 사람을 그려 보세요."
② 재료: 도화지, 파스텔, 크레파스, 물감 등 그리기 도구
③ 빗속의 사람 그리기(Draw-A-Person-In-The-Rain) 검사의 진단 및
  해석

개인의 감정을 측정하는 한 이 검사는 빗속의 사람을 그리게 함으로
써 환자(내담자)가 힘든 상황에서 어떻게 반응하는지, 위험한 상황에서
어떻게 반응하는지? 그리고 어려운 상황을 대면하기 위해 어떤 방어기
제를 사용하는지 등을 알아본다. 여기서 '비'는 고난, 역경, 위험, 불안
한 상황 등을 의미하며, 주위환경을 어떻게 받아들이고 있는지, 스트레
스의 강도 등을 나타낸다.

자신감 있고 자신을 무기력하지 않다고 느끼는 사람은 비를 맞고 있
어도 활기차게 행동하는 모습을 그려 내거나 우산을 쓰고 만족한 표정

◀ 그림 16 빗속의 사람(여/38)

비의 모양이 거칠고 산발적이어서 우산을 쓰고 있어도 비를 맞을 것처럼 보인다. 외부에 대한 스트레스가 많고 고여 있는 빗물의 양도 많아 우울감마저 느껴진다. 비가 그치지 않고 계속 올 것 같다는 피검사자의 말에서 미래에 대한 두려움과 비관적인 성향을 볼 수 있다.

을 짓는 사람의 모습 을 그려 내고, 방어가 심한 사람은 우비를 입은 사람의 모습, 피해의식이 있는 사람은 비의 모양이 세차고 우산을 쓰고 있어도 비를 맞을 것처럼 보인다.

불안한 사람은 겁에 질리거나 무기력한 상황을 그린다. 내리는 비의 양, 인물의 표정과 행동 등은 피검사자의 상황적응과 정신력을 진단하는 데 도움이 된다.

- 피검사자는 무엇을 먼저 그렸는가? 비? 우산? 사람?
- 인물상은 어떤 자세로 있는가?
- 비를 피하기 위한 대처 자세는? 에너지는?
- 누구와 있는가? 아니면 혼자 있는가?
- 비는 어떻게 처리했는가?
- 비를 피하기 위해 사용된 것은 무엇인가?(우산/가방/책/나무……)
- 인물의 모습은 어떠한가?
- 내리는 비는 어떤 비인가? 비의 양은 어떠한가?

(7) 풍경구성법(Landscape Montage Technique: LMT)

풍경구성법은 코베 대학 의과대학 정신과 교수인 나카이 히사오

(中井久夫)에 의해 1969년 창안된 그림 검사 방법이다. 원래 조현병 (schizophrenia)[14] 환자를 주 대상으로 모래상자기법의 가능성을 결정하는 예비검사로서 고안되었다가, 독자적인 가치가 인정되고 이론적으로 분석되어 많이 활용되고 있다.

모래상자기법은 모래와 피규어(figure)를 사용하므로 조현병 환자가 퇴행을 일으켜 오히려 비치료적일 수 있다는 점에 나카이 교수는 삼차원 공간을 이차원의 평면으로 낮추어 열 가지 풍경 구성요소를 차례대로 말하고 풍경을 그리도록 하였다(요시히로 저, 전영숙 역, 1999).

① 검사방법: 먼저 검사자가 4면에 테두리가 그려진 도화지와 검은색 사인펜을 피검사자에게 건네준 다음, 강, 산, 밭, 길, 집, 나무, 꽃, 사람, 동물, 돌 등 열 가지 요소를 차례로 그려 넣어 하나의 풍경을 그리도록 한다. 그리고 마지막에 그리고 싶은 사물이 있으면 그려 넣게 한다. 그다음 채색을 하도록 한다. 검사 시 사용하는 언어나 행동은 치료의 흐름을 파괴하지 않도록 주의해야 한다.

② 재료: 도화지(8절 정도), 검은색 사인펜, 파스텔, 크레파스 등 그리기 도구

③ 풍경구성법(LMT)의 진단 및 해석

  ㉠ 강: 일반적으로 무의식의 흐름을 반영한다. 무의식에 지배되어 있는 사람들은 물이 세차게 흐르는 강을 그린다. 강박 성향의 환자는 강가를 돌로 정성껏 쌓거나, 방파제를 만들기도 한

---

14) '조현병(調絃病)'이란 용어는 2011년에 정신분열병(정신분열증)이란 병명이 바뀐 것이다. 정신분열병(정신분열증)이란 병명이 사회적인 이질감과 거부감을 불러일으킨다는 이유로, 편견을 없애기 위하여 개명된 것이다. 조현(調絃)이란 사전적인 의미로 현악기의 줄을 고르다는 뜻으로, 조현병 환자의 모습이 마치 현악기가 정상적으로 조율되지 못했을 때의 모습처럼 혼란스러운 상태를 보이는 것과 같다는 데서 비롯되었다(서울대학교 병원).

다. 조현병 발병기의 환자들은 강을 크게 그리거나 물의 양이 많은 강을 그린다. 우울증 환자들도 물을 크게 그린다. 그러나 강이 놀이적 요소로 사용된 경우는 해석에 유의하도록 한다.

ⓛ 산: 피검사자의 주어진 상황과 앞으로의 전망을 나타내거나, 극복해야 할 문제의 수를 시사하는 경우가 많다. 눈앞을 막고 있는 거대한 산은 어떤 어려움이나 장애가 있음을 의미하기도 한다.

ⓒ 밭(논): 밭에서 일하는 모습은 면학과 관련되며, 과제나 의무와의 관계, 인격의 통제된 부분으로 볼 수 있다. 이러한 모습은 일반적으로 좋게 평가되지만, 간혹 비행 청소년이나 등교거부 학생의 그림에도 많이 볼 수 있는데 이는 태만에 대한 보상심리로 여겨진다. 강박적 성향의 사람은 벼 이삭 등을 하나하나 세심하게 심어 놓기도 한다. 또한 밭이 멀리 보이는 것은 현실을 바라보고 싶지 않은 마음을 뜻하기도 한다.

ⓔ 길: 길은 의식을 뜻하며, 방향을 암시한다. 길에 대한 표현은 무척 다양하다. 구부러진 길, 복잡한 미로 같은 길, 끊어진 길, 산으로 올라가는 길 등 길이 의식을 의미한다고 볼 때 그려진 길의 형태는 현재 피검사자의 상황을 잘 반영할 것이다. 일반적으로 여성의 경우 길이 강으로 차단되어 그대로 끝나는 경우가 4분의 1이나 된다. 남성에겐 결혼이 다른 세계로 간다는 정도의 큰 변화는 없으나, 여성에게 있어서는 강을 건너는 의미가(대부분 다리가 등장) '결혼'을 의미한다고 볼 수 있다.

ⓜ 집, 나무, 사람: HTP 해석에 근거한다. 사람의 모습이 논에서 일하는 모습이나 무엇인가 일을 하는 모습으로 그려지는 것은 면학 혹은 의무와 관련된 해석이 많다. 때로는 과거에 학습이

부진하거나 실직자들이 보상행위로 그리는 경우도 있다. 대부분의 풍경에는 집, 나무, 사람이 각각 하나 이상 들어가는 경우가 많은데, 각 구성요소가 한 개만 표현되는 경우는 대인관계에 대한 어려움, 외로움, 고립과 같은 의미로 해석된다(집, 나무, 사람이 지면에 크게 그려졌을 경우는 제외).

ⓑ 꽃: 아름다운 사랑 혹은 성장의 발달을 상징한다. 여성스러움을 강조하는 사람에게 많이 보인다. 꽃에 색을 칠하지 않는 경우는 감정을 느끼지 않는 경우로 주로 조현병 환자에게서 많이 나타난다.

ⓐ 동물: 동물 그 자체가 상징을 나타낸다. 즉, 일반적으로 지닌 동물의 속성을 중심으로 여러 가지 의미를 맞출 수 있다. 다른 사물에 비해 동물이 크게 그려진 경우는 현실에 대한 보상심리 혹은 내면에 큰 에너지가 있음을 의미하며, 동물의 크기가 사람보다 크면 피검사자의 에너지 총량이 큰 것으로, 작은 경우는 에너지의 총량이 적다고 볼 수 있다. 조현병 환자나 대인공포증 환자는 토끼를 그리는 경우가 많으며, 매, 사자 등을 표현하기도 한다. 비행 청소년의 경우 고양이와 쥐가 등장하기도 한다.

ⓞ 돌: 돌의 속성은 단단함, 냉정, 불변성이다. 일반적으로 그림 안에서 눈에 띄지 않을 때가 많지만 큰 돌이나 큰 바위로 앞을 막는 그림의 경우 장애가 되고 큰 짐이 되며 어려움이 있음을 나타낸다. 그러나 그 위치에 그린 형태에 따라 의미는 달라질 수 있다.

ⓩ 질문: 채색이 끝나면 검사자는 그려진 그림에 대한 몇 가지 질문을 한다(예: 이 그림의 계절은 사계절 중 언제입니까? 시간은 몇 시쯤인가

요? 사람들은 무엇을 하고 있습니까? 어떤 관계에 있는 사람들인가요? 자신이라고 생각되는 사람이 있습니까? 등).

ⓒ 강박적 요소들: 돌, 나무, 꽃, 논밭의 표현에서 일정한 모양이 규칙적으로 그려지거나 검사 중 이를 표현하기 위해 지나치게 시간을 할애하는 경우

◀ 그림 17 **풍경구성법(여/35)**
여성적이며 모성애를 느낄 수 있는 그림. 뒤로 보이는 커다란 산에서 피검사자가 가지는 미래에 대한 두려움을 멀리 보이는 밭에서 현실을 바라보고 싶지 않은 피검사자의 마음을 읽을 수 있다. 그러나 지면을 가득 채운 그림은 피검사자의 높은 에너지를 말해 주고 있다.

◀ 그림 18 **풍경구성법-1(남/39)**
조현병 환자의 미술치료 시작 전 풍경구성법. 각각의 풍경요소를 하나의 풍경으로 구성력 있게 표현하지 못하고 있다. 지각에 문제가 있는 조현병 환자들에게 많이 나타나는 형태의 그림이다. 이 경우 심리적인 해석이나 접근보다는 환자에게 도움이 되는 미술활동을 통해 기능을 회복할 수 있도록 도와주는 것이 적합하다.

◀ 그림 19 **풍경구성법-2(남/39)**
<그림 18>의 조현병 환자가 미술치료 후 그린 풍경구성법. 채색을 하지는 않았지만 미술치료 전의 그림과 비교할 때 상당한 구성실력을 갖추게 되는 것을 알 수 있다. 각 구성물의 비례나 위치 등이 적절할 뿐 아니라 정교하게 다듬어진 모습도 볼 수 있다. 미술치료에 대한 효과를 한눈에 알아볼 수 있는 그림이다.

현장적용을 위한 미술치료의 이해

(8) 물고기 가족화

물고기 가족화는 가족 간의 관계와 역동성을 알 수 있을 뿐만 아니라 피검사자의 현재 심리 상태를 파악하는 데 유용하며, 그림 그리기에 대한 불안이 있거나 표현이 미숙한 대상자들도 거부감이 크지 않아 그림 검사에 자주 사용된다.

① 검사방법: 어항을 그린 도식을 주어 그 안에 자신이 꾸미고 싶은 세계를 꾸며 보게 한다. "어항 속에 물고기의 가족을 그려 보세요. 반드시 물고기 가족이 무언가를 하고 있는 그림을 그려야 합니다. 자신이 꾸미고 싶은 대로 자유롭게 표현해 주세요."검사 시 치료사는 자신의 가정에 대한 비유나 자신의 내면에 대한 것들을 그리도록 코멘트해도 무방하다.

② 재료: 어항 도식이 있는 8절 도화지, 크레파스

③ 물고기 가족화의 해석

㉠ 물의 양: 물이 어항에 가득한데도 밖으로부터 연결된 물 호스는 억압으로부터 분출욕구를 나타낸다. 물이 밖으로 넘치는 것도 같은 해석을 할 수 있다. 물은 기본적으로 물고기의 행동 반경을 나타내며, 물이 어항의 3분의 2 정도를 차게 그린 경우는 정서적으로 안정된 상태로 해석, 절반 이하는 정서적 결핍으로 해석할 수 있다.

㉡ 그리는 순서: 그리는 물고기의 순서가 관심도 혹은 가족 내의 중요도로 해석될 수 있다. 이러한 해석에 대한 검증은 물고기의 꾸밈 정도로 재해석할 수 있다.

㉢ 물고기의 크기: 가족의 물고기 크기는 가족 안에서의 영향력 혹

85

은 반대 개념으로 해석된다. 일률적으로 물고기의 크기가 크면 활달하고 외향적인 성향, 지나치게 작은 경우 내향적이고 위축 됨을 의미한다. 자신의 물고기가 큰 것은 사랑받고 주목받고자 하는 마음의 표현 혹은 자기중심적인 내면의 표현일 수 있다.

ⓔ 물고기의 표현: 장식이 많은 물고기는 감정적이고, 감각적인 면이 많음을, 이를 드러낸 물고기는 부정적, 공격적, 억압에 대한 불편한 감정을 나타낸다. 아기 물고기, 임신한 물고기, 새끼집은 모성애로의 귀의 및 퇴행을 의미(현 상황을 파악하여 해석 할 것)한다.

ⓜ 불안요소: 주어진 어항에다 손잡이를 그리는 경우, 어항에 받 침을 그려 넣는 경우는 불안 심리와 외부로부터의 도움을 요청 하는 안전에 대한 욕구로 본다. 산소기는 의존적인 상태에서 강조하여 그리며 큰 물방울은 감정의 둔감함을, 작은 기포는 타인의 태도 여하에 따라 민감한 성격을 나타낸다. 혹은 건강 상태와 관련될 수 있다. 많은 기포는 대부분 스트레스를 나타 낸다.

ⓗ 여러 가지 장식표현: 주변장식을 하지 않고 물고기만 그리는

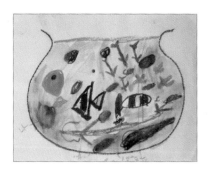

◀ 그림 20 (남/8세)
대인관계에 어려움을 보이고 위축이 심했던 아동 의 그림. 가족물고기는 모두 다른 모습, 다른 방향 을 하고 있어 가족 간의 온정을 느낄 수 없다. 어항 은 외부로부터 떨어지는 미사일과 돌로 안전해 보 이지 않는다. 특이한 점은 외부에서 떨어지는 미 사일(주황색)과 어항 하단의 아버지 물고기의 생 김새가 비슷하다는 점. 그림은 아버지에 대해 공 포를 느끼는 아동의 마음을 느끼게 한다.

경우는 인간관계의 관심도나 고민을 나타내며, 반대로 주변 장식에 너무 많이 치중하면 사회화에 대한 관심을 갖고 있음을 의미한다. 지나친 물풀과 돌의 표현은 비사회화 혹은 열등감의 경향성, 혹은 물고기 간의 분리 포위로 각 대상 간 가깝거나 먼, 심리적인 거리감을 나타내기도 한다.

(9) 동물 가족화 검사

동물 가족화는 가족을 동물로 표현하도록 하여 피검사자와 가족 구성원과의 관계 및 가족 간의 역동을 알아보는 그림검사이다. 어떤 동물을 그렸는지 표현을 정확하게 하지 못하더라도 어떤 동물인지 명명하는 것만으로도 가족 간의 심리적 상황을 유추해 볼 수 있다.

① 검사방법: "가족을 동물로 표현해 보세요."
② 재료: 8절 도화지, 크레파스
③ 동물가족화의 해석
　㉠ 동물을 그린 순서는 KFD나 물고기 가족화의 해석과 같은 의미를 지닌다.
　㉡ 어떤 동물을 그렸는지 파악한다. 힘세고 사나운 동물 혹은 그와는 반대로 약한 동물들이 존재할 수 있는데 표현한 동물은 피검사자가 받아들이는 대상에 대한 심리적 상태를 의미한다. 대부분은 가족 구성원이 성격에 맞는 다른 동물이 그려지는 경우가 많은데 가족 모두가 같은 동물로 그려진 그림은 가족 간의 상호작용이 잘 되고 있음을 나타내거나 혹은 피검사자가 고지식할 경우 많이 나타난다.
　㉢ 그려진 동물가족의 상호관계를 살핀다. 약자와 강자 혹은 우

◀ 그림 21 **동물가족화(남/8세)**
아동은 자신을 커다란 보아 뱀으로 엄마와 아빠
는 모두 돼지로 표현하였다. 아동은 뱀이 두 마
리의 돼지를 한 번에 잡아먹고 있는 모습이라고
말하고 있다. 가족 간의 역동보다는 갈등이 부
각되는 이 그림에서는 아동이 가진 부모님에 대
한 분노를 볼 수 있다.

호적인 관계일 수 있다. 이 역시 현재의 상황에 비례하여 나타
나게 된다.

ㄹ 동물의 크기는 심리적으로 느끼고 있는 가족의 중요도를 나타
낸다.

ㅁ 그려진 그림의 내용을 살핀다. 내용은 긍정적인가? 부정적인가?

2) 치료로서의 미술기법

미술치료는 다양한 주제와 기법 및 매체를 활용하여 진행한다. 어떤
주제와 기법 및 매체를 사용할 것인지는 환자의 증상이나 치료환경 및
목표 수준에 따라 변화되어 진행되지만 마치 약방의 감초처럼 자주 실
시되는 기본적인 미술치료 기법들도 있다. 이러한 기법 중에는 진단과
엄격히 구분이 되지 않는 것도 있다 미술치료에서 자주 사용되는 기법
을 몇 가지 살펴보면 다음과 같다.

(1) 난화에 의한 미술치료기법

난화란 '끍적거리기'란 의미를 가진 일종의 낙서로 영어의 'scribble'

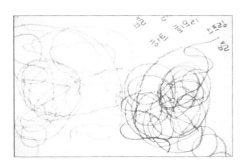

◀ 그림 22 난화에서 연상된 이미지
표현

난화에서 연상된 이미지를 통해 생각나는 기억들을 떠올려 보고, 그 기억들이 현재의 자신과 어떤 연관이 있는지 이야기를 생각해 본다. 그림은 19세의 행동장애 소녀의 작품으로 자신이 소망하는 것과 상황(회오리)을 난화 속에서 발견하게 되었다고 말한다.

◀ 그림 23 난화 1(여/55)

내담자는 첫 번째 이 난화에서 고기가 먹이를 물고 있는 모습을 떠올렸다. 그러나 내담자는 입에 물고 있는 것이 먹이보다 진주처럼 보인다고 말한다. 그림은 내담자가 현재 이루고자 하는 일에 대한 무의식적 소망을 나타내고 있다.

89

◀ 그림 24 난화 2

내담자는 두 번째 그림에 회오리바람이라는 제목을 붙였다. 그리고 회오리바람과 함께 황사가 몰려온다고 말한다. 내담자는 현재 진행하는 일이 잘 풀리지 않아 스트레스를 받고 있는 자신의 모습인 것 같다고 말한다.

◀ 그림 25 난화 3

내담자는 세 번째 난화에서 먹이를 재빨리 물고 가는 토끼를 연상하여 그렸다. 이 세 장의 난화는 내담자의 소망과 소망을 이루고자 하는 데에 따르는 어려움, 그리고 그 소망을 이루고자 적극적으로 행위를 취하는 모습이 순차적으로 전개되고 있다. 세 번째 난화를 통해 내담자는 자신의 소망이 꼭 이루어질 것이라는 긍정적인 생각을 갖게 되었다.

을 번역한 미분화 내지 유아의 경우에 볼 수 있는 착화의 상태를 말한다. 난화는 인간발달과정의 한 부분으로 어린아이들은 자유롭게 선을 긋는 난화를 그리면서 그림 그리기를 시작한다. 그래서 그림을 잘 그리지 못한다고 생각하는 성인을 대상으로 한 미술치료에서도 종종 난화 그리기를 시도한다. 즉, 난화는 미술표현에 대한 저항감을 감소시킨다. 난화법은 자유스럽게 선을 그린 후 그것을 이미지화하여 그림의 형체를 만들어 이야기를 만들어 가는 것이다. 난화기법은 내담자가 자신의 무의식을 난화 속에 투영시켜 형상화함으로써 보다 쉽게 무의식을 의식화시켜 주고 내담자 스스로 자신의 문제를 인식할 수 있게 해 준다. 난화는 한 장의 그림 작업으로 이루어질 수도 있고 몇 장의 그림을 그림으로써 내담자의 현 상황을 더 정확히 인식시킬 수 있게 진행되기도 한다.

• 재료: 종이, 연필이나 색연필, 사인펜 등

(2) 테두리법

내담자에게 도화지를 제시하면서 환자가 보고 있을 때 용지에 테두리를 그려서 건네주는 방법이다(<그림 26>). 이 기법은 풍경구성법을 실시할 때도 사용된다. 정확하게 절단되어 각이 져 있는 도화지는 간혹 환자(내담자)들에게 거부감을 줄 수 있다. 도화지에 테두리를 그려 줌으로써 그림 그리는 것을 자극하고, 그리는 것에 대한 저항과 공포를 줄일 수 있어서 자아가 허약한 환자(내담자)들에게 많이 사용되고 있다. 테두리를 그릴 때는 자를 사용하지 않는다. 또한 원을 그려 주고(<그림 27>), 원 안에 그림을 그리거나 채색하게 할 수도 있는데 이는 과잉행동이나 주의산만 등을 통제할 수 있으며, 심리적 지지도 해 줄 수 있다.

▲ 그림 26 테두리법   ▲ 그림 27 테두리법

(3) 출발용지(Starter Sheet)법

그림을 그리는 데서 오는 저항이나 공포, 수줍음 등을 줄여서 그림 그리기를 자극하고 촉진시키는 데 사용한다. 그림을 그리기 어려워하는 장애아동이나 정신질환자에게 많이 사용된다. 종이에 치료사가 직접 얼굴을 그려 주거나 붙여 주고 환자(내담자)는 그림을 완성해 간다. 장애아동의 묘화 시작 단계에서 거부감이 있을 때 유용하며, 그림 그리기에 자신 없는 아동들에게도 그림 그리기를 촉진시킬 수 있는 역할을 한다. 미술치료 초기 작업에 주로 사용된다.

◀ 그림 28 **출발용지법**
치료사가 얼굴 형태를 그려 주고 환자(내담자)에게 그림을 완성하도록 하거나, 얼굴 사진을 잡지책에서 오려 붙인 뒤 완성하도록 할 수도 있다.

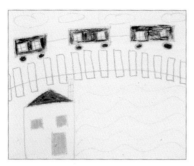

▲ 그림 29 기차(남/37)

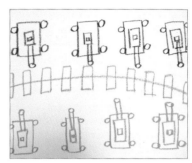

▲ 그림 30 남북 전쟁(남/65)

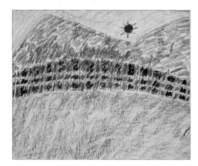

▲ 그림 31 다리가 있는 풍경(남/45)

▲ 그림 32 우리 집(남/35)

<그림 29>에서 <그림 32>까지는 모두 조현병 환자의 그림이다. 중앙에 자극그림을 같은 그림으로 그려 주었지만 환자들의 그림은 모두 다르다. 출발용지법은 이처럼 그림 그리기를 자극하여 자신의 경험이나 소망과 관련된 다양한 그림을 그릴 수 있는 역할을 한다.

(4) 만다라 그리기

만다라는 본디 불교의 성전이나 사찰에서 중생의 성불을 위해 제작된 것으로 미술치료에서도 큰 의미를 가지는 치료기법 중 하나다. 만다라 명상이나 그리기는 심리적인 불안에서 벗어나 정신을 집중하는 동시에 이완하면서 긴장을 완화시킬 수 있다(김선현, 2006a).

만다라를 제작하는 것은 그 순간 우리가 누구인지를 보여 주는 개인적인 상징을 만들어 가는 것이라 할 수 있으며 자신의 발전을 가져다줄 확실한 통로로 사용될 수도 있다. Jung은 자신의 체험을 통해 만다라 그리기의 치유적 의미를 발전시켰으며, 환자들의 무의식의 심리를 통해 표현하는 만다라의 상징의미를 심리분석에 적용하였다(정여주, 2001).

Jung에 의하면 만다라를 그리는 것은 인간에게 내적 기쁨과 질서와 생명의 의미를 찾아 주는 치료적 작업이다. 만다라를 하는 동안 내담자들은 이전에 가지고 있던 두려움과 불안과 갈등 등에서 벗어나 작업을 통해 자신의 내면에 집중할 수 있다. 대부분의 내담자들은 만다라 작업을 하는 동안 아무런 생각 없이 작업에만 열중할 수 있었다고 말한다. 아무것도 자리하지 않는 빈 공간 안에 자신을 채워 가는 작업 속에서 우리는 완전해져 가는 자신의 모습을 보고 느낄 수 있다.

크레파스, 색연필, 색종이, 자연물, 곡물 등의 재료를 이용할 수 있으며, 자유연상이나 그림을 그린 후 시를 써서 자신의 심상을 표현하기도 한다. 색채를 사용할 경우 환자의 기억과 감정을 통용하는 데 유용하다.

◀ 그림 33 만다라(여/49)
조현병 환자의 만다라 작품. 흰 도화지에 자연물을 이용하여 완성하였다. 환자의 작업은 대부분 혼란스럽고 기형적인 형태의 작업이 많았지만 이 만다라 작업에서는 안정감과 질서를 느낄 수 있다. 이처럼 만다라 작업은 내적인 질서와 균형을 이룰 수 있도록 힘을 준다.

(5) 핑거페인팅(Finger Painting)

　물감을 손에 묻혀 종이 위에 찍거나 바르거나, 문지르는 등의 자유스러운 작업을 유도하는 기법이다. 결벽증이 있어 거부하는 내담자들의 경우 비닐장갑을 사용할 수도 있다. 경쾌한 음악을 들으면 더욱 효과적이다. 미술치료 초기나 후기에 사용한다. 정서의 안정과 거부, 저항의 감소, 감정의 이완 등의 효과를 가지며 작업을 촉진시키거나 재료에 대한 흥미를 유발시키기도 한다. 스트레스 해소에 많은 도움을 줄 수 있다.

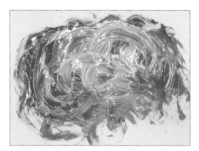

▲ 그림 34 핑거페인팅-1
핑거페인팅을 할 때 부드러운 촉감을 주게 하기 위해 밀가루 풀을 섞어 사용하기도 한다. 더 자유롭게 작업을 할 수 있고 장시간 작업을 해도 물감이 굳지 않아 좋다. 물감을 사용하는 데 드는 비용을 절감할 수도 있다.

▶ 그림 35 핑거페인팅-2
결벽증이 있는 내담자들은 손에 물감을 묻히는 것을 꺼려해서 초기에는 비닐장갑을 사용한다. 좌측은 비닐장갑을 사용하다 비닐장갑을 종이에 붙여 문어로 만든 핑거페인팅 작품이다. 이런 놀이식 기법은 가끔 우연의 효과를 주어 내담자를 창의적으로 만들어 준다.

(6) 놀이기법

　물감을 이용한 기법(핑거페인팅, 데칼코마니, 손도장이나 발도장 찍기 등)이나, 찰흙놀이 등은 정서의 안정과 거부, 저항의 감소, 이완 등의 효과를 줄 수 있고, 미술 작업을 촉진시키며, 스트레스 해소에 많은 도움을 주는 기법이다. 또한 미술재료나 기법을 탐색하는 초기 과정을 통해 미술표현에 대한 거부감을 줄일 수 있고 흥미를 유발시킬 수 있다.

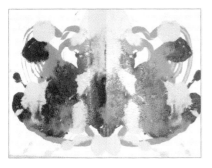

◀ 그림 36 데칼코마니
우연의 효과, 대칭의 효과, 기대의 효과 등으로 흥미를 자극할 수 있는 기법이다. 미술 작업에 친숙해질 수 있다. 연상 작업을 통해 심리적인 상태에 대한 접근도 가능하다.

◀ 그림 37 색모래 그림
모래를 종이 위에 편 다음 손가락으로 그림을 그리는 방법이다. 작업에 대한 부담감이 없고 그리고 지우는 과정을 즐길 수 있어 긴장감을 해소하거나 스트레스 해소에 도움을 줄 수 있다. 여러 색을 다양하게 쓸 수 있는 장점이 있고 사용하는 종이의 색상을 바꿔주면 다양한 효과가 나올 수 있으며 유아의 감각 발달에도 도움을 준다.

◀ 그림 38 거품 그림
물감과 주방용 세제를 섞어 스펀지로 주무르는 동작을 반복하면 멋진 거품 물감이 완성된다. 감정의 이완 스트레스 해소에 도움을 주며 부드러운 촉감과 시각적 효과로 감정을 부드럽게 변화시킬 수 있다는 장점이 있으며 성인에게는 동심을 자극하는 효과가 있다.

(7) 콜라주기법

콜라주기법은 거부감의 감소, 분노의 표출, 희망에 대한 상징 등 다양하게 활용될 수 있다. 표현이 쉽고 그리기보다 정확하게 감정을 전달할 수 있어서, 그리기에 대한 거부감이 있는 내담자에게 용이하다. 그러나 선택할 수 있는 사진이 많아야 한다는 단점이 있기도 하며, 반면 사진이 많을 경우 고르는 데 많은 시간이 소요될 수 있다. 치료사가 주제에 맞는 사진을 분류하여 두면 편리하다. 자기감정 나타내기, 가족이나 친구에게 말하고 싶은 것, 주고 싶은 선물과 받고 싶은 선물 등 많은 주제를 통해 감정을 쉽게 표현할 수 있어서, 문제예방 및 대처방법을 알아가는 데 도움을 줄 수 있다.

◀ 그림 39 소망의 나무(여/48)

조현병 환자가 자신의 소망을 담은 작품. 환자는 이전처럼 날씬한 몸매를 갖고 싶고, 다가올 크리스마스에 많은 선물을 받고 싶은 마음에 이런 사진들을 선택했다고 말했다. 콜라주는 사진이 주는 명확성 때문에 조현병 환자의 현실 검증력을 상승시킬 수 있는 좋은 재료가 되며 작업의 주제를 정확히 전달할 수 있다는 장점이 있다.

(8) 점토활동기법

점토활동은 미술치료에서 자주 다뤄지는 활동으로 아동뿐 아니라 청소년, 성인, 노인들 모두가 쉽게 매료되고 쉽게 접근하는 재료이다 (Wagenfeld, 1981). 어떠한 형태든 만들 수 있으며, 부착과 제거가 쉽고 실험적 자세로 수정을 거듭하면서 진지하게 추구할 수 있다. 점토를 주무르고 누르고, 손가락으로 찔러 보거나 서로 붙여 보는 등의 과정은

◀ 그림 40 **점토 작업**

점토 작업은 물기를 적셔, 질퍽거리는 느낌을 받으며 놀이식 접근을 할 수도 있지만, 일부 환자(내담자)의 경우 손에 묻는 것에 대한 불쾌한 느낌을 가질 수 있다. 이런 경우 1회용 비닐에 점토를 넣은 뒤 손으로 주무르면서, 여러 가지 형태를 만들어 낼 수 있다. 결벽증이 있거나 소근육 운동을 필요로 하는 환자에게 유용하다.

놀이형태로 접근하는 경우가 많아, 치료현장에서 내담자들을 쉽게 이완된 상태로 이끌 수 있다. 또한 입체적인 표현을 하기 쉽고, 유연하므로 자유자재로 각자의 생각을 표현할 수 있으며, 이러한 활동을 통해 손의 기능뿐 아니라 손과 눈의 협응, 움직임과 균형을 얻게 된다. 점토활동의 장점 중 하나는 실패에 대한 두려움을 가지지 않아도 된다는 것이다. 점토가 마르기 전에는 만들던 것을 뭉개고 다시 만들 수 있기 때문이다. 점토 작업에서 손과 손가락은 훌륭한 도구가 된다. 그리고 이러한 활동을 통해서 에너지와 원기가 강화되고 신진대사의 활력을 얻게 되어 치료적 역할을 하게 된다(Christeller, 1998). 아동치료의 초기 단계에는 아동의 긴장을 돕는 방법으로 자유놀이 표현이 주로 사용되고 그 외에 자아상 만들기, 찰흙을 이용한 공동작품 만들기 등 다양한 활동이 이루어진다. 점토 작업은 치료 시작 시 점토를 어떻게 놓아두느냐에 따라 결과가 달라지기도 하는데 이를 이용하면 증상을 개선하는데 도움이 된다. 예를 들어 조증환자 처럼 과도한 에너지가 있는 경우는 점토를 낮게, 소심하고 위축이 심한 사람에게는 점토를 높게 놓아두는 것이 효과적이다.

(9) 신체 본뜨기(Body Tracing)

큰 종이를 바닥에 깔고 내담자(환자)를 위에 눕게 한 다음 몸을 따라 선

97

을 그려 본을 뜬 다음 자유롭게 자신이 느끼는 자신의 신체에 대해 표현하는 게슈탈트 미술치료의 한 방법이다. 게슈탈트 치료의 목표는 '자기인식의 증가'이며 이 기법은 신체의 모양을 통한 깨달음으로 자아의식을 증진시키는 것이 목적이다. 신체를 통하여 받은 무의식 속의 요소를 수용하는 데 효과적인 방법이며 다양한 목적으로 사용된다. 신체장애인의 신체 영상이나 자아개념이 부정적일 때 이를 높이기 위해 자주 사용되며, 섭식 환자에게도 효과적인 기법이며 자존감이 낮은 아동에게는 자존감 향상과 함께 미래에 대한 긍정적인 사고를 갖는 데 도움을 줄 수 있다.

◀ 그림 41 신체 본뜨기
내담자들은 이 작업을 통해 지금까지 바라보지 못했던 자신의 모습을 발견하게 된다. 대부분의 내담자들은 그림을 그리는 동안만큼은 자신에게 집중할 수 있으며, 또한 자신의 소중함을 느끼게 된다고 말한다. 그리는 것은 외면의 모습처럼 보이지만 작업을 하는 동안 우리는 자기 자신의 내적 모습을 발견하게 된다.

◀ 그림 42 미래의 꿈
앞뒷면 신체본뜨기를 한 후 신문지로 속을 채워 미래의 자신의 모습을 꾸며 만든 작업들. 미래의 국어선생님, 방송국 앵커, 대기업 회사원들이다. 실제 자신과 같은 크기의 입체 작업을 만든 신체 작업은 주제에 현실감 있게 다가갈 수 있고 자신에 대한 애착이 생기도록 한다.
작업을 통해 아동들은 미래를 위한 목표를 세우고 자신의 꿈을 위해 노력하게 된다. 자존감 향상에 많은 도움이 되는 기법이다.

(10) 공동화(작품) 기법

공동화 기법은 대인관계를 새롭게 형성하고 연습해 나가는 데 도움을 준다. 집단이 모두 참여하여 한 화면에 함께 그림을 완성하거나, 조형물을 완성해 나가는 과정에서 참여자들은 타인의 마음을 이해하고 배려하게 되며 서로의 관계성을 생각해 보는 시간을 가질 수 있다.

이 기법은 혼자서는 할 수 없는 활동들로 구성되어 있으며, 집단원의 화합과 개인의 변화, 배려 없이는 이루어질 수 없으므로 개인 작업과는 많은 차이를 보인다. 자신의 개성보다는 집단과의 화합을 목표로 진행되기 때문이다. 이러한 작업을 통해 집단치료에 참여하는 내담자(환자)들은 집단 내의 상호작용을 통해 스스로 변화하고 크고 작은 사회 속에서 타인과 함께 살아가는 방법을 배우게 된다(유미, 2011).

◀ 그림 43 돌려 그리기
이 기법은 개인치료에서도 치료사와 환자와의 라포 형성을 위해 사용되고 있는 기법이다. 부부치료, 가족치료, 집단치료의 초기에 주로 쓰이며, 집단치료 참여자들은 작업을 통해 자신과 타인과의 차이점, 서로 맞추어 살아가는 방법들을 알아 가게 된다. 가끔은 너무 다른 차이점들로 인해 집단 안에서 불편함을 호소하기도 하지만 치료 회기가 지나감에 따라 그 불편함을 자신의 긍정적인 변화로 바꾸어 가기도 한다.

◀ 그림 44 다 함께 만들기
함께 만들어 가는 과정에는 집단원 각각의 역할과 일에 대한 분담이 이루어진다. 이는 집단 안에서의 소속감과 책임감을 기르게 하며, 함께하는 것에 대한 소중함을 느낄 수 있게 해 준다.

5
미술표현의
발달

발달단계에 따른 아동화의 분류는 아동미술치료뿐 아니라 아동미
술교육 및 청소년, 성인들의 그림을 이해하는 데 중요한 역할을 한다(정
여주, 2003). Luquet(1927)는 아동화란 아동의 지적 활동이며, 이는 단계적
으로 변화하고 발달하며, 앞의 단계는 다음 단계를 위한 전제조건이 된
다며 아동화의 발달을 체계화시켰다. 이와 같은 아동화의 발달단계에
대한 관심은 20세기 초부터 이루어지기 시작했고, Lowenfeld, Richter,
Luquet, Bachmann 등 많은 학자에 의해 연구되었으며, 아동의 발달에
따라 변화되는 그림의 특징을 설명하고 있다.

미술능력은 일정한 과정을 거쳐 발달한다(전성수, 2006). 따라서 아동
의 연령에 따른 그림의 변화를 이해하는 것은 아동의 현 발달수준(지적 ·
정서적 · 감각적 발달 상태)을 가늠할 수 있는 토대가 되어, 아동미술치료 진
행에 있어 무척 중요하다 할 수 있으며, 특히 특수교육 영역에 많이 적
용되고 있다.

또한 이러한 시도는 그림을 통한 다양한 진단법으로 개발되었는데,
그림 진단을 미술치료 현장에서 너무 선호하거나 우위에 두게 되면, 엄

격한 의미에서 치유의 본질을 희석할 수 있게 되며, 환자를 검사의 틀에 맞추어 보게 되는 오류를 범할 수도 있으므로(정여주, 2003), 각별한 주의가 요구된다.

그림 진단은 단지 미술치료에 있어서 내담자를 이해하고 치료과정을 도와주는 일부분으로 받아들여져야 한다.

아동 연령에 따른 미술표현의 발달특성과 도움이 되는 미술활동은 다음과 같다.

▼ 표 6 발달단계에 따른 미술표현과 도움이 되는 미술활동

연령	미술발달 및 표현의 특징	도움이 되는 미술활동 및 주의사항
0세~ 12개월	• 0~3개월: 커다란 물체, 대조되는 색을 띠는 물체를 좋아함. • 10개월: 첫 난화의 시작	• 모빌과 놀이를 통한 시각교육 • 물장난, 흙장난 • 무독성 크레파스, 연필 등을 이용한 낙서 및 물감놀이 • 유아의 난화는 근육 운동의 일환이므로 이름을 붙이는 난화기까지는 무엇을 그린 것인지 묻지 않는 것이 좋다.
1~2세	• 1단계: 마구 그리는 난화기: 일정한 흐름 없이 근육 운동에 의해 난화가 이어짐. • 2단계: 반복하는 난화기: 무질서한 끼적거림이 일정한 흐름이 보이고 규칙적인 반복이 나타남. 수평, 수직, 사선 및 동그란 선의 반곡 보임(초기 인물이나 다른 표현의 기본이 됨).	• 벽에 커다란 종이를 붙여 주고 유아가 그리고 싶은 충동을 느낄 때마다 자유롭게 표현할 수 있는 여건을 마련해 준다. • 굵고 진하게 그려지고 지우기 쉬운 수성용 재료(사인펜, 붓 펜, 수성 컬러 펜 등)가 좋다. • 어떤 형태를 그리거나 글씨를 쓰도록 하는 것은 자신감에 상처를 줄 수 있으므로 주의한다. • 2세: 색 찰흙, 지점토, 블록, 종이 등을 통한 놀이 활동을 통해 우뇌를 발달시키는 활동이 중요하다.

연 령	미술발달 및 표현의 특징	도움이 되는 미술활동 및 주의사항
3세	• 이름 붙이는 난화기: 도형을 결합한 만다라형, 두족화(초기 인물화), 태양인 등이 등장 (동그라미를 그려 놓고 '엄마'라고 명명하며 자신의 그림과 주변과 관련지음(그림을 두고 의사소통이 가능해지는 시기))	• 큰 종이와 함께, 다양한 미술재료를 아무 때나 자유롭게 표현할 수 있는 여건 만들어 주기 • 입체재료(찰흙, 블록, 밀가루 반죽, 지점토)를 가지고 놀면서 자연스러운 입체 활동을 경험할 수 있도록 한다. • 표현에 대한 동기부여 및 유아와의 대화를 통한 작품의 이해
4세	• 사물에 대한 구체적 형태 표현과 이야기를 만드는 시기 (사물의 상징적 표현) • 도식과 존재상징 표현 • 어휘와 표현능력의 상승으로 언어의 작용에 의해 내용을 가진 표현으로 그림을 그림. • 공존화와 투시적 표현 등장 (여러 시각에 본 것을 한 화면에 그리기. 다른 시간대에 일어난 것을 한 화면에 그리기, 차의 외부 모습과 내부 모습을 함께 그리기 등)	• 다양한 미술재료를 아무 때나 자유롭게 표현할 수 있는 여건 만들어 주기 • 그릴 수 있는 동기 만들어 주기 (자신의 경험과 느낌을 찾아 가도록 도와주기) • 아동 스스로 자신의 그림을 설명할 수 있도록 이야기 들어주기 • 선, 색, 형태와 같은 조형적 관심보다는 아동의 생각과 관점에 맞추어 미술활동을 할 수 있도록 한다.
5세	• 선을 보다 정확히 사용하게 되고, 알고 있는 것을 자세히 그리게 됨(무엇을 그렸는지 한눈에 알아볼 수 있는 그림). • 상징적이면서도 내용이 있는 미술표현 • 도식에 대한 활발한 개발(나비, 구름 등의 개념적 표현) • 기저 선으로 공간관계를 표현하기 시작함. • 입체재료를 사용한 평면 표현	• 미술을 통한 인간교육 및 정서함양, 창의적 미적 감각을 중점으로 둔다. • 미술활동을 통하여 생각할 기회 주기 • 그리고자 하는 것과 관련된 여러 가지 자료(책, 실물, 비디오, 사진 등)를 통해 사고와 개념에 대한 폭을 확장시켜 주기 • 다양한 재료에 대한 입체표현
6~8세	• 그려진 형상과 내면과의 관계를 알고 형상에 의미를 부여하는 단계	• 도식을 분화시켜 다양한 표현을 할 수 있도록 대상에 의미를 부여할 수 있는 경험을 구체화

연령	미술발달 및 표현의 특징	도움이 되는 미술활동 및 주의사항
6~8세	• 다양한 대상과 공간에 대한 상징이 발달하는 시기로 도식적이고 자기중심적인 표현(사람, 꽃 등 대상과 종류에 상관없이 똑같이 표현) • 기저 선을 사용(본격화)한 공간개념 표현(땅 밑과 위를 가르는 기준, 사물의 위치를 말해 주는 기준, 사물의 방향을 말해 주는 기준, 거리를 알게 해주는 기준) • 공존화적 표현(마주 보는 사람이-얼굴이 모두 정면, 식탁의 다리가 여러 방향으로 펴져 있는 표현 등) • 전개도식 표현(기저 선에 사물을 수직으로 배치하여 그림) • 투시적 표현(외부와 내부를 동시에 표현) • 자기중심적 사고에 의한 과장이나 축소가 나타남. • 시간과 공간개념의 미발달 • 상상력을 즐겨 사용 • 주요 부분 과장, 그 외는 생략 • 숙달될 때까지 형태를 반복함.	시켜 주고 동기를 부여해 주는 활동이 필요하다.
8~10세	• 상징적 표현과 사실적 표현이 함께하는 과도기적 단계 • 대상을 본래대로 표현하려는 태도 및 묘사력 향상(평면 작업의 경우) • 자기중심적 사고에서 타인을 의식하게 되고, 주관적 표현을 객관화하려 노력함. • 기저 선 사이를 메우며 공간을 발견하게 되는 시기, 사실적 비례를 지키려고 함(공간의 깊이를 만들어 냄).	• 표현 능력에 있어 개인차가 확실하게 나타나는 시기이므로, 개개 어린이의 발달을 고려하여 개별성을 파악한 자세한 지도와 아동의 욕구를 채워 주는 지도가 필요하다.

103

연 령	미술발달 및 표현의 특징	도움이 되는 미술활동 및 주의사항
8~10세	• 중첩표현(사물을 겹쳐서 그리는 것으로 뒤에 있는 대상을 부분적으로 나타냄) • 입체표현: 입체적 탐색기로 앉아 있는 표현이 많고, 입체에 두께가 생기고 움직임에 대한 표현이 늘며, 비례를 생각하며 만듦. • 자기존재에 대한 생각이 들며 타인을 의식하고 비판하는 능력이 생김. • 사물의 색채에 관심을 가지며 다양한 색상을 구분하여 사용한다. • 표현 및 지각 능력의 발달로 부분관찰과 과거경험의 환기, 및 기억화 등을 계속하고 기본적인 형을 구분, 삼차원적 입체감을 나타내기 위한 그림자 표현	
10~12세	• 사실적 표현에 대한 관심 • 원근표현과 입체표현 및 질감에 대한 발견 • 혼색을 탐구하여 사실에 부합되는 색을 사용 • 사실적 비례를 지키고, 의미 있는 대상에 대한 자세한 표현 • 사물에 대한 관찰력 및 입체적인 면을 나타낼 수 있으며 원근투시법에 관심을 기울임. • 미적인 관심이 퇴화하는 시기로 독창보다는 모방이 많음. 부분보다는 전체를 중요시하는 경향이 많음.	• 사실적 표현과 색에 대한 인지가 높아지지만 진정한 시각으로 보기는 이르므로 어린이의 사고를 자극하고 환경 안에서 재료의 자연스러운 미와 관련을 맺는 것이 바람직하므로 그러한 기회를 부여하는 것이 가장 중요하다.

연 령	미술발달 및 표현의 특징	도움이 되는 미술활동 및 주의사항
10~12세	• 인물표현에 움직임이 많아짐 (목의 움직임이 처음으로 등장하지만 극히 미미함). • 자기중심적 사고에서 벗어나 자신의 표현과 대상과의 표현에 차이를 인식하여 사실적 표현을 하려 애쓰며 사리표현능력이 더 이상 쌓이지 않으면 대부분의 조형능력이 멈추게 되어 성인이 되어서도 이 시기와 비슷한 그림을 그리게 됨.	
12세 이상	• 공간적 사실기로 자아인식능력과 환경에 대한 인식능력의 급격한 발달로 아동의 자발적 표현에서 성인의 주체의식을 갖는 표현으로의 변화를 겪게 됨. • 색채, 명암, 원근 등의 변화에 민감하고 표현하려 애씀. • 시각형과 촉각형의 표현 – 시각형: 시각적으로 보이는 대상과 공간을 사실적으로 표현하는 데 관심을 기울임. – 촉각형: 자신의 신체감각과 정서적으로 유대관계가 강한 것에 대해 주관적으로 표현하여 그림에 자아가 투영된다. • 입체표현에 있어 공간관계가 개입되고 대상을 선택적으로 받아들여 자신의 개성을 반영하고 자신의 의도를 표현	• 다양한 재료와 다양한 방법 및 다양한 주제에 대한 접근을 통해서 다양한 시각을 갖게 하고 스스로 자신의 표현방법을 모색하게 하도록 한다.

참조: 교과교육학 & 미술교육학(전성수, 2006). pp. 217~296.

105

참 고 문 헌

• 김동연(1994). 『미술치료의 이론과 실제』(대구: 동아문화사), pp. 33~34.
• 김동연 · 공마리아 · 최외선 편저(2002). 『HTP와 KHTP심리진단법』(대구: 동아문화사), pp. 31~75.
• 김동연 · 정현희 공저(1997). 『심리진단과 치료』(대구대학교 출판부).
• 김선현(2006)a. 『마을을 읽는 미술치료』(서울: 넥서스).
• _____(2006)b. 『임상미술치료학』(서울: 학지사).
• 김정(1989). 『아동회화의 이해』(서울: 창지사), p. 513.
• 김진숙(1993). 『예술심리치료의 이론과 실제』(서울: 학문사).
• 김재은(1984). 『아동의 심리진단』(서울: 백록출판사).
• _____(1994). 『아동화의 심리진단』(서울: 과학교육사).
• 박용순(2002). 『사회복지개론』(서울: 학지사), p. 21.
• 신민섭 외(2003). 『그림을 통한 아동의 진단과 이해』(서울: 학지사).
• 유미 · 정선화(2011). 『가족미술치료와 물고기 가족화의 해석』(경기: 이담북스).
• 유미(2011). 『현장적용을 위한 미술치료프로그램』(경기: 이담북스).
• 이영화(1990). 『서양미술사』(서울: 박영사), p. 50.
• 임승룡(1994). 『미술』(서울: 시대기획), p. 249.
• 전성수(2006). 『교과교육학 & 미술교육학』(경기: 한국학술정보(주)).
• 정여주(2001). 『만다라와 미술치료』(서울: 학지사).
• _____(2003). 『미술치료의 이해』(서울: 학지사), pp. 15~17.
• 정현희(2006). 『실제적용중심의 미술치료』(서울: 학지사).
• 주리애(2000). 『미술치료는 마술치료』(서울: 학지사).
• 한국미술치료학회(1994). 『미술치료의 이론과 실제』(대구: 동화문화사).
• 카도노 요시히로, 전영숙 외 역(1994). 『미술치료에서 본 마음의 세계』(서울: 이문출판사).

- 김수진(1996). 「정신병환자의 미술표현에 관한 연구」(숙명여자대학교 대학원, 석사 학위논문).
- 문지원(2000). 「미술심리치료 이론 및 그 적용 가능성 연구」(대구 효성가톨릭대학교 대학원 석사학위 청구논문).
- 미국정신분석학회(2000), 이재훈 외 역. 『정신분석 용어사전』, 한국심리치료연구소.
- 신연숙(1994). 「정신분열증 환자의 미술표현 연구」(서울대학교 대학원, 석사학위 논문).
- 임주영(2003). 「아동미술효과에 대한 메타분석」(숙명여자대학교 대학원, 석사학위 논문).
- 임지향(2005). 「미술치료의 성립과 과제」, 『비교법 연구』 제6권 1호.
- 유미(2004). 「미술치료와 삶의 질」(동국대학교 대학원, 석사학위논문).
- _____(2006). 「커뮤니케이션 매체로서의 미술」, 『임상미술치료학 연구』 제1호(2).
- 유미 · 신동근(2005). 「만성정신분열병 환자의 미술치료와 삶의 질」, 『용인정신의 학보』 제12권 제1호.
- 윤경미(1994). 「만성정신분열증 환자를 대상으로 한 미술요법 사례연구」(홍익대학 교 대학원, 석사학위논문).
- 최현진(2004). 「집단미술치료가 정신분열증 환자들의 사회기술향상과 증상완화에 미치는 영향」(대구가톨릭 대학교 대학원, 석사학위논문).
- 하세경(2003). 「현대미술에서 만나는 미술의 치유적 힘」(고려대학교 대학원 석사학 위논문).
- 대구광역시 아동학대예방센터(2001). 「피학대 아동의 정서안정을 위한 미술치료 서 비스」.
- 이부영(1995). 「한 정신과 환자의 정신치료과정에서 나온 시각재현의 의미」, 『신경 정신의학』, p.1239.

- Cathy, A. Malchiodi(2003). 미술치료(서울: 조형교육).
- E. Winner 저, 이모영 외 역(2004). 예술심리학(서울: 학지사).
- Gumaer, J. (1987). Counseling and Therapy for Children, 이재연 외 역(서울: 양서원).
- 칼 G. 융 외, Man And His Symbols, 이윤기 역(서울: 열린 책들, 1996). pp.221~223.
- Rubin, J. A. 저, 김진숙 역(2001). 미술심리총론. 한국표현예술심리협회, p.195.
- Faber Birren 저, 김진한 옮김(1995). 색채의 영향 (서울: 시공아트).

107

- Faber Birren 저, 김화중 옮김(1993). 색채심리(서울: 동국출판사).
- Fontana, D.(2001). 상징의 비밀, 최승자 역(서울: 문학동네).
- V. Lowenfeld 저(2002). 서울교육대학교 미술교육연구회 옮김. 인간을 위한 미술교육 (서울: 미진사).
- Buck. R. C & Kaufman, S. H.(1972). Action, styles and sybols in Kinetic Family
- Drawing(K-F-D): An interpretative manual. New York: Brunner. Mazel.
- Buck, John N.(1948). The H-T-P. Journal of clinical child psychology. 4, 151~159.
- Burns, R. C.(1979). Kinetic Family Drawing: Practice and reserrch panel. Annual meeting of the american association of psychiatric services for children. Chicago, New York: Taperecording. Audio Transcripts Ltd.
- E.Mees-Christeller.(1998). Kunsttheerapie in der Praxis, Stuttgart. p.12.
- Hammer, E. F(1969). Hierarchical organization of personality and the H-T-P, achromatic and chromatic.
- Koch, K.(1997). Der Baumtest. Gödttingen, Hans Huber.
- Kramer, E.(1958). Art therapy in a children's community. Springfield, IL: Charles C. Thomas.
- Laing, J.(1974). 「Art theraphy」: Painting out the puzzle of the Inner Mind, New Psychiatry.
- Machover, K.(1949). Personality in the drawing of human figure. IL: Charles C. Thomas.
- Oster, G. & Gould, P.(1999). Zeicbnen in Disnostik und Therapie. Paderborn, Junfermann.
- Maslow, A. H.(1954). Motivation and personality. New York: Harper and row.
- Maslow, A. H.(1962). Toward a psycholog of being. New York: Van nostrand.
- Muths, C.(1998). Farbtherapie. Munchen, Wilhelm heyne.
- Riedel, I.(1988). Bilder in Therapie, Kunst und Religion, Stuttgart, K reuz.
- Rubin, J. A.(1999). Art therapy: An introdution. Philadelphia, Brunner/Mazel.
- Schäfer(1973). Musis Erziebung. In: Klug, N.(Hrsg.): VomGeist musischer Erziehung, Darmstadt, Wissenschaftlieche Buchgesellschaft.
- Ulman, E.(1961). Art therapy: Problems of definition. Bulletin of Art therapy, 1(2), pp.10~20.
- _____(1976). Art therapy: In the Mental Health Disciplines Ndtes on the Develoment Disabled, Hosp Cummunity Psychiatry, 27(7), 1976, pp.495~504.
- _____(1977). Art therapy: Problems of the emotionally disturbed. American Journal of art therapy, 17, pp.13~16.

- Kwiatkowska, H. Y. (1978). Family Therapy and Evaluation Through Art. Springfield, IL: Charles C. Thomas.
- Wadeson, H. (1980). Art psychotheraapy, New York: Wiley.
- Wagenfeld, R. M. (1981). Einfache Tonarbeiten, Bonn–Bad Godesberg, p. 22. http://www.igoindol.net
- 日本臨床美術協會 http://www.arttherapy.gr.jp/
- 藝術造形研究所 http://www.zoukei.co.jp/
- 미국 미술치료 협회 www.arttherapy.org
- 유미(2008).「예술의 사회적 기여에 관한 국내외 실증사례연구(미술치료부분)–한국문화예술위원회 예술정책연구 협력연구과제」, 한국문화예술위원회.
- 최순주(2006).「한·일 노인미술치료 비교분석」, 『임상미술치료학 연구』, Vol. 1, No. June. pp. 60~61.
- 가네코 겐지 외(2006).「미술치료는 마음을 푼다」, 『임상미술학 연구』, Vol. 1, No. 1.
- 인터넷 두산 백과

109

미술치료의
이론적 접근

미술치료의 진행은 다양한 심리치료의 이론적 관점에서 출발하고 진행된다. 이 장에서는 심리상담/치료에서 주로 다루는 몇 가지 이론적 모델의 기본개념을 소개하고, 그 이론적 모델에 따른 미술치료의 접근방법과 현장에서 사용되는 실제적 기법에 대해 다루고자 한다.

심리상담/치료의 각 이론적 모델은 각기 다른 인간관과 상담의 목표를 가지고 있으며, 따라서 심리상담/치료를 공부하기 시작하는 학생들에게 인간행동의 다양한 영역들을 이해하게 하고, 내담자들에게 접근할 수 있는 기본적인 틀을 제공해 준다.

그러나 어떤 한 유형의 접근법이 자신에게 맞는다고 한 가지 이론에만 얽매인다면, 현장에서 만나게 되는 많은 내담자와의 심리상담/치료에 많은 제한을 가지고 올 수 있으며, 상담/치료자로서의 역할에 있어서도 한계에 부딪히게 될 것이다(Corey, 2001).

상담/치료의 이론적 모델들은 다른 이론적 기반에서 출발하고 있긴 하지만, 전혀 관계가 없는 것은 아니며 서로 영향을 주거나 보완된 형태로 이루어져 있다. 심리상담/치료사는 내담자를 특정한 이론적 모델에 맞추어 상담하기보다는 각각의 내담자에게 적합한 심리상담기법에 대한 지식을 갖추고 있어야 할 것이다.

지금부터 소개되는 심리상담/치료의 각 모형들은 그 이론을 접하는 사람들로 하여금 이론적 근거나 치료효과를 인정하게 하기도 하지만, 실제 적용에 있어 한계점을 지니고 있기도 하다. 따라서 상담현장에서는 다양한 이론적 접근을 연구하여 그 개념과 기법들을 통합하는 절충적인 기법들이 요구된다고 볼 수 있다.

1

정신분석상담과
미술치료

정신분석 모형은 발달의 경향, 성장단계에서의 주요 발달 과업, 정상인 및 비정상인의 사회적 역할, 욕구 및 그에 대한 불만족, 그리고 그로 인해 야기되는 성격발달 결함의 근원 등을 이해하는 개념적 도구로 사용한다. Freud는 무의식의 역할에 대해 초점을 맞추었고, 인간의 기본적인 성격구조를 이해하고 수정하기 위한 치료절차를 발달시켜, 후의 정신 역동적인 체계를 구축할 수 있는 기초를 세웠다. 그의 이론은 다른 이론들을 평가할 수 있는 기초가 된다(Corey, 2001).

1) 인간관

인간본성에 관한 정신분석적 관점은 기본적으로 결정론이다. 즉, 비이성적인 힘인 본능적 충동이나 무의식적 동기가 인간의 행동을 결정한다고 보며 모든 사람이 Freud가 제안한 심리성적 발달에 따라 성격발달이 이루어진다고 본다. Freud는 인간을 쾌락을 추구하는 생물학적 존재로 보고 본능의 중요성을 강조했다. 그에 의하면 인간을 지배하는 두

제2장 미술치료의 이론적 접근

가지 본능인 '삶의 본능'과 '죽음의 본능'은 쾌락과 공격성을 추구하는 충동이다(노안영, 2005).

2) 주요 개념

(1) 지형학적 이론

Freud는 인간의 정신세계를 지형적 구성에 비유하여 무의식의 층, 전의식의 층, 의식의 층이 있는 것으로 가정했다. 그는 무의식은 모든 기억, 경험, 갈등과 소망, 억압되어 있는 재료들로 우리가 전혀 느낄 수도 없고 인식할 수도 없는 곳에 있어 접근하기 어려운 곳에 위치하며 전의식은 현재 인식하고 있지는 않지만 노력하면 인식할 수 있는 가능성이 있는 것, 의식은 현재 자신이 인식하고 있는 자신의 마음이라고 하였다.

Freud에 의하면 대부분의 심리적 기능은 의식영역 밖에 존재하며, 사람들은 동기를 의식할 수 있을 때만이 선택을 할 수 있기 때문에 정신분석상담의 목표는 무의식적 동기를 의식화하는 것이며, 따라서 무의식

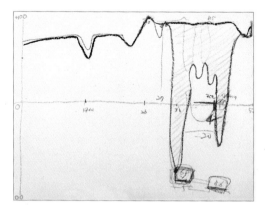

◀ 그림 1 인생의 그래프(여/52)
자신의 인생을 편안하고 긍정적으로 생각하는 주부의 인생 그래프(파란 선). 연이은 어머니, 아버지의 자살에도 불구하고 내담자는 자신의 인생을 왜 편하게 그릴 수밖에 없었을까? 내담자는 미술치료를 통해 기억하고 싶지 않은 기억과 경험, 그 안에 숨겨진 내용들을 하나씩 의식 속으로 내보이고 있다(붉은 선).

의 역할을 이해하는 것은 행동에 대한 정신분석적 모형의 본질을 파악하는 핵심이라고 할 수 있다.

정신분석적 입장에서 보면 그림은 무의식 세계를 투영한 것으로, 따라서 그림에 대한 해석은 그동안 알 수 없었던 개인의 무의식적 기억을 의식 세계로 끌어올릴 수 있는 역할을 한다.

(2) 구조적 이론

정신분석적 관점에 따르면 성격은 원자아(id), 자아(ego), 초자아(super ego)로 이루어져 있으며, 인간의 마음을 움직이는 에너지로 본다.

원자아는 쾌락원리(본능)에 의해 지배되는 무의식적인 인간의 욕망을 발산시키는 힘을 말하며, 초자아는 원자아의 충동을 억제하도록 하며 자아가 현실적 목표 대신 도덕적 목표와 완전을 추구하도록 하는 이상적인 힘, 완벽을 추구하는 성격의 판사 같은 부분이다. 또한, 자아는 원자아의 본능과 초자아의 이성을 적절히 수용하고 조절하여 현실적으로 수용되는 자신을 형성하려는 내 마음 속의 중재자로써 현실과 타협하기 위해 노력한다. 즉, 자아는 욕구가 충족될 수 있는 현실적 방법을 찾을 때까지 원자아의 충동을 제한한다.

(3) 불안(anxiety)

불안은 어떤 고통스러운 경험이 외적 또는 내적 흥분에 의해 산출되는 의식적인 상태를 말하며, 부정적인 느낌을 주지만 무엇인가를 하도록 우리를 동기화시킨다.

① 현실적 불안: 외부세계에서 오는 위험에 대한 두려움으로 그 불

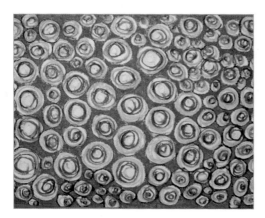

◀ 그림 2 자유화(여/31)

마음의 불안은 무엇인가 규칙적
이고 반복적인 행동을 하도록 만
드는데 이는 그림에서도 나타난
다. 그림은 같은 무늬(색상)를 반
복적으로 나타내고 있다. 그림을
그리는 에너지는 많지만 내용은
보이지 않는다. 이렇게 무의식적
으로 같은 그림을 반복하여 그리
는 것은 일시적으로 마음의 불안
에서 벗어날 수 있도록 해 준다.

안의 정도는 실제 위험의 정도에 비례한다.

② 신경증적 불안: 본능이 통제되지 않아 벌을 받아 어떤 일을 하게
되는 것에 대한 공포로, 원자아적 욕구가 강하거나 이를 통제할
자아의 기능이 약해져 자신을 위험에 빠지게 할 것이라는 두려움
에서 기인한다.

③ 도덕적 불안: 이는 양심에서 생기는 두려움, 즉 우리가 기준대로
살지 못하는 죄책감에서 기인한다.

(4) 자아방어기제

삶의 순간들에서 마음의 평정을 깨뜨리는 사건들이 일어나면 누구
나 불안해진다. 특히, 사회적·도덕적으로 용납되지 못하는 성적인 충
동이나 공격적 충동은 위험불안을 일으키며 이때 자아는 마음의 평정
을 찾기 위해 노력하는데, 이를 자아방어기제라고 한다.

자아방어기제는 현실을 부정하거나 왜곡시키고, 무의식 수준에서
일어나는데 Patton과 Meara는 자아방어기제를 불안과 우울을 막기 위

한 마음의 작용이라고 지적했다(Patton & Meara, 1991). 자아방어기제는 병적인 것이 아니라 정상적인 행동으로, 흔히 일어나는 자아방어기제는 다음과 같다.

① 억압(repression): 가장 기본적인 방어기제로 위협적이거나 고통스러운 생각, 감정들을 의식하지 못하도록 하는 방어수단으로 신경증적 장애의 기초가 된다. 억압을 통해 고통스러운 기억과 감정에서 벗어날 수 있다.

② 부정(denial): 실제로 존재하는 위험이나 불쾌한 현실을 부정하는 것으로 무서운 영화를 보거나 끔찍한 상황이 예견되는 상황에서 눈을 감는 행위, 불치병에 걸린 사람이 의사의 오진이라고 우기는 경우 등이 그 예이다.

③ 취소(Undoing): 선한 행동을 통해서 공격적 행동을 제거하거나 자신의 행동에 대한 책임을 면제받고자 하는 기제

④ 반동형성(reaction formation): 위협적 충격에 대한 상반되는 충격을 적극 표현하는 것으로 행동이 마음속의 욕구와는 반대로 나타나는 경우

⑤ 투사(projection): 받아들일 수 없는 욕망이나 충동 등을 다른 사람에게 귀인시키는 것으로 흔히 실패를 남의 탓으로 돌리는 행위를 보인다.

⑥ 치환(displacement): 충동이나 욕구를, 원래 불러일으킨 대상에게 해소할 수 없을 때 그 대상보다 더 '안전한 상대'에게로 이동시켜서 그 충동을 해소하는 것

⑦ 합리화(rationalization): 상처 입은 자아를 설명하기 위해 타당한 이유들을 조작하여, 행동을 정당화하는 것

117

⑧ 승화(sublimation): 성적 · 공격적 에너지를 사회적으로 허용되고 때로는 칭찬까지도 받는 경로로 전환하는 것

⑨ 퇴행(regression): 극심한 스트레스나 극단적인 곤경에 처했을 때 부적절한 행동을 고수함으로써 불안에 대처하려고 하는 것

⑩ 내사(introjection): 타인의 가치나 기준을 받아들이고 삼키는 것

⑪ 동일시(identification): 자신을 열등하다고 생각하는 사람들이 자신의 가치를 새롭게 할 생각으로 성공적 원인, 조직, 사람들과 동일시하려고 하는 것

⑫ 보상(compensation): 부족한 점을 감추기 위해 약점을 지각하지 않거나 어떤 정적 특성을 발전시켜 나가는 것. 즉, 심리적으로 어떤 약점이나 제한점이 있는 사람이 이를 보상받기 위해 다른 것에 몰두하는 행위

▼ 그림 3 자유화(여/18)

품행장애로 입원 중인 환자의 그림. 그림에는 늘 7세 이전의 기억만이 존재한다. 어릴 적 아빠 손을 잡고 유원지에서 먹던 솜사탕, 막대사탕, 유치원 담의 개나리. 그림 속에는 가장 순수하고 편안했던 시절만이 남아 있다. 그림의 주제적인 측면에서 볼 수 있는 퇴행이다. 이로써 환자는 주변으로부터 순수하고 여린 아이로 보호받을 수 있다. 후회와 반성이 담겨 있는 그림이다.

▲ 그림 4 천재소년(남/6세)

자신은 잘하는 것이 아무것도 없다고 생각하는 유아의 인물화. 늘 똑똑해서 칭찬받는 형을 부러워하고 있다. 아동은 자신이 그린 그림의 인물을 6세의 천재소년이라고 말하고 있다. 연필로 스케치한 뒤 특별히 머리만을 검정색 크레파스로 채색하였다. 이처럼 그림에는 자신의 부족한 부분을 보상받기 위한 노력이 무의식적으로 표현되기도 한다.

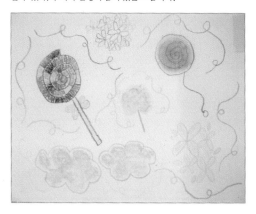

⑬ 전환(轉換): 심리적 갈등이 신체적 증상으로 바뀌어 나타나는 것으로 며느리가 명절 때 몸이 아프거나 학교에 가기 싫어하는 아동이 학교 갈 때 배가 아픈 경우가 그 예이다.

Freud의 정신분석에 입각한 미술치료사들은 그림 속에는 무의식적인 갈등이나 억압, 소망 등이 표출된다고 보며, 미술치료사들은 그림 속에서 환자의 자아방어기제를 읽을 수 있어야 한다고 말한다. 필자의 임상에서도 보면 그림 속에는 다양한 자아방어기제가 나타나는데 환자들의 그림 속에 나타난 자아방어기제를 알아내는 것은 환자의 심리적 상태를 이해하고 치료하는 데 매우 중요하다.

(5) 성격발달

① 구강기(0세~생후 1년)

유아는 젖 빨기를 통해 음식과 즐거움의 욕구를 만족시킨다. 유아는 기본적으로 양육이 필요한데 이때 양육자와 유아의 관계는 유아가 성장했을 때 인간관계를 맺는 틀이 된다. 탐욕과 욕심은 이 시기에 충분한 음식과 사랑을 받지 못한 결과로 생길 수 있다. 구강기의 욕구가 잘 해소되지 않았을 때 이후 파생되는 문제는 사람에 대한 불신과 거부, 사람과의 관계에 대한 두려움 등으로 나타난다. 담배 피우기, 먹기, 마시기, 죄책감과 의존성, 욕설, 침 뱉기 같은 성인의 행동들은 구강기의 문제에서 비롯된다.

② 항문기(1~3세)

항문 주위가 성격형성의 중요한 부분이 된다. 발달과제는 독립성, 개인적인 힘, 자율성을 획득하고 부정적 감정을 수용하고 처리하는 방법을 배우는 것이다. 배변훈련 과정을 재촉하거나 방해하는 방식은 성인의 수많은 성격의 기초가 된다. 완고, 인색, 순종(항문기 보유형)[1]과 관대, 방종(항문기 공격형)[2]은 이 시기와 관련된 성인의 특징이다.

③ 남근기(3~6세)

기본적인 갈등은 근친 간의 갈등을 이성의 부모에 의해 발달시킨다는 것이며 그 갈등은 무의식 속에 억압된다(오이디푸스 콤플렉스,[3] 엘렉트라 콤플렉스[4]).

④ 잠복기(6~12세)

성적인 흥미는 학교생활이나 놀이친구, 스포츠나 다양한 새로운 활동들로 대치된다. 이 단계에서 성적이고 공격적인 충동들은 비교적 가라앉게 된다.

⑤ 생식기(청년기)

남근기의 부활로 이 상태는 노령기까지 계속된다. 이 시기의 주요 과제는 이성과의 관계를 발달시키는 것으로, 사회적 금기가 있을지라도

---

1) 배변을 할 때마다 칭찬을 함으로써 유아의 배변훈련에 지나치게 많은 관심을 기울여 배변훈련에 대한 과도한 생각을 하게 할 경우가 있다. 이는 개인의 생산성에 대한 욕구와 관련될 수 있다. 즉, 어떤 성인은 극단적인 질서 정연, 탐욕, 인색, 고집 등과 같은 고착 행동을 보이기도 하는데 이러한 현상을 항문기 - 보유형이라고 한다(COREY, 2000).
2) 반대로 배변훈련이 너무 엄격하여 아동들은 부적절한 때나 부적절한 장소에서 배변을 함으로써 분노를 표현할 수도 있다. 이런 후의 행동은 후에 잔인함, 부적절한 분노의 표현, 극단적인 무질서 등과 같은 성인기의 기초가 될 수 있다. FREUD는 이를 항문기 - 공격형이라고 했다(COREY, 2000).
3) 남근기에 들어오기 전에 남자아이는 어머니를 사랑하고 아버지를 동일시하게 된다. 성적 충동이 증가하고 남자아이에게 어머니에 대한 근친상간적인 마음이 생겨나면 아버지에게 질투심을 느끼고 경쟁적인 양상을 보이게 된다. 이처럼 남자아이가 어머니를 성적으로 독점하려고 아버지에게 적개심을 가지는 현상을 오이디푸스 콤플렉스라고 한다(HALL, 1966).
4) 오이디푸스 콤플렉스와는 반대 개념으로 여자아이가 아버지를 독점하려 어머니에게 적개심을 가지는 현상

사회적으로 수용될 수 있는 다양한 활동들로 그들의 성적 에너지를 다룰 수 있다.

3) 치료의 목표

정신분석의 치료목표는 무의식을 의식화하고, 자아를 강하게 하여 본능의 요구보다는 현실에 바탕을 두도록 하는 것이다. 따라서 내담자로 하여금 불안을 야기하고 있는 억압된 충동을 자각하게 한다. Freud에 따르면 왜곡되고 억압된 성적 쾌락은 내담자에게 중요한 문제가 되며 정신분석자는 내담자에게 억압되어 있는 무의식에 숨겨진 내용들을 찾는 작업을 수행한다.

4) 치료과정

치료사의 역할은 효과적인 대인관계를 성취하도록 돕고 내담자에게 치료과정의 의미를 가르쳐서 삶을 보다 합리적으로 통제할 수 있도록 하는 것으로, 이때 내담자와 상담자와의 관계는 전이과정으로 개념화되는데, 전이관계[5]는 정신분석학적 접근의 핵심이다. 전이(transference)는 내담자(환자)가 과거의 중요한 타인에게서 느꼈던 감정이나 환상을 무의식적으로 치료자에게로 이동시키는 것으로 효과적인 치료를 위해서는 전이관계를 훈습해야 한다.

---

5) 반대로 환자에 대한 분석가(치료사)의 감정과 태도로 '역전이'가 있다. 이는 분석가(치료사)의 과거경험이 현재 상황으로 전치되는 현상이다. 역전이의 어떤 측면은 의식적일 수 있지만, 그것은 기본적으로 환자에 대한 분석가 자신의 무의식적 반응으로 정신분석치료의 핵심적인 중요성을 갖는 '전이'와 유사하다(미국 정신의학회, 1990).

이러한 전이의 해결은 분석의 종결단계에서 이루어진다. 즉, 치료사와 내담자가 분석의 주요한 목적이 달성되고 전이가 충분히 이해됐다는 것을 받아들일 때 정신분석은 종결된다(노안영, 2005).

5) 치료기법

정신분석상담의 기법은 의식하는 것을 돕고, 행동에 대한 통찰을 얻게 하며 증상의 의미를 이해하도록 하는 것이다. 이 과정은 내담자의 대화에서 정화로, 정화에서 통찰로, 통찰에서 무의식적인 문제를 다루면서 노력하는 과정을 통해 성격의 변화로 이끄는 지적 · 정서적 이해와 재교육의 목표로 가는 것이다.

① 자유연상: 내담자로 하여금 무엇이든 마음속에 떠오르는 것을 말하도록 하는 것으로, 내담자는 이 과정을 통해 무의식적인 생각들과 갈등들이 자유롭게 의식된다. 상담자는 내담자의 이면에 있는 감정이나 느낌 혹은 몸짓, 목소리 등 일반적 신체언어에 주의를 기울여야 한다.

② 해석: 치료관계 자체에서 나타나는 행동의 의미를 내담자에게 지적하고, 설명하고, 가르친다. 해석의 기능은 자아가 새로운 자료를 흡수하고, 더 많은 무의식적 자료를 드러내도록 가속화하는 것이다.

③ 꿈의 분석: Freud(1901)는 꿈은 억압 및 불안 유발 사고에 대한 부산물이며 고백서라고 믿었다. 꿈에 대한 해석은 억압된 자료들에 대한 통로, 내담자의 현재의 기능을 이해할 수 있도록 돕는다.

④ 저항⁶⁾: 저항은 치료의 발전을 저해하고 내담자가 무의식적 욕구를 표출하는 것을 방해한다. 저항은 위협적인 욕구가 자각되는 것을 방해하기 때문에 분석가는 그것을 지적해야 하며, 내담자가 저항을 해결할 수 있도록 하기 위해 저항의 이유를 인식하도록 도와야 한다.

◀ 그림 5 미술치료 과정 안에서의 저항
주제를 듣고 얼굴 그리기를 시도하다 얼굴 위에 신경질적인 선을 긋고 그리기를 중단하였다. 미술치료 안에서의 저항은 이렇게 그리기를 중단하기도 하고, 주제를 듣고 치료실을 나가 버리는 경우, 종이를 찢거나 구기는 등의 형태로 나타난다.

123

▼ 표 1 정신분석치료의 평가

공 헌	한 계
• 내담자의 행동을 탐색하고 증상의 근원과 기능을 이해할 수 있는 개념의 틀을 제공한다(무의식을 의식화). • 치료사에게 각 발달단계의 중요한 과업과 위기를 이해할 수 있는 기초적인 틀을 제공한다. • 초기 아동기 사건들의 역할과 그것이 내담자의 현재의 문제에 미치는 영향에 대한 역동적 이해의 틀을 제공한다.	• 해석의 다양성 및 남용 가능성이 있다. • 비용의 부담이 크고, 긴 시간을 필요로 한다. • 정신장애가 있는 대다수의 내담자가 자아 강도의 수준이 낮다는 지적이 있다. • 유아기 경험을 강조한다.

6) 심리치료, 특히 정신분석치료에서 일반적으로 부딪치는 역설적 현상. 신경증을 일으키는 문제를 해결하기 위해 전문적 도움을 구하는 환자는 다양한 방식으로 변화를 가져오는 치료과정을 방해하고 거부한다. 이러한 저항은 태도, 언어화, 그리고 행동으로 표현할 수 있다. 저항은 자아가 스스로를 방어하고자 하는 노력의 한 예이며, 전이와 더불어 정신분석적 치료의 주된 특징이다(미국정신의학회, 1990).

⑤ 전이의 분석과 해석: 내담자가 현재 기능에 대한 과거의 영향을 통찰할 수 있게 된다.

6) 정신분석적 미술치료

Freud는 미술의 임상적 가치를 인정하고 정신분석적인 관점에서 그림해석의 기초를 마련하였다.

정신분석적 미술치료는 Freud를 중심으로 정신분석가들이 사용하는 자유연상법이나 꿈의 해석, 저항과 전이의 분석과 해석 등을 기법으로 사용하는 것이다. 정신분석이론에 입각한 미술치료사들은 내담자들의 그림은 모두 무의식의 고통이나 억압을 나타내고 있다고 본다. 따라서 미술치료사들은 환자들의 상상이나 자유연상에 의한 자유로운 표현과 즉흥적인 표현을 중시하며(Menzen, 2000), 내담자의 자유연상에 집중하여 숨겨진 의미를 파악하고, 그 작업에 나타난 무의식적인 자료들을 인식한다. 또한 내담자들의 꿈이나 무의식의 내용을 내포하는 백일몽, 판타지, 갈등과 유년의 기억을 그림으로 표현하게 하여 그 속에 담겨 있는 상징을 해석한다.

아동의 경우는 성인에 비해 자유연상의 준비성이 결여되어 있어서 그림의 사용이 언어의 사용보다는 의사소통을 용이하게 하고 성인의 경우에도 난화나 핑거페인팅 등을 통해 자유연상을 하거나 연상되는 것을 그리게 하는 방법을 적용하여 무의식적 동기를 밝히고 있다. 자발적인 미술표현을 통해 이미지를 표출하는 것이 바로 무의식을 의식화하는 작업이며, 이는 치료나 정화, 원활한 의사소통의 효과를 거둘 수 있다(Naumburg, 1928).

정신분석적 미술치료는 내담자가 표현한 작품의 소재를 분석하여 미술을 상징적 언어의 형태로 보고 자유롭게 자신을 표현하게 한다. 즉, 상징과 전이를 매우 중시하여 융의 집단무의식 개념과 대상관계이론[7]도 치료 이론에 통합하고 있다.

♣ 미술치료기법

자유화 그리기, 꿈 그리기, 어린 시절 그리기, 난화나 핑거페인팅 작업 후 연상하기 혹은 그것을 그림으로 표현하기 등의 기법이 사용된다.

① 자유화 그리기

미술치료사는 내담자로 하여금 무엇이든 생각나는 것을 그림으로 그리게 하고, 그림에 나타난 장면 혹은 형상들을 자유롭게 이야기하도록 하며, 치료사는 그림에 나타난 상징에 대해 해석한다.

정신분석적 미술치료에 있어 상징에 대한 해석은 Freud의 상징해석에 의거하는데, 이때 주의할 점은 그 상징해석이 모든 문화에서 반드시 보편적으로 적용되지 않기 때문에 일반적으로 해석하기보다는 내담자의 자유연상 및 자기해석을 통해 내담자 개인의 심리를 파악하여 그것을 이해하고 치료에 응용하는 작업이 필요하다(최현진, 2002).

② 꿈 그리기

Freud(1952)에 따르면 모든 꿈은 개인의 삶의 중심에 있고, 그 사람의 심적 통제하에 있다. 또한 사람들이 잠잘 때 억압된 방어들이 보다 낮

---

7) 대상관계이론은 인간의 마음은 바깥으로부터 획득한 요소들, 즉 다른 사람의 기능 측면들이 내재화된 것이라는 가정을 바탕으로 한 심리적 설명체계를 말한다. '대상관계'란 심리 내적으로 표상되는 대인관계를 의미한다(미국정신의학회, 1990; CLAIR, 2000).

◀ 그림 6 **꿈속에서(여/15)**
자신을 환호하고 있는 친구들, 무거운 기차를 들고 있는 자신의 모습, 자신을 조롱하는 듯한 사람. 그림에는 학업에 대한 무거운 짐, 친구들에게 인기를 얻고 싶은 마음, 그러나 아무것도 하지 못하고 있는 자신을 비난하는 또 하나의 자기모습이 담겨 있다.

아지기 때문에 금지된 욕망들과 감정들이 꿈속에서 자유로이 배출될 수 있다고 본다. 따라서 꿈을 분석하는 것은 내담자가 해결하지 못한 문제들을 통찰하도록 돕는 데 무척 중요한 과정이라 할 수 있다. 정신분석에 입각한 미술치료사는 내담자에게 꿈을 자유로이 그리게 하고 그 그림에 나타난 상징을 해석한다.

③ 어린 시절 그리기

Freud학파에 있어 인간의 성격형성은 생후 6년간에 결정된다는 결정론적 입장에 있다. 따라서 어린 시절의 기억, 특히 내담자가 느끼는 최초의 기억은 내담자의 치료에 있어 중요한 역할을 한다. 미술치료사는 내담자가 기억하고 있는 어린 시절을 회상하고 그것을 자유로이 표현하게 한다. 이때 회상을 방해할 수 있는 언어표현은 주의하도록 한다.

④ 난화 그린 뒤, 연상하여 그리기

치료사는 내담자에게 눈을 감고 난화를 그리게 한 다음, 난화에 나타난 형상에서 느껴지는 형태를 난화 위에 그리도록 한다. 다른 기법과 마찬가지로 난화에서 연상된 이미지 혹은 구체적 형상에 대해 내담자

▲ 그림 7 두 마리 물고기　　　▲ 그림 8 한 쌍의 나비　　　▲ 그림 9 슬리퍼 두 짝

"물고기 두 마리가 물속을 헤엄　내담자는 "한 쌍의 나비가 날아　"현관 앞의 슬리퍼가 방향을 서

쳐 가고 있어요."　　　　　　가고 있어요."　　　　　　로 달리하고 있어요."

<그림 7>, <그림 8>, <그림 9>는 세 장의 난화에서 연상된 구체적 형상을 다시 위에 그린 내담자의 작품이다. 세 장의 그림은 모두 짝을 이루고 있는데, 오랫동안 남편과 별거를 해 왔던 내담자는 이 난화 그림을 통하여 홀로 생활하는 자신의 외로움을 발견하고, 자신의 무의식 속에 남편과 다시 재결합하고자 하는 소망이 있었음을 발견하게 되었다고 말하고 있다.

가 자유롭게 이야기할 수 있도록 하며, 치료사와 내담자는 그 내용들이 내담자의 삶과 어떻게 연관되는지에 대한 추리를 이끌어 내고, 이미지를 이해하기 위해 함께 노력한다(Malchiodi, 1998).

127

2
분석심리상담과
미술치료

Jung은 인간의 무의식을 Freud보다 더 심층적으로 연구한 사람으로, 인간의 성격을 깊게 이해하는 데 큰 공헌을 하였다(노안영, 2005). Jung의 선구적 연구는 인간의 중년기에 중점을 둔 것으로, 그는 인간은 단지 과거의 사건에 의해 만들어지는 것이 아니라(Freud의 결정론), 끊임없이 발달하고, 성장하며 진보할 수 있다고 주장한다. 그는 인간은 Freud가 말했던 심리적·생물학적 힘에 따라 수동적으로 움직이는 것이 아니라 자신의 모든 역량을 성취하고 실현하는 경향이 있다고 말하며, 인생에서 의미를 발견하려는 점을 강조하는 영적 접근을 개발했다(Corey, 2001).

1) 인간관

Jung에 의하면 인간은 긴 역사의 신비한 존재이며, 개인은 독특한 존재로 자기실현을 위해 노력한다. 인류가 발전하기 위해 혹은 각 개인이 자아실현을 하기 위해서는 인류의 뿌리를 이해해야 한다. 즉, 조상 대대로 내려온 정서적 유산은 '자기'를 형성하는 데 중요한 역할을 해 왔으며, 주관적으로 자기를 실현하는 것은 의식보다 더 크게 우리를 지배하고 있는 무의식의 갈등을 이해하는 것이다(노안영, 2005). 또한, 그에 의하면 인간성격의 형성은 평생 동안 끊임없이 펼쳐지며, 정신은 자발적으로 심리적 전체, 의식과 무의식의 통합, 자기치료를 추구한다(Manduro & Weelwright, 1977; Patterson & Watkins, 1996).

2) 주요 개념

(1) 정신의 구조

Jung은 인간의 정신세계는 무의식과 의식의 두 영역으로 구성되며, 무의식은 또다시 개인무의식과 집단무의식으로 구분되어 있다고 말한다.

① 의 식

의식은 우리가 직접 알고 있는 정신의 부분으로, 자아에 의해 지배된다. 인간은 자아를 통하여 자신을 외부세계에 표현하고 외부현실을 인식한다. 인간의 태도는 자아가 갖는 정신 에너지의 방향이며, 자아가 외부 대상에 지향하는 방향이 수동적이냐 능동적이냐에 따라 내향성(introversion)과 외향성(extraversion)이 결정된다.

② 개인무의식

개인의 특수한 생활체험과 관련되고 성격상의 특성을 이루며, 개개인이 살아오면서 억제되고 억압된 것이라 말할 수 있다. 이는 사람마다 살아온 환경이 다르므로 그 개인성을 인정한다.

- 개인생활에 있어 어떤 이유로든 잊어버린 여러 가지 내용
- 현실적인 도덕관이나 가치관에 위배되었다고 생각하여 억압된 여러 가지 내용
- 고의로 눌러버린 괴로운 생각이나 감정

③ 집단무의식

개인의 경험으로 획득된 것이 아니라, 인간이면 누구에게나 존재하는 보편적인 영역으로 집단무의식의 내용을 원형(archetypes)이라고 부른다. 이는 문화, 인종 등의 차이와 관련 없이 존재하는 인간의 원초적 행동유형으로 Jung은 집단무의식이 현재 우리에게 지혜의 원천이 된다고 생각한다.

(2) 무의식의 원형(archetypes)

① 페르소나(persona)

페르소나는 사회적 상황과 관습의 요구에 응답하기 위해 쓰는 가면으로써 인간이 자신을 방어하기 위해 쓰는 공적 얼굴이라 할 수 있다. 이것은 사회가 부과하는 역할이며 사회가 연출하도록 개개인에게 기대하는 부분이기도 하다. 페르소나는 자신의 일면이며 사회적 자아이다.

② 아니마, 아니무스(anima, animus)

인간은 여성과 남성의 두 가지 측면들을 동시에 가지고 있다. 남자의 여성적인 면을 아니마(Anima)라 하며 아니마에 의하여 남자들은 여성을 이해할 수 있다. 반대로 여자의 남성적인 면을 아니무스(Animus)라 하는데 역시 이것에 의해 여성은 남성을 이해할 수 있다. Jung은 자아의 상반

 그림 10
남자가 여자를 위해 꽃과 향수 등을 선물할 수 있는 것은 남자의 집단무의식 속에 아니마가 존재하기 때문이다. 아니마와 아니무스가 없다면 남자는 여자를, 여자는 남자를 전혀 이해할 수 없게 된다.
아니마와 아니무스는 모든 사람에게 균등하게 존재하는 것은 아니며 어떤 사람에게는 더 강하게 혹은 약하게 나타날 수 있다.

되는 부분을 통합하고 균형을 맞추기 위해서는 이 두 가지를 인식하는 것이 중요하다고 했다.

③ 그림자(shadow)

그림자는 우리 자신의 가장 어두운 면, 가장 깊은 뿌리이며, 원형들 중에서 가장 위험하고 강하다고 한다. 그림자는 우리가 수치스러워 무의식 속에 파묻어 버리고자 하는 반사회적인 욕망을 나타내며, 우리가 그것에 대한 단단한 통제력을 잃기라도 하면 우리를 어두운 행동으로 몰아갈지도 모른다고 느껴지는 내적 공포이다. 이것이 외부로 투사되면 그림자는 희생양을 찾아내고 자기 자신에 대해서 가장 방어력이 없는 사람을 희생자로 만들고자 하는 충동이 된다. 그러나 그림자는 긍정적인 역할도 갖고 있어 의식이 되면 우리 내부에서 창조적인 긴장을 형성하고 우리에게 삶 속에서 '밀어붙여야'할 어떤 것, 극복해야 할 내적 장애물을 만들어 주기도 한다.

④ 자기(Self)

자기는 모든 의식과 무의식의 주인으로서, 전체로서 인간성격의 조화와 통합을 위해 노력하는 원형이다. 자기는 다른 세계가 충분히 발달할 때까지 나타나지 않는다.

Jung에 의하면 자기는 인생의 결정적인 변화의 시기인 중년의 시기에 나타난다. Freud가 유아기의 경험을 강조한 반면, Jung은 중년기 이후를 강조하고 있다.

3) 치료 목표

Jung에 있어 인간의 성격발달의 목표는 개성화 혹은 자기실현이다. 개성화는 개인의 의식이 다른 사람으로부터 분리되는 과정을 의미하며, 따라서 의식의 시작은 곧 개성화의 시작이며, 의식이 증가하면 개성화도 증가한다. 분석심리학의 치료 목표는 무의식적 내면을 의식화하고 그 과정에서 개성화를 촉진시키는 것이다.

Jung은 그의 논문 '임상미술치료'에서 "나의 치료 목표는 환자에게 한 번도 기회가 주어지지 않았던, 아무런 희망 없이 굳어져 버린 자신의 존재를 실험하기 시작하는 정신적 상태, 즉 유동성과 변화와 발전하는 상태로 이끌어 내는 것이다."라고 서술하고 있다(Riedel, 1992).

4) 치료과정

Jung의 관점에서 보면 치료는 내담자가 자신 내면의 삶을 탐색해 나감으로써 성격을 확장시켜 나갈 수 있으며, 자신의 존재에 대한 영적 혹은 종교적 태도를 개발해 나가는 과정이다. Jung이 제안한 치료과정은 고백(confession), 명료화(elucidation), 교육(education), 변형(transformation)의 네 단계로 구분된다(Douglas, 2005).

(1) 고백단계

이 단계에서 내담자는 자신을 고백하고 정화를 경험하며 의식, 무의식적 자료들을 심리상담/치료자와 공유한다. 이러한 고백을 통해 내담자와 치료사는 치료적 동맹을 이루게 되고, 이로써 전이관계가 이루어진다.

(2) 명료화 단계

내담자의 증상이나 고통스러운 상황 등이 명료화되는 단계. 현재 내담자가 겪고 있는 정서적 어려움이나, 비현실적 생각들이 어떻게 시작되었는지에 대한 해석이 이루어진다. 여기서 전이와 역전이가 탐색되며 내담자는 이 과정을 통해 자신이 가졌던 문제가 어떻게 발생되었는지 알게 된다.

(3) 교육단계

치료사는 내담자의 페르소나와 자아에 초점을 맞춰 내담자가 현실적인 사회적응을 할 수 있도록 돕는다.

(4) 변형단계

Jung은 이 단계를 '자기실현'기간으로 서술하고 있다. 이 단계는 내담자의 자기(self)의 실현을 이루기 위한 과정, 즉 개성화를 이루는 과정에 맞춰진다.

5) 치료 기법

Jung이 개인을 이해하기 위해 사용한 방법은 꿈 분석, 적극적 상상, 단어연상 검사, 상징에 대한 이해 등을 들 수 있다.

(1) 꿈 분석

Jung은 Freud와 달리 꿈이 개인의 억압된 갈등이 표출되는 것이 아닌, 무의식적 소망 이상의 의미를 가지고 있다고 본다. Jung은 꿈이 미래를 예견해 주거나, 어떤 보상적 의미를 가진다고 믿었다(Ryckman, 2000). 예를 들어 꿈에서 관에 실려 나가는 할아버지의 모습을 보았는데, 며칠 뒤 실제로 할아버지가 죽음을 맞이하는 일이 일어나는 경우 그 꿈은 미래를 예견했다고 볼 수 있으며, 시험에 떨어진 학생이 좋은 학교에 입학하는 꿈을 꾸는 것은 그 꿈에 보상적 의미가 있다고 볼 수 있다.

또한 Jung은 단일 꿈의 분석은 잘못된 해석으로 끌 수 있지만 일련의 꿈 분석은 정확한 해석을 할 수 있다면서, 일정한 기간에 걸쳐 환자들이 이야기하는 일련의 꿈들을 함께 모아 분석하였다.

(2) 적극적 상상

Jung은 적극적 상상을 꿈에서 경험한 원래의 이미지에서 다른 이미지나 생각, 감정들을 일어나는 대로 자유롭게 연상하는 방법이라고 했다. 적극적 상상은 자아를 탐색하도록 돕고, 이해력과 통찰력, 성장을 증진하는 즉흥적이고 개인적인 것을 목표로 한다(Riedel, 1992).

(3) 단어연상 검사

이 검사는 개인이 어떤 단어에 대해 마음에 떠오르는 어떤 단어로 반응하는 투사기법으로 Jung에 의해 시작되었으며, 내담자가 자극 단어에 즉각적으로 반응하는 단어를 통해 내담자들이 가진 콤플렉스를 밝히는 데 사용하였으며 임상적 도구로 심리학 연구에 적용되어 왔다.

▲ 그림 11

◀ 그림 13

▲ 그림 12

<그림 11>~<그림 13>은 모두 '엄마'라는 단어를 연상하고 이미지화한 그림이다. 보이는 바와 같이 각각의 그림 이미지는 많이 다르다. 이러한 이미지는 과거의 내적인 경험과 관련되며 이 이미지를 통해 우리는 내담자의 무의식세계를 의식화할 수 있다. 그러나 '엄마'라는 단어는 개인적인 무의식과 더불어 집단무의식적 요소가 있음을 간과해서는 안될 것이다.

135

(4) 상 징

Jung은 내담자의 사고나 감정, 행동 등을 추동하는 역동성과 패턴을

제2장 미술치료의 이론적 접근

상징적으로 생각하고 이해할 능력을 강조하였는데, 이러한 패턴들은 내담자들이 가진 꿈이나 환상 등에서 간접적으로 나타날 수 있다. 심리 상담/치료자는 신화나 문학, 종교 등에서 발견되는 수많은 상징들을 이해함으로써 내담자의 심리에 나타나는 상징적 의미를 이해할 능력을 향상시킬 수 있다(Seligman, 2001).

6) 분석심리학적 미술치료

Jung은 자신의 경험을 통해 그림이 주는 치유력을 스스로 체험하였다. 다음 글은 그가 미술활동에서 경험했던 치유적 상태를 그대로 보여주고 있다.

나는 날씨가 괜찮으면 매일 점심 식사 후에 구조물 제작을 계속하곤 했다. 식사를 끝내자마자 작업을 시작하였고, 환자가 도착할 때까지 계속하였다. 그리고 저녁에 일을 일찍 끝내게 되면, 나는 또 구조물을 제작하러 갔다.

이러한 활동을 하는 동안에 나의 생각은 분명해지고, 희미하게 존재를 느끼던 내 속의 환상들을 잡을 수 있었다.
                                                            - 1913, Jung

나는 그 당시 초등학생이 흔히 가지고 있던, 작은 자물쇠와 자가 딸린 노랗고 윤기 나는 필통을 가지고 있었다. 나는 자의 끝 부분에 코트를 입고 모자를 쓰고, 잘 닦은 검은색 부츠를 신은 작은 인형을 2인치 정도 길로 조각했다. 나는 그것을 검은 잉크로 칠하고 자에서 잘라내어 필통 속에 넣었고 그 인형을 위해 작은 침대를 만들었다.

······ 이것은 대단한 비밀이었다. 나는 필통을 몰래 집 꼭대기의 금지된 다락방으로 가져갔다. ······ 그리고 그것을 지붕 밑 서까래 속에 숨기며 아주 만족해했다. ······

나는 안전하다고 느꼈고 그 순간 나 자신을 이상하게 괴롭히던 존재의 느낌은 사라졌다.
                                                            - 1961, Jung

Jung은 "환자는 내면의 심상인 그림을 그리는 행위를 통해 자기 자신을 형상화할 수 있다"고 한다(Riedel, 1992). 그는 무의식으로부터 나온 심상을 그려 내는 데 중요한 역할을 했던 적극적 상상화(active imagination) 기법에 대해서 많이 논의하고 있다. Jung은 적극적 상상을 꿈에서 경험한 원래의 이미지에서 다른 이미지나 생각, 감정들을 일어나는 대로 자유롭게 연상하는 방법이라고 말하며, 그러한 내담자의 그림은 종합적으로 해석되어야 하며, 그림에 대한 지적이고, 정서적인 이해가 필요하다고 했다. 그리고 그러한 과정을 통해 그림은 의식화에 통합된다(Jung, 1929)고 본다.

Jung의 분석적 미술치료는 Freud와 달리 인간의 심상을 임상적 자료로 사용하기보다, 내담자의 개인적 요소와 원형적 요소를 종합하는 방식으로 내담자와 치료자 간의 상호통찰과 이해의 자료로써 사용하였다.

Jung학파는 미술이 추구하는 낭만적 작업이 임상적 정보 자료원도 아니며 그리고 원형적 형상화를 알고자 하는 흥미 위주의 지적 탐구도 아닌 내적 및 외적 실체에 대한 잠재적 통찰을 불러일으키는 합성물로써 또한 그 상징으로써 심상을 다루고 있다.

미술치료에 있어서 Jung의 구상은 주로 무의식의 재료, 근원적 콤플렉스, 꿈과 일상의 투사과정과 상징화뿐만 아니라, 전이와 역전이를 다루는 심리치료 전체에 미술치료를 포함하려는 경향이 있다. 그림은 치료적 틀 외에도 자유롭게 자기를 형상화하는 힘이 있으며, 결과적으로 개성화 과정을 장려한다(Riedel, 1992). 따라서 미술치료의 목표는 미술이라는 매체를 통해서 숨겨진 원형과 근원적 상징을 재구성하고, 그를 통하여 이해와 성장과 변형을 증진하고자 하는 데 있다(정현희, 2006).

♣ 미술치료기법

분석심리학적 치료에서는 즉흥적인 판타지나 적극적 상상 및 꿈이나 꿈의 시리즈를 그림으로 그리기, 만다라 그리기 등이 사용된다.

① 적극적 상상

적극적 상상을 꿈에서 경험한 원래의 이미지에서 다른 이미지나 생각, 감정들을 일어나는 대로 자유롭게 연상하여 미술활동을 통해 나타내는 방법으로, 즉흥적이고 의식적이지 않으며, 여러 가지 재료를 이용하여 자유롭게 표현될 수 있으며, 미술치료사는 이를 통해 내담자의 숨겨진 집단무의식적 요소들을 이해하려 노력해야 한다(Riedel, 1992).

② 꿈 그리기

미술치료사는 내담자로 하여금 내담자의 꿈에 대한 기억들을 그림 혹은 이미지로 나타내도록 한다. 내담자의 꿈은 한 개인의 무의식적 내용을 투사할 뿐 아니라 인류의 경험이 내재된 원형적 집단무의식도 상징적으로 표현된다(정여주, 2001). 재료는 다양하게 선택할 수 있으며, 미술치료사는 내담자의 작품에 나타난 형상들을 내담자와 함께 분석해 나간다. 이때 한 가지의 꿈보다는 꿈 시리즈를 그리게 함으로써 내담자가 가진 무의식적 세계를 더욱 깊이 이해할 수 있도록 하는 것이 좋다.

③ 만다라 그리기

Jung은 만다라를 인간적인 정체성의 상징, 혹은 마음의 중심과정(개성화)의 표현이라 해석했으며 따라서 만다라를 그리는 것은 개성화의 과정으로 가는 길이라고 생각했다. 그는 만다라 그리기를 통해 자신의 치유적 의미를 발전시켰으며, 내담자들의 무의식적 활동을 통해 표현하는 만다라의 상징의미를 심리분석에 사용하였다(카도노 요시히로, 1994).

Jung에 의하면 만다라를 그리는 것은 인간의 무의식에 있는 원형을 일깨워주며, 인간에게 내적 기쁨과 질서와 생명의 의미를 찾아 주는 치료적 작업이다(정여주, 2003). 만다라의 제작은 이완적이고 명상적인 경험이 될 수 있으므로, 이완훈련이나 조용한 분위기를 위해 부드러운 기악곡들을 들으면서 시작할 수도 있다(Malchiod, 2000).

만다라 도안을 따라 완성해 나가는 작업이나, 자신이 원하는 만다라의 형태를 자유롭게 표현하는 작업, 자연물을 이용한 만다라 작업 등 다양하게 표현될 수 있다. 아동의 만다라 작업의 경우, 요리를 응용할 수도 있다. 예를 들어 피자 위의 토핑 혹은 케이크 위의 장식을 맘껏 꾸미도록 함으로써 자신만의 만다라를 만들어 갈 수 있는데, 이 작업은 완성에 대한 기대감을 갖게 하여, 작업 중에 집중력과 흥미를 불러일으킬 수 있다. 완성 후 시식할 수 있다는 것도 큰 즐거움을 줄 수 있다.

139

◀ 그림 14　자연만다라(여/37)
내담자로 하여금 만다라에 필요한 자연물들을 주변에서 직접 채취하도록 하여, 자신이 표현하고 싶은 대로 원 안을 채워 나가도록 한다. 치료사는 그 과정에서 느꼈던 내담자의 감정을 읽어 낸다. 작품을 완성한 내담자는 만다라 작업을 통해 자신이 가지고 있던 고통과 잡념을 잊고, 작업에 집중할 수 있었으며 자신의 몸에서 흘러나오는 묘한 에너지를 느꼈다고 설명했다.

3

개인심리상담과
미술치료

Adler는 한때 Freud와 같은 입장을 가진 적도 있었으나, 몇 가지 문제로 인해 독자적인 이론을 계발했다. 그는 생물학적인 본능보다는 사회적인 면을, 무의식적인 면보다는 의식적인 면을 강조했으며, 가족관계가 개인발달에 매우 중요한 역할을 한다고 보았다.

1) 인간관

Adler에 의하면 인간의 모든 행동은 사회적 맥락에서 일어난다. 인간의 행동은 성적 충동에 의해 동기화되는 것이 아니라 사회적 충동에 의해 동기화된다. 인간은 자신이 존재하는 환경과 사회적 존재이며, 자신의 조건을 극복하려는 목적의식과 창의적이고 책임을 지려는 통합적 인격체라는 관점에서 출발한다. 또한 인간은 개인적이요, 일관성을 가진 하나의 독특한 실체이며 창조를 통하여 자기완성을 추구한다 (Adler, 1958).

2) 주요 개념

(1) 성격에 대한 총체론과 유형

① 합목적이며 목표 지향적 행동

Adler학파는 가상목표를 행동에 이끄는 마음에 둔 중심목표로 정의한다.

② 가치와 우월의 추구

Adler는 '완전성의 추구나 숙련을 통한 열등감 극복'을 선천적이라고 강조하며(Anbacher & Anbacher, 1979), 행동을 이해하려면 기본적 열등감과 보상을 이해해야만 한다고 한다. 인간은 열등감을 극복하면 우월을 추구하도록 되어 있다.

우월이란 타인보다 우월한 것이 아닌 자기 자신의 낮은 자기지각에서 높은 지각으로, 부적절한 느낌에서 정적 느낌으로의 이동을 말한다. 사람은 우월, 완전을 추구하며 무력감을 해결한다.

③ 생활양식

생활양식은 삶에 대한 개인의 기본적인 지향 혹은 성격을 말한다. 그것은 자신과 세상에 대한 관점, 개인적 목표와 추구의 독특한 행동이나 습관이며, 독특한 생활양식은 모든 행동에 영향을 미친다(Sherman & Dinkmeyer, 1987). 아들러에 있어 개인의 생활양식은 유아기에 자신과 첫 관계를 맺는 사람들, 가족에 의해서 많은 부분이 형성되었다고 보이며, 이러한 점에서 아동의 교육 및 부모교육을 중요시하였다(정여주, 2003).

141

(2) 사회적 관심과 공동체감

사회적 관심과 공동체감은 Adler의 독특한 개념으로(Ansbacher, 1992), 사회적 관점이 발달하면 열등감이나 소외감은 줄어든다. 사람은 공감이나 상호존중을 통해 사회적 관심을 드러낸다. 사람은 사회의 일부이므로 사회적 맥락을 떠나서는 살 수가 없다(Corey, 2001).

(3) 환 경

Adler학파는 인간문제를 본질적으로 사회적인 것으로 보기 때문에 가족 내 관계를 강조한다. 다음과 같은 세 가지 환경적 요인들이 아동의 성격발달에 영향을 준다.

① 가족 내의 위치

142

아이들은 가족이라는 집단에서 공통점을 보유하고 있지만 각 아이의 심리적 환경은 출생순위에 따라 다르다. 아동기에 형제간의 경쟁으로 생긴 결과는 특정한 개인의 성향이 어떻게 형성되었는지 알 수 있도록 한다.

ㄱ 첫째 아이: 일반적으로 많은 관심을 받으며 자란다. 의젓하고 열심히 일하며 앞에 나서려고 한다. 그러나 동생이 태어나며 좋았던 자리에서 쫓겨남을 알게 된다. 첫째는 자신이 누렸던 것을 새로운 인물이 빼앗아 갔다고 생각할 수 있다.

ㄴ 둘째 아이: 태어날 때부터 관심을 형제와 나누어 가졌으므로 첫아이와는 입장이 다르다. 둘째 아이는 늘 경쟁 속에 있는 것처럼 행동하고, 항상 압박을 받는 상태에 있다. 둘째 아이는 대부분 첫

째 아이와 대립상태에 있으며, 첫째 아이가 실패한 부분을 달성함으로써 부모 혹은 교사로부터 칭찬을 받으려 애쓴다.

ⓒ 막내 아이: 언제나 가족의 막내로서 관심을 받는다. 막내는 자기가 가고 싶은 길을 가는 경향이 많다. 흔히 막내는 누구도 생각지 못한 방식으로 행동하는 경향이 많다.

ⓔ 독자: 맏이의 특징을 가지고 있지만, 협동하는 것을 배우지 못할 수 있다. 부모의 사랑을 너무 많이 받아서 의존적일 수도 있다. 항상 무대의 중앙에 서길 바란다.

② 가정 분위기

Dewey(1971)는 아동발달에서 가정 분위기의 중요성을 조사하였다. 가정 분위기를 통해 아동들은 가치, 풍습, 그리고 부모가 정해 놓은 기준에 자신을 맞추려고 노력한다. 아동은 가족 내에서의 상호작용을 통해 타인과의 관계성을 배우고, 부모를 통해 행동양식을 배운다.

③ 양육방식

부모의 양육방식에 따라 아동의 행동과 생활양식은 변화한다.

3) 치료목표

심리상담/치료의 목표는 열등감과 잘못된 생활양식에 따른 발달과정에 대한 이해를 통해, 내담자가 자신과 타인, 삶에 대한 잘못된 신념을 확인하고, 그것을 변화시켜서 새로운 생활양식을 구성하게 하고 사회라는 세계에 완전히 참여할 수 있도록 돕는 것이다.

4) 치료과정

치료사는 내담자의 기능에 대한 종합적인 진단과 가족 구성원에 대한 정보를 수집한다. Adler학파의 치료는 다음과 같은 네 단계의 치료과정이 있으며 각 단계의 중요한 목적에 맞는 구조를 이루고 있다(Dreikurs, 1967).

① 1단계 - 관계형성

Adler학파의 치료사들은 내담자가 삶에 책임감을 돕도록 협동관계에서 일한다. 생산적 치료관계를 만드는 방법들은 치료자가 내담자로 하여금 그의 단점보다 장점을 자각하도록 돕는 것이다. 즉, 격려와 지지, 내담자의 주관적 경험과 욕구에 치료기법을 맞춘다.

② 2단계 - 역동탐색

이 단계에서 내담자의 목표는 자신의 생활양식을 이해하고 그것이 현재의 생의 과제에서 어떻게 가능한지를 이해하는 것이다. 이 단계에서는 치료사가 내담자의 가족 내에서의 개인의 위치탐색, 어린 시절의 회상, 꿈, 우선적 욕구와 같은 주관적 상황과 내담자의 삶에서 문제가 된 방식, 촉진하는 사상, 과거와 현재의 심리치료를 포함한 병력, 사회경력, 내담자가 이 시기에 심리치료를 선택한 이유, 삶의 과제에 대한 내담자의 대처방식, 생활양식 평가 등에 대한 정보를 알아내는 객관적 생황에 대하여 논의하여야 한다. 생활양식의 평가는 가족구성, 초기평가, 우선적 과제(우월, 통제, 편안, 기쁨을 줌), 통합과 요약(내담자와의 주관적 면접과 객관적 면접으로 재료들이 수집되면 이 자료들의 통합된 요약을 만든다. 이 요약들을 회기에서 내담자에게 제시하며 내담자와 치료사가 함께 구체적 점을 수정하면서 논의한다)의 조사로 시작된다.

③ 3단계 – 자기이해와 통찰

자기이해는 행동의 숨겨진 목적과 목표를 이해할 수 있을 때만 가능하다. Adler학파가 통찰에 대해 말할 때는 삶에 작용하는 동기에 대한 이해를 언급하고 있는 것이다. 드러내기와 적절한 해석이 통찰을 획득하는 과정을 촉진시킨다.

④ 4단계 – 재정립

해석을 통해 획득된 내담자의 통찰이 실제 행동으로 전환되게 하는 재교육단계이다. 격려과정, 새로운 가능성을 위한 변화와 탐사, 변화의 과정을 통해 이루어진다.

치료사는 내담자를 수동적 수용자로 보지 않고 동등한 인간관계에서 능동적으로 본다. 이 협동관계를 통해서 내담자는 행동에 대한 책임이 자신에게 있다는 것을 알게 된다. 최초의 신뢰감이 형성되지 않으면 생활양식을 변화시키는 고된 작업이 성공하기 힘들다.

치료사는 내담자를 환자로 보지 않고 단지 좌절해 있는 상태로 보기 때문에 변화가 가능하며 내담자를 격려할 수 있다. 치료사는 환자의 행동이나 증상, 대인관계 등을 해석하여, 자신의 행동을 재정립하도록 돕는다. 그 과정을 통해 내담자는 중요한 삶의 문제나 생활 과제를 다루는 선택권이나 능력이 자신에게 있음을 깨닫는다.

5) 치료 기법

Adler학파는 행동의 새로운 변화와 양식을 이끌어 낼 수 있는 행동 지향적 기법을 발달시키는 데 풍부한 상상력을 발휘했다(Dinkmyer, Dinkmyer

& Sperry, 1987). 그들은 내담자가 그 스스로를 변화시킬 수 있는 능력을 가지고 있다고 믿고 있기 때문에, 그러한 믿음을 내담자에게 보여 줄 수 있는 상담기법들을 사용한다. 그 기법들을 살펴보면 다음과 같다. 이 기법들을 미술치료 과정에 접목 시키는 것은 치료를 효과적으로 이끌 수 있는 중요한 수단이 된다.

① 일반적 상담: 관심 기울이기, 경청하기, 공감하기, 구체성, 진실성 등(미술치료적 접근: 내담자의 미술활동에 대한 관심, 작업내용에 대한 공감 과 이해 등)

② 언어적 기술: 내담자의 자기 지도력과 자립능력을 격려하도록 충고한다(미술치료적 접근: 미술치료과정에서 내담자를 자립할 수 있도록 하는 언어적 접근성).

③ 격려: Adler상담의 가장 중요한 중재기법으로 내담자의 기를 살려주는 작업과정(미술치료적 접근: 미술치료과정과 작업 결과에 대한 격려. 칭찬과 구분하는 것에 주의할 것)

④ 가상행동(마치 ……인 것처럼 행동하기): 내담자가 실패할 거라고 믿는 것 때문에 두려워하는 행동을 할 수 있도록 도와주는 기법(미술치료적 접근: 마치 내가 ……인 것처럼 그려보기 등)

⑤ 역설적 의도: 바라지 않거나 바꾸고 싶은 행동을 의도적으로 반복하게 하여, 그 행동을 제거하거나 벗어날 수 있게 하는 기법(미술치료적 접근: 미술치료 과정에서 융통성 있게 접근 할 수 있는 방법에 대해 생각해보기)

⑥ 상상하기: 바람직한 자신의 모습을 상상함으로써 실제로 그렇게 되도록 하는 방법(미술치료적 접근: 바람직한 내 모습을 그려보기)

⑦ 침 뱉기: 치료사가 내담자의 잘못된 행동에 침을 뱉는다(미술치료

147

▼ 표 2 개인심리학적 치료의 평가

공 헌	한 계
• 인간의 전체성과 주관성을 인본주의적 측면에서 강조하였다. • 건강한 성격의 발달 원리 및 상담자에게 다양한 상담 원리를 제시한 점에서 많은 기여를 했다. • 집단에서의 개인상담, 초등학교 교육, 교사들에 대한 자문 집단, 부모교육, 부부심리치료, 가족심리 상담치료 등에 공헌	• 이지적 통찰과 주관적인 경험, 가치, 흥미가 지나치게 강조된다는 비판 • 행동과 병리적 행동을 결정하는 유전성의 우세함에 대한 거부 등의 이론은 검증해야 하는 부분이 남아 있다.

적 접근: 미술치료과정 중 내담자 스스로 인정했던 바람직하지 않은 행동에 대해 즉각적으로 알려주기).

⑧ 단추 누르기 기법: 내담자로 하여금 유쾌한 경험과 유쾌하지 않은 경험을 번갈아 생각하도록 하고 각 경험과 관련된 감정에 관심을 갖도록 하는 기법(미술치료적 접근: 각각의 감정과 관련된 그림 혹은 사진 콜라쥬를 통한 치료접근)

⑨ 포착하기: 내담자가 원하지 않는 행동을 하면 포착한다(미술치료적 접근: 위의 ⑦ 참조).

⑩ 시범 보이기: 치료사는 내담자가 모방하려는 가치를 행동으로 보여 주어야 한다(미술치료적 접근: 치료과정에서 치료사의 시범활동을 통해 내담자를 이해시키고 변화할 수 있도록 도울 수 있다).

6) 개인심리학적 미술치료

Adler는 인간은 열등감과 보상의 상호관계를 통하여 자신의 삶에 있어서 창조자, 삶의 예술가가 된다고 하였다. 이러한 Adler의 관점에서 예술활동은 인간의 나약함을 보상하는 기능을 지니고 있다고 할 수 있다(정여주, 2003). 이미 그는 1930년대에 그림으로 연상하는 그림치료방법을 소개하였으며(Menzen, 2000), Garlock, Ratcliffe 등 많은 미술치료사들이 Adler이론에 근거한 다양한 미술치료 프로그램을 개발하여 사용하고 있다.

집단미술치료를 통해 집단원들과 자신의 그림에 대한 이야기를 통해, 각자 가지고 있는 고통스러운 감정들을 나누는 방식, 가족화 그리기를 통한 가족 구성원의 역동탐색, 초기의 기억을 그림으로 표현하는 방법 등은 개인심리학적 미술치료에서 많이 사용되는 미술치료기법이다.

♣ 미술치료기법

① 최초의 기억 그리기

미술치료사는 내담자가 가진 최초의 기억들을 그리게 할 수 있다. 그것은 구체화된 형상일 수도 있고, 어떤 이미지 작업일 수도 있다. 그림에 나타난 표현으로 볼 때 내담자가 관찰자였는지 아니면 참여자였는지, 그 외의 등장인물과 내담자와의 관계, 전반적인 기억에서 오는 감정은 어떠했는지, 내담자가 이 사건을 기억하는 이유와 전하고 싶은 내용들이 무엇인지를 알아 가는 과정은 내담자를 이해하고 치료하는 데 큰 도움을 줄 수 있다.

② 가족화 그리기

Adler에 있어서 개인의 생활양식은 유아기에 자신과 첫 관계를 맺은 사람들, 즉 가족에 의해 많은 부분이 형성되었다고 본다(Adler, 1985). 따라서 개인을 이해하기 위해선 가족관계를 탐색하는 것이 매우 중요하다. 미술치료사는 내담자로 하여금 가족 구성원을 그림으로 그리게 하거나, 콜라주 작업을 통해 이미지화하여 내담자가 생각하는 가족상과 자기상을 읽어 낸다. 내담자의 작업을 통해 많은 이야기들을 끌어낼 수 있다.

③ 집단미술치료

Adler학파는 사회의 일부라는 개인의 인식과 사회적 세계를 다루는 개인의 태도를 중시한다(Kefir, 1981). Adler학파의 관점에서 보면, 사회적 관심이 발달하면 열등감이나 소외감은 줄어들며, 사람은 공감이나 상호존중을 통해 사회적 관심을 드러낸다(Corey, 2001). 집단미술치료를 통한 집단원들의 공감과 이해, 격려와 지지는 사회적 상호작용에 많은 도움을 줄 수 있다.

◀ 그림 15 쓸모없는 존재(여/18세)

초기의 기억에 대한 이미지. 내담자는 초기의 기억을 자신의 존재에 대해 표현했다. 환영받지 못하는 존재, 쓸모없는 존재라고 말하며, 자신의 복잡한 머릿속은 마치 여러 가지 실로 뒤엉켜 있어 풀 수 없을 것 같다고 했다. 3대 독자인 아버지의 3녀 중 셋째인 내담자는 자신이 아들로 태어나지 못한 데 대한 아버지의 서운한 감정이 자신의 양육에 고스란히 전해져 있다고 믿고 있었다. Adler는 이처럼 내담자의 가족 내 위치, 가족의 분위기 등이 개인의 성격형성과 밀접한 관계가 있음을 설명하고 있다.

◀ 그림 16 가족화(여/8세)

여아는 자신의 동생을 제일 먼저 그렸다(좌측 상단). 모든 것을 자신보다 잘해 내는 동생은 부모님의 사랑을 독차지하고 있고 사랑과 관심을 모두 빼앗았다고 생각하고 있다. 동생의 발밑에 자신을 그린 것은 매우 상징적으로 보인다. 자신의 모습에는 팔다리가 없어 아무것도 할 수 없고 무기력해 보인다. 동생은 무서운 눈과 날카로운 이빨을 드러내고 있어 악마처럼 보인다. 그림은 동생에 대한 심리적인 느낌을 표현하고 있다.

4

인간중심상담과 미술치료

인간중심상담은 처음엔 비지시적 상담이라 부르다가 뒤에는 내담자중심상담(Rogers, 1951)이라고 불렀으나 최근에는 인간중심상담이라는 말을 더 많이 사용하게 되었다. Carl Ramsom Rogers(1902~1987)에 의해서 창시된 이론으로 실존적 관점의 많은 개념이나 가치를 공유하고, 인본주의 심리학에 기초한 접근법이다(Corey, 2001). Rogers에 의하면 인간은 상담치료사의 개입 없이도 스스로 자신을 이해하고, 자신의 문제를 해결할 수 있으며, 구체적 치료관계를 통해 성장할 수 있다. 따라서 카운슬링이나 심리상담/치료의 목적은 이러한 잠재력과 성장능력을 개발해 주는 데 있다.

1) 인간관

Rogers는 존경과 신뢰의 풍토가 조성되기만 하면 인간은 건설적이고 긍정적인 방향으로 발전한다고 생각을 한다. 이러한 긍정적인 인간관은 치료의 실제에 중요한 능력을 갖고 있다는 신념 때문에 치료사는 일차적으로 내담자에게 책임을 갖게 한다. 따라서 인간중심접근법은 내담자의 책임능력과 현실을 더 완전하게 직면할 방법들을 발견할 수 있는 내담자의 능력을 강조한다(Corey, 2001).

그렇기 때문에 인간중심접근법에서는 치료자를 치료에 대해 가장 잘 아는 권위자로 보지 않으며 또한 내담자를 단지 치료자의 지시에 따르는 수동적인 존재로 생각지 않는다. 이런 각도에서 사람을 본다는 것은 치료자가 인간본성의 건설적인 면에 초점을 둔다는 것이다. 따라서 치료는 증상의 진단과 처치의 과정 그 이상이며 단지 문제 해결을 하는 데서 멈추지 않고 내담자들로 하여금 이런 종류의 삶은 끊임없는 투쟁을 요구한다는 것을 인식시키면서 완전하고 자발적인 삶을 살도록 도전하게 한다.

2) 주요 개념

① 인간중심 삼담치료는 내담자의 책임능력과 현실을 더 원만하게 직면할 방법들을 발견할 수 있는 내담자의 능력을 강조한다(내담자의 현상세계를 강조).
② 인간은 자신에게 관심을 갖고 이해하고 진실한 다른 사람과의 관계 속에서 그리고 그 관계를 통하여 심리치료적 성장을 한다. 치료사의 기능은 지금 존재하여 내담자가 접근할 수 있고, 지금 여기의 경험에 관심을 가지도록 하는 것이다. 즉, 치료사와 내담자가 성장경험에 동참한다.

3) 치료의 목표

인간중심 심리상담치료의 목표는 개인의 독립과 통합을 목표로 한다(Corey, 2001). 심리상담/치료는 단순히 현재 내담자가 직면한 문제를 해결하는 데만 있는 것이 아니라, 내담자의 성장과정을 도와 현재의 문제들과 더불어 앞으로 발생되는 문제들에 내담자가 잘 대처할 수 있도록 한다. 치료사는 상호 신뢰적인 분위기를 강조하여 내담자가 거리낌 없이 자기를 공개하여 자신의 내면세계를 스스로 이해할 수 있도록 돕는다. 이런 관계 속에서 내담자는 환경에 대한 왜곡된 자각을 수정하고 현실경험과 자아개념 간의 조화를 이루며 이어 자신의 능력과 개성을 최대한으로 발휘하는 자기실현을 촉진하게 된다.

4) 치료과정

Rogers에 의하면 다음 여섯 가지 조건이 내담자의 성격변화를 가져오는 필요충분조건이라 한다. 그가 제안했던 조건은 다음과 같다.

① 두 사람(치료사와 내담자)이 심리적 관계를 갖는다.
② 우리가 내담자라 부르는 첫 번째 사람은 불일치의 상태에 있고 상처받기 쉬우며 불안하고 초조한 상태에 있다.
③ 우리가 치료사라고 부르는 사람은 두 사람의 관계에서 일치성이 있고 통합되어 있다.
④ 치료사는 내담자에게 무조건적인 긍정적인 관심을 갖는다.
⑤ 치료사는 내담자의 내적 근거에 대해 공감적 이해를 가지며 이를 내담자에게 전달하려 노력한다.

⑥ 내담자는 의사소통 과정에서 치료사의 무조건적 · 긍정적 존중
   및 공감적 이해를 지각하고 경험한다.

5) 치료기법

인간중심 심리상담치료는 기법보다는 진실성, 무조건적 긍정적 수용, 공감적 이해와 같은 상담자와 내담자와의 관계가 중요시되고 있다. 인간중심적 구조에서의 기법은 수용, 존경, 이해를 표현하고 전달하며 그리고 생각하고 느끼고 탐색함에 의해 내담자가 내적 준거의 구조를 발달시키도록 돕는 것이다.

Rogers는 성장을 촉진시키는 분위기를 만들어서 개인적으로 발전하게 하고 유능한 상담자를 만드는 세 가지 속성이 있다 했다. 이 세 가지 속성은 ① 순수성 또는 진실성, ② 수용 또는 돌봄, ③ 깊은 이해로, Rogers는 이런 태도로 조력자가 내담자에게 대화한다면 내담자들은 덜 공격적이 되어 자신과 주변세계의 경험에 보다 개방적이 된다고 보았다.

그에 의하면, 내담자에게 중요한 영향을 주는 것은 결코 치료의 지식이나 기법이 아니며 내담자에 대한 치료사의 태도이다. 치료사는 내담자와 인간 대 인간으로서 친밀한 관계를 유지하면서, 내담자의 성장을 촉진하는 치료적인 분위기를 조성한다. 이러한 허용적 분위기 속에서 내담자는 방어적 태도를 버리고 자기 자신을 솔직하게 탐색하게 되며 또한 자기의 이해가 깊어지게 된다.

대부분 내담자는 이상적 자기상과 현실적 경험의 불일치 상태에서 치료사를 찾는다. 상담 초기의 내담자는 융통성이 결여되어 있고, 자신의 감정도 잘 모르며, 또한 다른 사람과 친밀해지는 것을 두려워하고

153

자신을 불신하고 상담자에게 의존적 태도를 지니나 치료가 진행됨에 따라 내담자는 자신의 감정을 깊고 넓게 탐색할 수 있게 된다. 불안이나 죄책감, 수치스러움, 분노 등 과거에 외면했던 자신의 부정적 감정들을 수용하고 표현할 수 있게 된다. 그리하여 자신의 내면세계에 대한 이해가 깊어져 내담자는 방어적인 태도를 버리고, 왜곡된 경험의 구속에서 벗어나 자유로운 판단과 결정을 내리게 된다. 따라서 자기 자신에 대한 신뢰감도 커지며 상담자에 대한 의존적 태도는 사라지게 된다. 이러한 과정을 통하여 내담자는 성숙과 자기표현을 이루어 간다.

▼ 표 3 개인심리학적 치료의 평가

장 점	단 점
• 해석이나 진단, 무의식의 탐색, 분석 등을 사용하는 지시적 상담방법에 비해 내담자를 그릇되게 인도할 위험이 적다. • 치료사의 무비판적이고 수용적인 태도가 중시된다. • 심리학을 배우지 않은 사람들도 진실성, 무조건적 긍정적 관심, 공감적 이해 등의 치료조건을 개인이나 직업 면에서 사용할 수 있다. • 위기상담에 진실로 경청하고 이해함으로써 중요한 가치를 발휘한다. • 심리치료의 여러 분야에서 지대한 영향을 끼쳤다. • 상담 장면을 녹음하여 이를 상담훈련과 연구에 활용하는 데 선구적인 기여를 하였다.	• 내담자 중심이기 때문에 치료자 자신의 인간성과 독자성을 잃기 쉽다. • 치료사가 수동적이 되기 쉽다. • 상담자가 상담의 기본 철학을 철저히 이해할 수 있어야 한다. • 지적 및 인지적 요인을 무시하는 경향이 있다. • 상담 초기에는 시원하게 문제를 꼬집어 주지 않기 때문에 상담자가 무엇을 지향하고 있는지를 내담자가 이해하지 못해서 성급히 물러서는 경우가 생긴다. • 어떤 대상자는 지시적인 상담이 더 효과적일 경우가 있다.

6) 인간중심 미술치료

인간중심의 미술치료는 내담자의 적극적인 참여를 중요시하기 때문에, 그림에 대한 상징 해석 역시 일반적인 상징 해석으로 접근하지 않고 그림과 더불어 작업이 끝난 후 내담자와의 대화를 종합 하는 방식으로 해석을 한다. 즉 작업 결과보다는 결과에 반영되어있지 않더라고 내담자가 표현하고자 했던 부분에 초점을 두는 것이다.

이러한 인간중심 미술치료는 최근 미술치료 전반에 영향을 미치고 있으며, 이는 그림에 대해서 잘못된 해석과 판단을 하게 할 위험이 적다.

인간중심 미술치료의 목표는 미술활동을 통해 개인의 잠재된 창조적 능력과 성장 가능성을 일깨워 긍정적인 자아상을 갖도록 하여 보다 나은 삶을 살도록 하는 것이다.

이처럼 개인적인 성장을 위한 방법으로 미술을 활용하는 것은 모든 사람은 창조적인 능력이 있다는 믿음에 기초한다. 즉 인간 중심 미술치료는 자기실현과 성장이 인간 존재의 기본적인 목표가 된다.

미술치료사는 내담자가 미술활동을 통해 충분히 자신이 표현하고자 하는 것을 표현할 수 있도록 분위기를 제공하고, 미술치료사는 작업을 통해 내담자를 이해하고 공감하면서 내담자 스스로 힘을 키워 나갈 수 있도록 한다.

♣ 미술치료 기법

인간중심 접근에는 구체적인 기법이 없다. 따라서 미술치료과정에 있어 주제나 매체에 있어서도 자유로운 선택을 하도록 한다. 미술치료사는 내담자의 선택과 결정을 격려하고 지지하며, 더 나은 선택을 할 수 있도록 돕는다. 또한 내담자의 작업에 공감하고, 이해하며, 배려하고 존중하는 수용적 태도를 보이도록 한다.

　이처럼 미술을 통해 스스로 선택할 권리를 갖는 것은 인간중심 미술치료과정의 핵심이며 이는 내담자로 하여금 긍정적인 자아상을 갖고 책임 있는 인간으로 성장 할 수 있는 원동력이 된다.

형태주의(게슈탈트) 상담과 미술치료

1940년대 Perls와 Perls, L.가 개발한 형태치료는 정신분석학, 형태심리학, 현상학, 그리고 실존주의의 영향을 받았다. 정신분석적 접근을 반대하며 통합과 지각을 강조한다. 특히, 신체적 기능과 정신적 기능의 통합을 강조한다. 도형(전경)과 배경의 형성 및 소멸의 과정을 통해 인간행동의 많은 부분을 설명하고 있다(Corey, 2001).

1) 인간관

형태주의 인간관은 실존주의 철학과 현상학, 장이론에 근거한다. 진정한 지식은 지각자의 경험에서 나오는 산물이며 심리상담치료의 목적은 분석하는 데 있지 않고 인식과 환경의 접촉에 있다. 인식하기 시작하면, 내담자는 자신의 상황에 대한 지식을 토대로 하여 선택할 수 있게 되며, 의미 있는 존재로 살 수 있게 된다.

Perls의 인간관에서, 내담자는 자신의 감정과 상황을 조작하여 자기-신뢰와 책임을 벗어나려 한다. 상담치료자는 내담자가 환경의 지지에서 자기 – 지지로 이동하게 하는 것과 인정하지 않았던 성격의 일부를 받아들여 재통합하도록 내담자의 인식을 증가하도록 돕는 역할을 한다(Breshgold, 1989).

2) 주요 개념

(1) 총체론

Perls(1969b)는 인간을 하나의 총체적인 유기체로 보았다. 그에 의하면 본성의 모든 것은 통일되며 응집된 총체이며, 인간 기능의 모든 것을 고려해야 우리 자신을 이해할 수 있다.

(2) 장이론

장이론은 사건을 현재 그 사건에 속하고 있는 전체 장 내에서 기술하는 탐구방식이며, 이때 장이란 부분들이 즉각적인 관계성 내에 존재하면서 서로 반응하는 하나의 전체이며, 그 장의 다른 곳에서 진행되고 있는 것에 의해 다른 모든 부분이 영향을 받는 전체이다.

(3) 상 – 형성과정

사람이 매 순간 환경을 조직화하는 방법이다. 어떤 대상을 지각할 때 관심을 갖는 부분은 지각의 중심으로 떠오르고 나머지는 배경으로 물러나는데, 관심의 초점이 되는 것을 상(전경)이라고 하며 관심 밖으로 물러나는 것을 배경이라 한다(Latner, 1986).

(4) 현 재

형태치료에서 가장 중요한 시제는 현재이며, 지금 이 순간을 감지해 완전히 경험할 수 있는 학습을 강조한다.

(5) 미결감정

상이 배경에서 도출되었으나 완전하지 못하고 해결되지 못했을 경우, 개인은 미결감정을 갖게 되는데 이런 감정들은 원한, 분노, 증오, 불안 등으로 나타난다. 미결감정은 사람이 표현하지 못했던 감정들을 직면하고 다룰 때까지 지속되며, 때론 꿈속에 나타나기도 한다.

(6) 성격층

Perls(1970, 1976)는 심리치료를 통한 성격변화의 단계를 다음과 같은 다섯 개의 심리층 개념으로 설명한다. 이는 상담과정을 위한 일련의 상담단계 혹은 기준점을 형성한다.

① 가짜층(phone layer)

정형화되고 진실성이 없는 방법으로 사람들에게 반응하게 하는 것으로 사람들은 대부분 현재의 자신이 아닌 다른 존재가 되고자 하는 덫에 걸려 있으며, 사람들에 의해 창조된 환상에 따라 행동하려 한다.

② 공포층(phobic layer)

사람들은 부정하고 싶었던 자신의 모습을 인식하게 되면 그에 대한 저항을 일으킨다. 그리고 이런 모습을 타인이 알게 되면 그들이 자신을 거부할 것이라는 큰 공포를 가지게 된다.

③ 한의 장벽(impasse layer)

우리가 가진 환경을 자신에게 맞도록 바꾸려 하는 단계로, 사람들은 자신이 두려워하고 싫어하는 것에 대해 대처할 방법을 모른다는 것을 깨닫고, 무력감과 같은 느낌을 종종 받게 된다.

④ 내파층(implosive layer)

한의 장벽을 이겨 내면 사람들은 자신의 방어를 노출시키고 진정한 자기를 만나게 된다. 즉, 자신을 자각하게 된다.

⑤ 외파층(explosive layer)

거짓된 자신에게서 벗어나며, 거짓된 자신을 유지하는 데 묶어 두었던 많은 에너지들을 발견하게 된다.

(7) 접촉과 접촉에 대한 저항

① 접 촉

접촉은 대개 신체적인 의미에서의 마주침을 뜻하며, 일상적인 의사소통을 부각시킨다(Polser & Polser, 1973). 형태치료에서 접촉은 변화와 성장이 일어나기 위한 필수 조건이다. 효과적인 접촉이란 개성을 상실하지 않으면서도 자연이나 타인과 상호작용하는 것을 말한다.

② 접촉에 대한 저항

ㄱ 내사: 타인의 신념과 기준을 자신과 조화시키지 못하고 무비판적으로 수용하려는 경향
ㄴ 투사: 자신의 생각이나 욕구, 감정을 타인의 생각으로 돌리는 것
ㄷ 반전: 타인에게 하고 싶은 행동을 우리 자신에게로 돌리는 것

ⓓ 편향: 감당하기 힘든 내적 갈등이나 외부 환경적 자극에 노출될
   때 이러한 경험으로부터 압도당하지 않기 위해 자신의 감각을 둔
   화시킴으로써 자신 및 환경과의 접촉을 약화시키는 행위
ⓜ 혼탁: 자신과 환경 간 분화가 희미한 것

3) 치료목표

형태치료의 기본목표는 내담자가 인식을 획득하여 더 나은 선택을
하게 하는 것이며, 잘 통합된 인간이 되도록 하기 위해 개인적 각성의
향상과 여기, 지금의 자신에게 진실하게 살아갈 수 있도록 하는 것이
다. 즉, 내담자가 회피하거나 두려워하는 등의 심리적 문제를 접촉을
통한 자각으로 통합하고 달성하도록 한다.

심리상담/치료자는 타인과의 관계에서 내담자가 너무 계산적이거
나 강박적으로 빠지지 않고, 있는 그대로의 자신의 모습을 수용하며 살
아갈 수 있도록 돕는다.

4) 치료과정

형태치료에서 적용되는 심리상담/치료과정은 일반적으로 내려진
절차가 없고 많은 심리상담/치료자들이 각기 다른 내담자의 변화를 주
기 위해 조력하고 있어서 정확하게 설명하기가 쉽지 않다(노안영, 2006).
형태치료발달에 공헌한 Polster(1987)는 다음과 같은 세 단계의 변화과정
을 제안하였다.

(1) 발견단계

내담자는 이전에 깨닫지 못했던 자신과 자신의 문제, 상화에 대한 새로운 관점을 발견하게 된다.

(2) 조절단계

내담자는 자신의 오래된 정체감을 바꿈으로써, 자신이 새로운 선택을 하는 것이 가능하고 새로운 방식으로 시도할 수 있다는 것을 깨닫게 된다. 이러한 과정에서 심리상담/치료자의 격려와 지지가 매우 중요한 역할을 한다.

(3) 동화단계

마지막 단계로, 내담자는 새로운 행동을 선택하고 시도하는 것에서 자신의 환경을 스스로 변화하는 방법을 학습하는 것으로 발전한다. 이 시점에서 내담자는 타인으로부터 자신이 원하는 것을 얻는 데 필요한 적절한 자기표현을 하게 된다.

5) 치료기법

(1) 형태치료의 연습과 실험

① 연 습

내담자에게 어떤 감정을 유발시키기 위해 사용하는 '이미 만들어진 기법'연습이나 기법은 어떤 상황을 유발하거나 목표를 성취하기 위해 여러 상황에서 사용된다.

② 실 험

형태치료의 핵심적 기법으로, 치료자가 내담자의 문제를 명료화해 주고 자각을 증진시켜 주는 동시에 또한 치료적 기법을 원활하게 하기 위해 내담자에게 특정한 장면을 연출하거나 시행해 보도록 제안하는 것으로, 치료자가 치료 작업을 해 나가는 과정에서 창조적인 아이디어를 생각해 냄으로써 치료를 촉진시켜 주는 것이다. 이 기법은 내담자를 위한 창의적인 치료법을 고안해 낸다는 측면에서 미술치료 과정과 일맥상통한다.

(2) 형태치료의 기법

① 욕구와 감정자각

개체가 자신의 요구와 감정을 자각함으로써 게슈탈트 형성을 원활히 할 수 있고 환경과의 접촉이 가능해지기 때문에 치료자는 내담자들의 생각이나 주장 또한 감정 등을 자각시키도록 한다. 특히 지금 여기에서 일어나는 욕구와 감정을 자각하는 것이 중요하다.

② 신체자각

Perls는 사람의 정신과 신체의 작용은 서로 불가분의 관계에 있고, 따라서 내담자로 하여금 자신의 신체감각에 대해 자각하도록 함으로써 자신의 감정, 욕구, 무의식적 생각을 알아차리게 할 수 있다고 하였다.

③ 환경자각

내담자에게 주위 사물과 환경에 대해 지각하도록 함으로써 환경과

163

의 접촉을 증진시킬 수 있다. 이런 환경자각 연습은 공상과 현실에 대한 분별 지각력을 높여 준다.

④ 언어자각

내담자의 사용 언어가 불명확한 경우 치료자는 내담자로 하여금 자신의 감정, 동기에 대해 책임을 지는 형식의 문장으로 바꾸어 말하도록 하여 내담자의 책임의식을 높여 줄 수 있다.

⑤ 과장하기

내담자가 어떤 상황에서 자신의 감정을 느끼지만 명확히 자각하지 못할 때, 치료자는 내담자의 행동, 언어를 과장하게 표현하게 하여 내담자가 감정을 지각할 수 있도록 한다.

⑥ 반대로 하기

내담자가 회피하고 있는 행동과 감정들을 만나게 해 줌으로써 스스로 차단하고 있는 자신의 성장 에너지를 접촉하게 해 주는 방법이다.

⑦ 머물러 있기

내담자들의 고통스러운 감정, 받아들이기 힘든 좋은 감정 등을 피하거나 대항하기 힘든 좋은 감정을 그대로 받아들이고 동일시함으로써, 그것을 중단시키는 대신에 완결시킬 수 있다는 것이다.

⑧ 빈 의자 기법

형태치료에서 가장 많이 사용하는 기법 중의 하나로, 현재 치료 장면에 와 있지 않은 사람과 상호작용할 필요가 있을 때 사용하며, 내담자는 그 인물이 의자에 앉아 있다고 상상하고 대화를 나눔으로써 자신의 억압된 부분과 접촉을 통하여 자신의 내면세계에 대해 더욱 깊이 탐색할 수 있다.

⑨ 한 바퀴 돌기

집단 구성원 중 하나가 다른 구성원에게 차례로 말을 걸거나 행동을 하는 기법으로, 어떤 주제에 대해 집단의 구성원 각자와 직면해 보는 것이 필요하다고 느낄 때 사용한다.

⑩ 꿈 작업

형태치료에서는 꿈에 나타난 인물이나 사물들은 모두 내담자의 소외된 자기 부분들이 투사되어 상징적으로 나타난 것(Perls, 1969a)이라고 본다. 그러나 형태치료에서는 꿈을 분석하거나 해석하지는 않는다. 대신 꿈은 내담자 자신의 모순적인 측면을 나타내므로 꿈과 상반되는 측면들 사이에서 대화를 함으로써 내담자는 자신의 많은 감정들을 인식하게 된다.

⑪ 자기 부분들과의 대화

내담자의 인격에서 분열된 부분들을 찾아내어 대화를 하게 함으로써 분열된 자기 부분들을 통합시키는 방법이다.

▼ 표 4 게슈탈트치료의 평가

장 점	단 점
• 개인 및 집단 상담, 그리고 교실 장면에서 가르치고 배우는 데 적절하다. • 비교적 짧은 시간 내에 각성하게 하며 현재의 상태에서 문제와 접하게 한다는 점에서 많은 기여를 했다.	• 일반적으로 형태치료는 두뇌의 작용에 정통한 사람들에게만 치료로 권할 만하기 때문에 보편성이 결여되어 있고 인지적인 면이 지나치게 무시된다는 비판이 있다.

6) 형태주의 미술치료

형태주의 미술치료의 목표는 '미술'이라는 매체를 활용하여 내담자가 자신의 모든 감각을 더 자각할 수 있도록 도와주어 자기인식을 증가시키는 것이다.

형태주의 미술치료의 과정은 내담자의 시각과 지금 — 여기로부터 정의된, 이미지에 대한 내담자 자신의 의미를 표현하고 발전시키는 것을 강조한다(Malchiodi, 2000). 따라서 미술치료사는 내담자의 표현을 돕기 위해 간혹 부가적인 방법(연극, 음악, 동작 등)을 사용하기도 한다. 즉, 자기인식을 증진시키기 위해 자신의 모든 감각기관을 이용하도록 한다.

내담자는 이러한 미술활동의 결과들을 집단토론을 통해 이야기하고 그 결과 새로운 의사소통 능력과 타인과의 상호작용, 그리고 집단에서 공존하는 방법에 대해 배울 수 있다.

Petzold(1991)는 미술치료의 목적을 네 가지 영역으로 구분하여 실시하고 있다(정여주, 2003 재인용).

① 자기실현화: 인간은 창의적이어야 하며, 대화의 능력이 있어야 한다.
② 자아의 힘: 정체성, 자기 안정성 도모
③ 환자(내담자)의 생활세계 분석
④ 방법적 적용: 적절한 치료적 방법, 기법과 매체의 적용

♣ 미술치료 프로그램

형태주의 심리상담/치료의 목표에 따라 내담자의 자기인식을 도울

수 있는 다양한 프로그램들이 사용되며, 모든 감각에 자극을 주는 감각적 경험의 방법과 명상을 통해 감정을 이완시키기도 한다. 이를 위해 다양한 미술재료들이 사용된다. 자화상 그리기, 석고로 손 뜨기, 신체 본뜨기, 인생의 파노라마, 위기상황이나 불안, 갈등을 그림으로 표현하기 등 많은 기법들이 이용되고 있다.

① 자화상 그리기

자화상을 그려 봄으로써 자신의 모습을 인식하고 자신의 내적 상황을 투영하여 볼 수 있다. 점토를 이용하여 자신의 모습을 입체로 표현해 보거나, 파트너와 함께 서로 상대방의 모습을 그려 봄으로써 타인이 자신을 바라보는 시각을 느끼는 방법도 도움이 된다.

② 석고로 손 뜨기

자화상 그리기와 마찬가지로 자신의 손을 뜨는 과정에서 자신의 모습을 인식하게 된다. 석고가루를 갠 물에 손을 담그거나 혹은 조각 낸 석고 붕대를 자신의 손에 하나하나 붙여 나간다. 다른 재료에 비해 더 감각적이며, 굳어 가는 동안 명상을 하는 것도 좋다. 완성된 작품과 과정에 대해 집단원들과 토론해 본다.

③ 인생의 그래프 그리기

자신의 과거, 현재, 미래의 모습을 그림으로 그려 보도록 하여, 자신의 삶 전체를 돌아보고 자신의 삶을 경험하도록 한다. 미술치료사는 감정의 이완을 위해 조용한 음악을 들려줄 수도 있다. 내담자는 자기 정체성을 발견하고 자신의 삶을 수용한다.

④ 위기상황 그리기

미술치료사는 집단원들(내담자)에게 위기상황에 대해 설명하고 자신이 대처할 수 있는 방법과 다른 집단원의 행동들을 그림으로 표현하도록 한다(예를 들면, 무인도에 표류했거나, 우주선의 고장으로 어떤 행성에 불시착했다는 등의 위기를 설정한다).

집단원들과의 토론을 통해 자신이 인식하고 있는 자신의 모습과 타인이 생각하는 자신의 모습을 비교해 보고, 자신에 대해 돌아볼 시간을 갖는다.

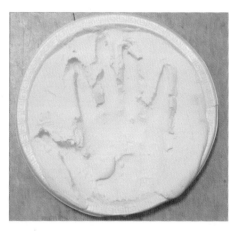

◀ 그림 17 석고로 손 뜨기(여/34)
20년간 조현증을 앓아 온 환자는 이 작업을 통해 예전보다 훨씬 커진 자신의 손을 발견했다고 한다. 환자는 아마도 힘들게 일을 많이 해서 손이 커진 것 같다며, 이 손으로 절대 게으르지 않고 남을 위해 봉사를 해야겠다는 생각이 들었다고 말했다. 또한 환자는 한 번도 자신의 손을 자세히 들여다본 적이 없었는데 이 작업이 그런 기회를 준 것이 기쁘다고 말하기도 했다. 단순한 작업으로 보이지만, 이 과정 속에서 환자는 현재의 자신의 모습을 지각하고 이로써 미래에 대한 작은 계획을 세워 볼 수 있었다.

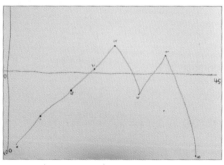

◀ 그림 18 인생의 그래프 그리기
현재의 시점에서 자신의 인생을 돌아보는 것은 자신의 경험을 돌아봄으로써 삶을 수용하고 긍정적인 변화로 이끈다. 가장 중요한 것은 인생의 주체는 자신이라는 것을 인식하는 것이다. 이로써 내담자는 책임 있는 온전한 삶을 살수 있게 된다.

6

실존주의상담과 미술치료

실존주의상담은 한두 사람의 특정인에 의해 창시된 단일의 이론체계라기보다는 철학, 정신의학, 심리학 등의 여러 분야에서 각기 발달한 이론들의 묶음으로서 내담자 세계에 존재하는 그대로의 실존을 이해하려는 상담의 접근방법이다. 주요 인물로는 May, Frankl, Jourard 등이 있다. 전통적인 정신분석이나 급진적인 행동주의에 대한 반발로 생겨났다. 따라서 전통적인 의학 모형으로 사람을 상담하도록 설계되어 있지 않다(Van Deurzen-Smith, 1988). 상담에 있어 철학적인 면, 그중에서도 특히 인간관에 많은 영향을 미쳤다. 실존주의상담은 인간의 깊은 경험을 이해하는 것을 강조한다(May & Yalom, 1995).

1) 인간관

실존주의에 의하면 인간은 존재 이후에야 비로소 무엇으로 되는 것이며, 그가 무엇으로 될 것이냐 하는 것은 그의 구상이 존재에로 추진된 후에 형성되는 것이다. 타인에 의하여 형성된 인간도 그 형성자는 그 자신이다. 왜냐하면 그는 타인에 의하여 형성된 그 자신을 그가 선택하였기 때문에 그는 선택에 의하여 형성되었다고 말할 수 있다.

인간은 자신을 선택하는 주체이며, 그 선택은 미래를 결정하는 기준이 되며 그런 결정의 모든 책임을 자신이 져야만 하는 존재이다. 내던져진 존재의 본성을 자신이 창조하며, 자신의 잠재력을 각성함으로써 인생을 보다 행복하게 만들 수 있는 기투(企投)의 존재라는 것이다(Back, 1963).

따라서 상담 방법과 과정은 개인이 고통, 일, 사랑을 통해서 삶의 의미와 목적을 찾도록 지적해 주는 것이다(Frankl, 1965, 1978). Frankl은 이러한 인생의 가치를 찾아갈 수 있는 방법으로 세 가지 가능성(창의적 가치, 체험가치, 인식가치)을 제시하고 있다(Frankl, 1993).

2) 주요 개념

(1) 성격이론

성격이론을 중요하게 다루지 않는다. 성격의 변화보다는 인간의 본성을 중심으로 한 성격이론에만 중점을 둔다. 인간의 본성이론에서는 의지의 자유, 의미에의 자유, 삶의 의미를 강조한다. 부적응 행동은 인간이 타고난 경향성을 실현하지 못한 결과이다. 특히 삶의 의미가 결여되어 있기 때문이라고 본다. 실존적 입장에 따르면, 인간의 기본조건에는 ① 자기인식능력, ② 자유와 책임 능력, ③ 자신의 정체감 확립과 타인과의 의미 있는 관계수립, ④ 의미ㆍ목적ㆍ가치ㆍ목표 등의 추구, ⑤ 실존적 불안, ⑥ 죽음이나 비존재에 대한 인식 등이 있다(Corey, 2001).

3) 치료의 목표

타고난 가능성 또는 경향성을 포함한 자기존재를 완전히 각성하고 이를 실현할 수 있도록 한다. 이를 위해 자기각성을 최대화할 수 있는 환경을 제공하고, 개인의 능률성 발휘에 장애가 되는 요소를 제거한다. 내담자가 자유롭게 선택하고 행동하고, 그에 대해 책임지도록 하며, 더 나아가 자신이 가치와 의미의 창조자가 되도록 한다. 상담치료는 내담자가 가지고 있는 잠재력을 키우는 과정이다(Bugental, 1986).

실존주의 상담치료자들은 내담자가 주관적 세계를 이해하여 새로운 이해나 선택을 할 수 있도록 도와주는 데 관심을 쏟는다. 또한 개인의 과거보다 현재 생활에 관심을 가지며(May & Yalom, 1995), 내담자의 타고난 잠재력을 실험하게 하는 목적을 가지고 있다. 상담의 목표를 달성하기 위하여 상담치료자는 구체적으로 다음과 같은 역할이 기대된다.

① 내담자가 말하고 있는 내용과 관련하여 심리상담/치료자의 개인적인 반응을 보이며, 내담자의 경험과 비슷한 경험이 있을 때 적절히 노출한다.

② 내담자로 하여금 불확실한 세계 내에서 겪는 선택의 필연성에 대한 고뇌를 표현하도록 하며, 내담자로 하여금 선택을 피하려는 자신의 모습을 보게 하고 위험을 무릅쓰고라도 선택할 수 있도록 한다.

③ 그가 인간의 독특한 면을 정확하게 그대로 경험하고 있으며 궁극적으로 그는 혼자이며, 그는 스스로 결정을 내려야만 하며, 그는 자신의 결정에 대하여 확신하지 못하는 데 대한 불안을 경험할 것이며, 때때로 무의미하게 보이는 세계에서 살아가는 것이 갖는 의미를 규정해야 된다는 사실을 알도록 한다.

심리상담/치료의 핵심은 존중이며, 존중이란 자신의 문제를 진실하게 대처할 수 있는 내담자의 잠재력을 믿고 대안적인 존재방식을 발견할 수 있는 내담자의 능력을 믿는 것이다(Corey, 2001).

4) 치료과정

실존주의상담의 목표는 내담자로 하여금 자기의 인생에서의 의미를 발견하고 발전시킬 수 있도록 돕는 것이라고 할 수 있는데, 이러한 목표는 일반적으로 두 가지의 단계를 통하여 달성될 수 있다. 먼저 내담자는 자유인(free agent)으로서 옳고 그름을 선택할 수 있는 조건이 자신에게 있음을 알아야 한다. 그다음 단계에서의 실존주의적 심리상담/치료의 목표는 내담자로 하여금 자기의 실존을 사실대로 경험하도록 하는 것이다. 실존주의 심리상담/치료는 상담관계를 참만남의 관계로 파악한다. 이 참만남의 관계에서 정직 또는 진실성이 본질적인 특징이 된다. 그러므로 심리상담/치료자는 자신의 세계를 노출해야 하며 내담자를 이용하거나 조종할 대상물로 취급해서는 안 된다. 심리상담/치료자가 인간적이 될 때 내담자도 그렇게 될 수 있으며, 이런 과정을 통하여 내담자는 자신의 잠재력을 실현하며 자신의 미래를 변화시킬 책임을 수용하기 시작한다.

5) 치료기법

실존주의상담은 인간의 실존을 이해하기 위한 상담자의 자세와 태도, 철학을 강조하기 때문에 상담기법에 대해서는 크게 관심이 없으며 다양하고 융통성 있는 기법을 사용한다. 그중에서도 정신분석적 방법, 인간중심적 방법을 빌려 사용하지만 특히 역설적 의도의 방법이 많이 활용된다.

(1) 역설적 의도

역설적 의도는 내담자가 갖는 예기적 불안을 제거함으로써 강박증이나 공포증과 같은 신격증적 행동을 치료할 수 있는 기술의 하나인데, 여기서 예기적 불안이란 내담자가 두려움으로 경험한 바 있는 어떤 사태가 재발될 것이라는 예상 때문에 미리 갖게 되는 불안을 말한다. Frankl은 사람이 가지는 불안이 그 자체보다는 불안에 대한 불안이 더 중요한 의미를 갖는다고 보고 이를 극복하기 위해서는 자신이 회피하고 있는 행동을 적극적으로 수행하도록 하여 불안을 극복하도록 하였는데, 이를 역설적 의도라고 한다.

▼ 표 5 실존주의 치료의 평가

장 점	단 점
• 개별성과 자아의 발달을 강조하여 물질문명 속에서 방황하는 현대인에게 도움을 주고, 학교상담과 청소년상담에서 많이 활용될 가치가 있다. • 소극적이거나 무력한 삶 대신에 자유와 책임을 갖고 가치를 강조하고 삶의 의미와 보람을 추구하는 존재로서의 긍정적인 인간관을 제시했다. • 상담과 심리치료의 분야에서 새로운 관점이나 기술을 태동시키는 데 상당한 영향을 미쳤다.	• 과학적 검증의 대상이 되기 어려운 철학적인 측면에 치중한 나머지 기법이나 방법에 소홀하다. • 한두 사람의 학자에 의해 창시되거나 개발된 다른 이론들과는 달리 체계적이지 못하고 추상적인 면이 강하기 때문에 과학적 체계를 손상시키고 있다는 비판이 있다.

(2) 역반영(dereflection)

역반영은 증상에 대한 과도한 관심, 의도, 자아 관찰에 초점을 두도록 적용되는 기술이다. 역반영 자체는 부정적인 측면과 긍정적인 면을 함께 내포하고 있는데 내담자는 이 역반영을 통해 자기의 관심을 다른 곳으로 돌림으로써 문제를 극복할 수 있다.

6) 실존주의 미술치료

실존주의 치료의 접근은 그 특성적인 이론이나 기법을 사용하기 보다는 다른 치료법들을 융통성 있게 적용하므로 실존주의 미술치료로 설명하기보다는 그 치료의 주된 모형에 대해 설명하는 것이 옳을 것이다. 실존주의와 밀접한 관계가 있는 현상학[8]은 인간이 현상으로 체험하는 외부세계에 대한 의식의 연구로서 어떤 대상에 대한 추론적 이론과는 달리 인간의 주관적인 경험을 강조하는 철학으로, 여기서 '현상'이란 인간이 인식하고 지각하는 모든 실체와 사실들을 포함한다. 인간의 체험과 의식의 본질을 찾는 방법에 있어 이전에는 과학적 논리를 통해 구현하려 하였다고 한다면 현상학은 인간이 이성으로 밝혀내는 것 이상의 진리를 추구하였다. 현상학적 입장에서 본다면 어떤 외부세계가 현상이 되기 위해서는 그 외부세계는 반드시 인간에게 체험되어져야만 한다.

의도성(intentionality)[9]을 요소로 하는 Husserl의 현상학은 '존재의 숨겨진

---

8) 현상학(現象學): 자세한 설명이나 요소주의적인 분석이 없이 인간의 경험이나 행동현상을 연구하는 것으로 현상이나 사건을 경험되는 즉시 해석 없이 연구한다. 선험적 주관이 경험이라는 철학적 이론이다.
9) 의도성: Husserl에 의한 의식의 본질적 특징으로서 의식은 반드시 무엇에 대한 의식이며, 객관적인 어떤 대상과의 일종의 독특한 관계라는 것이다.

차원을 밝혀낸다'는 점에서 미술치료와 일맥상통하며 미술치료의 모델로서도 적합하다. 이 의도성은 현상학의 기본개념이라 할 수 있다.

미술치료사이자 심리학자인 Betenskiy(1995)는 현상학의 개념을 미술치료과정 안에 도입하여 구체적인 방식을 제시하였다. 그의 치료방법에 의하면 미술치료현장에서 치료자는 자유롭게 완성된 작품을 내담자가 직관적으로 볼 수 있도록 돕고, 한편으로는 자신만의 주관적인 자세로 보게 한 다음, 그것을 정확하게 표현하고 치료자와 논의하는 과정을 거치게 된다. 이러한 과정에서 내담자는 자신의 작품과 새롭게 소통하게 됨으로써 마지막 단계인 현상학적 통합의 단계에까지 이른다.

현상학적 미술치료의 과정은 다음과 같이 미술재료의 선택, 미술활동, 현상학적 직관, 현상학적 통합의 4단계로 구성된다.

① 단계 1: 미술재료의 선택

내담자는 미술재료를 자유롭게 선택하고 미술치료사는 내담자의 선택과정을 관찰한다.

② 단계 2: 미술활동−현상의 창조

내담자가 자유롭게 현상을 창조(작품을 완성). 치료초기 단계는 라포 형성을 위해 비지시적인 것이 유용하다.

③ 단계 3: 현상학적 직관

이 단계는 인지를 촉진 시키는 인지과정과 현상학적 묘사를 위한 "What you see?(무엇이 보입니까)"의 두 과정으로 되어있다.

ⓐ 인지과정

완성된 작품을 잘 볼 수 있는 곳에 전시하여, 작품을 객관적으로 볼 수 있게 한다. 이때 작품과 관찰자로서의 자신과의 거리를 두도록 한다. 현상학적 미술치료 접근에서 작품은 하나의 현상이기 때문에 거리를 둠으로써 자신(내담자)은 작품을 하나의 현상, 즉 객관적 대상으로 볼 수 있으며, 내담자는 관찰자로서 많은 것을 관찰하고 발견할 수 있다. 또한 의도를 가지고 오랫동안 작품을 감상하게 하는 것은 더 많은 것을 관찰 할 수 있게 한다. 치료사는 내담자에게 충분한 시간을 주도록 한다.

ⓑ 현상학적 묘사과정

치료사는 내담자에게 '무엇이 보입니까?'라는 질문을 한다. 내담자는 그림에 있는 것을 가능한 한 정확하게 묘사한다. 내담자는 자신의 내적인 경험, 지각, 내부자아, 타인과의 관계형성, 사회와 자신과의 관계를 발견하게 된다. 이 과정은 미술치료사와 환자(내담자)의 치료적 관계를 깊게 맺어 주며 작품은 내담자의 다양한 측면을 이해할 수 있게 한다. 이로써 미술치료사는 내담자를 도와

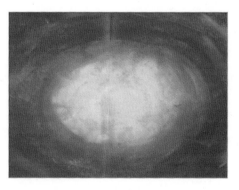

◀ 그림 19

미술재료를 선택한 내담자는 미술활동을 통해 현상을 창조한다. 치료사는 "당신에게 무엇이 보입니까?"라는 질문을 던질 수 있다. 내담자는 자신의 작업에서 느끼는 부분을 이야기한다. 이 작품에서 내담자는 암담한 현실에서 벗어날 수 있는 빛을 느낀다고 했다. 미술치료사는 환자로 하여금 미술치료과정에서 보이는 환자의 노력과 실생활과의 유사점을 찾게 하여 현 상황을 대처할 수 있는 능력을 키울 수 있도록 돕는다.

줄 수 있다. 내담자 작품에 대한 다양한 토론이 이루어지며 내담자는 자신의 작품에 대한 의미를 드러낸다.

④ 단계 4: 현상학적 통합

이 과정은 내담자가 만든 작품의 결과를 놓고, 본래의 내용과 의도한 내용의 관계를 파악하여 자기를 발견하게 하는 것이다.

7

행동주의상담과 미술치료

행동치료는 실험적 연구에서 밝혀진 학습의 원리를 심리치료에 응용한 것으로, 개인의 인지적 영역을 강조하며 내담자의 행동이나 사고를 변화시켜 나가는 것을 돕는 다양한 기법들을 제공해 준다. 행동치료는 1970년대 주류로 떠오르기 시작했으며, 일반적 방법론과 학습이론의 핵심을 가지고 있다(Fishman & Franks, 1997).

현재의 행동치료는 고전적 조건형성, 조작적 조건형성, 사회학습이론, 인지행동치료의 네 영역에서 발전되었다고 볼 수 있다(Corey, 2001).

1) 인간관

초기의 행동치료는 인간의 본성을 행동의 자극/반응의 모형에 기초한 것으로 보는 극단적인 환경론적 입장에서 보았다. 그러나 Bandura(1974, 1977, 1986)는 이런 기계론적이고 결정론적인 입장에 반대하여, 인간이 환경의 영향에 종속되는 수동적인 존재라는 견해는 실제로 환경에 영향을 미치는 인간의 능력을 고려하지 않은 것이라고 비판했다(Corey, 2001). 현대의 행동치료는 체계적이고 구조화된 심리상담치료적 접근을 의미하는 인간행동의 과학적 견해에 기초하며, 내담자의 감정 통제와 사고방식의 수정도 중요시하는 폭넓은 행동주의자들도 많아지고 있다(Kanzdin, 1994; Medichendbaum, 1977; Thoresen & Coatrs, 1980).

2) 주요 개념

(1) 행동주의 치료 발전의 네 가지 영역

① 고전적 조건형성

수동적 유기체로부터 무릎반사나 타액분비 등의 반응적 행동을 이끌어 낸다.

② 조작적 조건형성

어떤 결과를 얻기 위해 환경을 조작하는 행위

- ⊙ 정적 강화: 유쾌한 자극을 주어서 어떤 행동이 일어날 비율을 증가시키는 것으로 어떤 행동의 결과로서 부가적인 것(칭찬이나 선물 등)이 주어지는 것이다.
- ⊙ 부적 강화: 불쾌한 자극을 제거하여 어떤 행동이 일어날 비율을 증가시키는 것으로, 불쾌한 상황을 피하기 위해 바람직한 행동을 하고 싶은 동기가 생긴다.

③ 사회학습이론

Bandura(1977)에 의해 발달된 사회학습이론은 개인의 행동과 환경 간의 상호작용에 중요성을 두며, 인간이 가진 자기 지시적인 행동변화에 대한 능력을 강조한다. 즉, 인간행동의 많은 부분들은 사회적 상황에서 보고 배운 것들이고, 인간은 그들이 접하는 주변세계와 타인과 상호작용을 하며, 한 인간이 자극에 반응하는 행동은 다른 사람에게 자극이 될 수도 있다.

④ 인지행동치료

인지행동치료는 인지, 정서, 행동이 서로 영향을 주고, 상호 인과관계를 가진다는 가정을 기초로 하며(Ellis, 1994), 기본과정은 내담자의 심리적인 장애는 그가 겪었던 경험이 아니라 그 경험에 대한 내담자의 해석이라는 것이다. 따라서 상담은 내담자가 가진 비합리적인 사고 혹은 행동을 보다 합리적으로 바꾸기 위한 설득과 주장으로 구성되어 있으며, 잘못된 지각과 해석을 수정하기 위해 구체적인 과제가 제시되기도 한다.

180

(2) 행동주의 치료의 특징

Spiegler와 Guevremont(1998)는 행동치료의 특징을 다음과 같이 제시하였다.

① 행동치료는 과학적 원리와 절차에 근거한다.
② 내담자의 과거를 중요시하지 않으며, 내담자의 현재문제와 그것들에 영향을 주는 요인들을 다룬다.
③ 내담자는 자신의 문제를 다루기 위해 심리상담치료자로부터 구체적인 행동을 하도록 요구를 받는다.
④ 행동치료는 학습을 심리치료의 핵심으로 간주한다는 점에서 교육적인 측면이 강하며, 치료에서 배운 것을 일상생활에서 적용할 수 있도록 한다.

⑤ 상담치료과정에서 이루어지는 행동절차는 각 내담자의 욕구에 맞도록 만들며(Paul, 1967), 상담치료는 내담자와 심리상담자 간의 협력적인 관계에 기초하여 이루어진다.

3) 치료의 목표

다른 심리상담/치료기법과 비교해서 두드러진 행동주의 심리상담/치료의 특징은 변화시킬 구체적 목표에 대한 강조라 할 수 있다. 행동주의 심리상담/치료의 일반적인 목표는 학습의 새로운 조건을 창출시키는 것이며(Corey, 2001), 내담자가 가진 구체적인 부적응 행동을 소거시키고, 보다 효과적이고 바람직한 행동을 새롭게 학습시키는 것이 주된 목표라고 할 수 있다. 현대의 행동치료는 심리상담/치료에 관한 결정에 있어 내담자의 역할을 강조하며, 그들의 권리를 보호하고 보장하는 것을 강조한다(Spiegler & Guevremont, 1998). 치료 목표는 구체적이고 내담자가 이해하기 쉬워야 하며, 내담자와 상담자가 동의할 때까지 다듬어지며, 치료 과정 중에라도 필요할 때에는 목표를 수정하기도 한다.

4) 치료과정

행동주의 상담심리/치료자는 철저한 평가에 의해 선택된 목표행동을 변화시키는 데 조력한다. 따라서 상담심리치료자는 내담자의 문제행동과 그 결과에 대한 정보를 얻기 위해 체계적인 노력을 하며, 내담자와 함께 그 문제를 명료화하여 상담치료를 위한 목표를 세운다. 심리상담/치료자는 내담자가 구체화된 목표를 향해 열심히 노력하도록 하

181

고, 목표달성의 정도를 평가한다(Corey, 2001). 또한 한 인간으로서 상담심리/치료자는 내담자의 본보기가 되므로, 자신의 일거수일투족이 내담자에게 매우 중요하다는 사실을 인식해야 한다(Bandura, 1971).

행동주의 상담심리/치료의 입장에서 Kanfer와 Schefft가 제안했던 상담과정은 다음과 같다(노안영, 2006 재인용).

① 1단계: 역할 구조화와 치료동맹 형성하기
② 2단계: 변화를 위한 다짐을 발달시키기
③ 3단계: 내담자의 행동분석
④ 4단계: 상담 목표와 방법을 협상하기
⑤ 5단계: 상담 실행하기와 동기 유지하기
⑥ 6단계: 상담효과를 조정하고 평가하기
⑦ 7단계: 상담효과의 유지, 일반화와 상담의 종결

5) 치료기법

행동주의 심리상담치료자들은 전형적으로 특수한 기법을 사용하는데, 그 기법의 성과는 상담 목표를 향한 내담자의 진전에 맞춰 평가될 수 있다. 현재의 행동치료는 행동을 변화시키는 것으로 입증된 기법은 어떤 것이라도 심리상담치료계획에 통합될 수 있으며(Corey, 2001), Lazarus(1989, 1997)는 기법의 종류가 더 다양할수록 효과적인 상담치료를 하게 될 가능성이 높으므로 기법의 이론적 배경에 상관없이 다양한 기법을 사용할 것을 주장한다.

① 이완훈련

이완훈련은 사람들이 일상생활에서 유발되는 스트레스에 대처할 수 있도록 가르치는 방법으로 근육과 정신의 이완을 목표로 하고 있다. 최대의 결과를 얻기 위해서는 많은 연습을 해야 하는 이 기법은 주로 정신 질환으로 나타나는 스트레스나 불안, 고혈압과 심장질환, 편두통, 천식, 불면증 등에 도움이 된다.

▼ 그림 20 이완 작업

거품 그림은 촉감이 부드럽고 구체적인 그림을 그리는 과정이 아니므로 긴장감을 없애 주고 심리적인 안정감을 줄 수 있다. 임상에서 보면 결벽증이 있는 환자들도 비누 소재가 들어 있어 쉽게 지워질 수 있다는 생각에 접근이 용이하다.

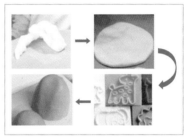

▲ 그림 21 체계적 둔감법

결벽증이 있어 점토를 만지지 못하는 내담자들을 위해선 접근이 가능한 순서대로 사용하여 증상을 소거하도록 한다.

좌측의 그림은 천사토 - 지점토 - 컬러점토 - 찰흙 순이며 증상에 따라 중간 단계에 다른 재료들을 적절히 사용하여 과정을 늘릴 수 있다.

② 체계적 둔감법

체계적 둔감법은 Wolpe(1958)에 의해 발달되었다. 이 기법은 불안과 공포를 제거하는 데 사용되며, 불안과 양립할 수 없는 이완반응을 이끌어 낸 다음 불안을 유발시키는 경험들을 상상하게 함으로써 불안 유발 자극의 영향을 악화시키는 방법을 말한다. 초기에는 약한 불안 자극으로 출발하여 점점 더 강한 자극으로 변화한다. 대인관계 공포, 신경증적 공포, 성기능장애 등에 효과적으로 적용될 수 있다.

◀ 그림 22 손에 물감 묻혀 그리기
결벽증이 있거나 그리는 것에 대한 불안이 있다면 직접 부딪혀 작업하는 방법을 선택 할 수도 있다. 강한 자극에 반복적으로 노출된 내담자는 이후 어떤 자극에도 불안한 반응을 보이지 않게 된다.

③ 자극홍수법

둔감법이 약한 불안, 공포에서 시작하는 것과는 대조적으로, 자극홍수법은 가장 불안하고 두려운 자극에서 시작한다. 자극홍수법은 불안을 일으키는 자극(바람직하지 않은 반응)을 지속적으로 제시하여, 내담자를 피로하고 지치게 만들어 그 반응을 없애도록 하는 기법이다.

④ 역조건 형성

기쁘고 강력한 자극을 약한 혐오자극과 짝지어 혐오자극에 일어난 불안반응을 다루는 절차이다. 기쁜 자극이 있으므로 혐오자극을 다루기 용이해진다.

◀ 그림 23 좋은 기억과 나쁜 기억
불쾌한 자극을 다루는 가장 좋은 방법은 아주 기쁜 자극을 함께하게 하는 것이다. 기쁜 자극을 함께 다뤄 주는 것은 불쾌한 자극에 다다를 수 있는 용기를 준다.

⑤ 자기표현훈련

사회적 기술훈련의 한 형태로 자기표현을 제대로 하지 못하는 사람이나, 대인관계 문제를 가진 내담자에게 주로 사용된다. 표현훈련은 자기 자신에 대해 표현하도록 가르치거나, 내담자들의 행동목록을 증가시켜 그들이 어떤 상황에서 표현적으로 행동할지 안 할지 선택할 수 있도록 해 준다(Corey, 2001).

▼ 표 6 행동주의 치료의 평가

장 점	단 점
• 구체적인 것에 초점을 맞추고 치료과정이 체계적이다. • 단시간에 부적응 행동을 수정하는 데 효과적이다. • 상담과 심리치료의 분야에서 새로운 관점이나 기술을 태동시키는 데 상당한 영향을 미쳤다.	• 행동은 변화시킬 수 있지만 감정을 변화시키지는 못한다. • 원인보다는 증상을 다룬다. • 치료에 있어서 관계요인을 무시한다. • 환경적인 요인을 통제하기 어렵기 때문에 행동변화를 항상 객관적으로 평가하기 어렵다

6) 행동주의 미술치료

행동주의 미술치료는 장애 아동이나 문제성 행동을 지닌 성인이 대상이 될 때 유용하다. 행동주의 미술치료는 다른 이론적 접근과 달리 증상의 소거에 중점을 두므로 일반적인 미술치료가 갖는 정서적인 접근과는 거리가 있다.

이 접근에서 유용한 기법은 미술치료기법과 행동치료의 원리를 결합한 행동형성법으로, 교육적 원리가 포함되어 있다(정현희, 2006). 행동형성 과정은 목표를 명확하게 정의한 후, 첫 단계부터 목표수준까지를 몇 단계로 나눈 뒤 내담자에게 그 단계를 실행하도록 하여 반복을 통해

185

목표행동에 도달할 수 있도록 하는 것이다.

행동주의미술치료의 가장 큰 장점은 행동주의가 가지는 딱딱하고 구조화된 과정을 미술활동을 통해 다소 감성적으로 다룰 수 있다는 점이다.

♣ 행동주의 미술치료 프로그램

행동주의 미술치료는 목표수준에 따라 다양하게 진행될 수 있다. 일반적으로 발달장애아동에게는 점선을 이용하여 어떤 형태를 따라 그리게 하는 것을 반복적으로 실시하다가 점선 없이 스스로 그릴 수 있는 단계에 오를 수 있도록 학습시킬 수 있다. 또한 산만하거나 주의력이 부족한 아동에게는 테두리 그림에 채색을 하게 하는 등의 미술활동을 시킬 수 있다.

단, 이러한 활동들의 결과가 높게 평가되었다 하더라도, 이것이 미술치료과정 중에만 보인 결과일 수도 있으므로 다른 장소에서도 같은 결과를 보여 주었는지 파악하는 것도 미술치료사의 역할일 것이다. 즉, 행동치료는 치료 시에 배운 내용들을 실생활에서 적용할 수 있도록 하는 것이 중요하다.

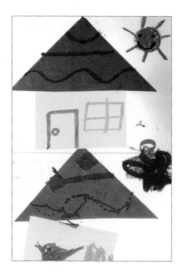

◀ 그림 24
위쪽 그림은 미술치료사가 제시한 그림이며 아래쪽 그림은 내담자에게 따라 그리도록 한 결과이다. 색종이를 치료사가 제시한 그림과 똑같이 붙이도록 지시하고, 크레파스를 이용하여 마찬가지로 똑같이 그리도록 하였다. 이런 단계는 가장 쉬운 프로그램부터 단계적으로 점점 어려운 과정을 거치도록 훈련하게 된다. 이처럼 행동주의 미술치료는 모방과 학습의 원리가 포함되어 있다.

8

인지·정서·행동 상담과 미술치료

인지 · 정서 · 행동 심리상담/치료는 사고나 인지로 불리는 개인의 내면에서 일어나는 행동변화를 중재한다는 이론적 접근방법으로 1960년대 말 행동치료에 대한 문제점들이 제기되면서 출현하게 되었다. Ellis는 어떤 사건보다는 우리가 그 사건을 어떻게 생각하는가의 신념체계가 우리의 행동이나 감정에 영향을 미친다는 가정하에 인지 · 정서 · 행동 심리상담/치료를 발달시켰다. 인지 · 정서 · 행동 심리상담/치료는 구조화된 심리 교육적 모델을 바탕으로 과제의 역할을 강조하고, 내담자가 심리상담/치료 상황과 그 외의 일상생활에서 능동적으로 생활하도록 책임능력을 두도록 하며, 내담자의 변화를 위해 다양한 인지 · 행동적 접근을 시도한다(Corey, 2001).

1) 인간관

인지 · 정서 · 행동 심리상담/치료는 인간이 합리적이고 올바른 사고와 비합리적이고 올바르지 못한 사고를 할 수 있는 가능성을 모두 가

지고 태어난다는 가정에 기초한다. Ellis는 인지 · 정서 · 행동 심리상
담/치료가 인본주의적 심리치료라고 주장한다. 인간이 합리적인 삶을
살아가기 위한 기본적 원리는 어떤 수행에 의해 자신을 평가하는 것이
아니라 사진의 있는 그대로를 수용하는 것이다(Ellis, 1973).

따라서 심리상담/치료자는 인간이 실수를 할 수 있다는 것을 인정하
고 계속 실수를 하면서도 더 평화롭게 사는 것을 배우는 창조물로서의
자신을 수용하도록 돕는다(Corey, 2001).

2) 주요 개념

(1) 정서장애에 대한 비합리적 신념

인지 · 정서 · 행동 심리상담/치료는 대부분의 정서장애의 핵심이
'비난'이라고 주장하며, 우리가 그러한 장애를 극복하려면 자신과 타인
을 비난하지 않고, 우리 자신을 수용하는 법을 배우는 것이 중요하다고
한다.

Ellis에 의하면 우리를 신경증[10]으로 이끄는 원인이 되는 비합리적인
신념들에는 다음과 같은 것들이 있다(Ellis, 1962, 1994).

① 나는 내가 아는 모든 사람에게 사랑과 인정을 받아야 한다.
② 나는 모든 측면에서 능력 있고, 완벽하게 수행해야 한다.
③ 내가 원하는 대로 되지 않는 것은 매우 끔찍하고 참을 수 없다.

---

10) 신경증(NEUROSIS): 사고, 느낌, 태도, 행동 등에서 다양한 증상을 보이는 병리적 범주로 이 증상들은 대개
무의식적인 세력들 사이의 투쟁으로 인한 갈등에 그 원인을 둔다. 히스테리, 불안 신경증, 우울증, 공
포증 등이 포함된다. 이러한 신경증은 현실검증능력이 유지된다는 점에서 정신증(PSYCHOSIS)과 구분된
다(미국정신의학회, 1990).

④ 어려움과 자기책임에 직면하는 것보다는 회피하는 것이 더 쉽다.

⑤ 어떤 일이 위험하거나 두려우면 그것에 대해 계속 걱정하고 생각해야만 한다.

⑥ 인간의 불행은 외부에서 비롯되었고 인간은 자신의 슬픔과 장애를 통제할 능력이 없다.

(2) 성격의 ABC이론

ABC이론은 인지 · 정서 · 행동 심리상담/치료 이론과 실제의 핵심이 되는 내용이며, 내담자의 사고를 재교육하는 과정은 ABC이론의 원리에 따른다.

① A(Activating Events)

개인에게 의미 있는, 즉 인간의 정서를 유발하는 사건이나 행위를 의미한다(예: 실직, 시험낙방, 이혼 등).

② B(Belife System)

사건에 대한 개인의 신념으로, 합리적이거나 비합리적일 수 있다.

③ C(Consequence)

선행사건을 비합리적 신념으로 해석함으로써 느끼게 되는 정서적 결과를 말한다(예: 실직, 이혼으로 인한 좌절과 우울, 불안 등).

④ D(Disputing)

비합리적인 신념이나 사고에 대해 도전해 보고, 그 사고가 합리적인지 다시 생각하도록 돕는 논박을 말한다.

⑤ E(Emotional Consequence)

비합리적 신념을 논박함으로써 합리적인 신념을 갖게 된 후 느끼게 되는 긍정적 결과나 효과를 말한다.

⑥ F(Feeling)

논박하기를 통해 바뀐 합리적 신념에서 비롯된 새로운 감정이나 행동을 의미한다.

3) 치료목표

인지 · 정서 · 행동 심리상담/치료의 목표는 내담자가 가진 비합리적 신념을 합리적으로 바꾸어 내담자가 더 현실적이고 실현 가능한 인생철학을 습득함으로써, 정서적 장애를 최소화하고 자기-패배적 행동을 감소시켜 내담자가 건강하고 행복한 삶을 영위하도록 하는 데 있다. 따라서 비합리적인 생각이나 신념의 구성을 탐색하고 수정하는 데 많은 노력을 해야 한다.

4) 치료과정

심리상담/치료자는 먼저 내담자와 친밀한 상담관계를 형성한다. 심리상담/치료과정은 내담자의 현재의 경험에 맞춰지며, 내담자들은 자신의 심리상담/치료과정을 살펴보고, 계획을 세우며, 지속적이고 잠재적 문제를 다루는 방략을 확인하게 된다.

인지 · 정서 · 행동 심리상담/치료는 내담자가 이미 획득한 사고나 정서를 변화시키기 위해 내담자의 현재 능력을 강조한다(Corey, 2001). 심리상담/치료의 핵심은 찾아낸 비합리적 신념을 합리적으로 바꾸도록 반박하는 작업이며, 심리상담/치료자는 날카로운 논리와 실증적 요구로 내담자가 가진 비합리적 신념이 그에게 가져다준 비합리적 결과를 끈질기게 논박함으로써 합리적 신념을 갖도록 유도해야 한다. 이러한 과정을 통해 내담자는 합리적인 정서적 · 행동적 결과를 경험하게 된다(노안영, 2006).

5) 치료기법

인지 · 정서 · 행동 심리상담/치료자는 통합적인 입장을 취하기 때문에 다양한 인지 · 정서 · 행동적 기법들을 내담자에게 맞게 적용하지만(Ellis, 1997), 정서적 기법보다는 인지적 기법과 행동적 기법을 강조한다. 내담자들의 비합리적인 신념을 합리적으로 변화시키기 위해 사용되는 심리상담/치료기법들은 다음과 같다.

① 인지기법: 비합리적 신념을 논박하기, 인지적 과제, 내담자의 언어를 변화시키기, 유머의 사용
② 정서적 기법: 합리 · 정서 상상, 역할 연기, 수치적 공격 연습, 무조건적 수용
③ 행동기법: 조작적 조건형성, 자기관리원칙, 체계적 둔감법, 이완기법 등이 사용된다.

이처럼 인지 · 정서 · 행동 심리상담/치료는 행동 심리상담/치료의 기법을 그대로 활용하기도 하지만, 그 기본과정은 다르다. 행동 심리

▼ 표 7 REBT 치료의 평가

장 점	단 점
• 정서적 장애와 문제행동의 원인 및 해결방법을 명확하게 제시한다. • 포괄적이고 절충적인 상담과정에 중점을 두었다. • 치료자의 직접적 중재 전략 없이 자신의 치료법을 이행할 수 있는 방법을 내담자에게 가르칠 수 있다. • 합리적인 인생철학을 발전시키는 데 도움이 된다.	• 과거의 경험을 경시한다. • 자발성이 없는 내담자들에게는 기대하기가 어렵다. • 다른 치료법에 비해 지시적이어서 심리상담/치료자의 관점이나 가치가 내담자에게 강요될 수 있다. • 모든 정서문제가 비합리적 생각이나 신념을 바꾸는 것으로 치료가 되는 것은 아니다. • 비합리적 신념으로 경직된 내담자들은 자신의 생각을 바꾸기 힘들어서 치료를 중도에 포기할 수 있다.

상담/치료는 행동의 변화가 주요한 목적이지만 인지 · 정서 · 행동 심리상담/치료는 행동의 변화뿐만 아니라 내담자의 생각이나 정서까지도 변화시키려는 데 주력한다.

6) 인지 · 정서 · 행동 심리상담 미술치료

미술활동은 사고나 감정을 시각화할 수 있다는 장점이 있다. 이는 미술만이 가지는 가장 큰 장점이며 치료로서 활용할 수 있는 충분한 가치를 지닌다. 내담자들은 미술치료과정에서 미술매체를 다루거나 작업(미술표현)을 통해 자신이 가진 사고나 신념을 인식할 수 있으며 이를 통해 자신의 비합리적인 사고를 받아들이고 수정할 수 있게 된다. 미술치료사는 다양한 미술활동을 통하여 내담자가 가진 비합리적 신념을 수정할 수 있도록 도와준다. 미술치료사는 내담자가 가진 정서적 불안(비합리적 신념)들을 그림이나 이미지를 통해 나타나게 할 수 있으며, 그에 대한 논박을 통해 내담자가 좀 더 합리적인 신념을 갖도록 유도한다.

♣ 인지 · 정서 · 행동주의 미술치료 프로그램

① '나'를 표현하기

그리기나 콜라주 등을 통해 내담자에게 자신을 표현하게 할 수 있다. 자신을 쓸모없는 사람이라고 생각하는 내담자는 자신을 가치 없는 사람으로 표현할 수 있다. 미술치료사는 내담자에게 그가 없는 세상을 상상하여 이야기하거나 어떤 이미지로 표현하게 할 수 있다. 내담자와 의미 있는 관계를 맺고 살아가는 사람들이 그가 없는 세상을 어떻게 생각할지 생각해 보는 시간을 갖도록 한다.

② 부정적 감정 버리기

자신이 가진 부정적 감정들을 표현하고, 그를 소거하는 작업을 통해 내담자가 가진 스트레스를 해소하거나, 부정적인 감정을 제거할 수 있도록 한다. 혹은 그런 작업을 재구성하여 자신이 가진 비합리적인 감정을 긍정적으로 변화시킬 수 있는 방법을 모색할 수 있다.

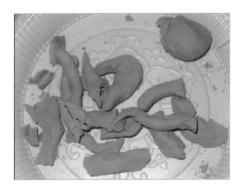

◀ 그림 25 부정적 감정 버리기
내담자가 가진 불안이나, 강박적 사고를 점토를 통해 표현하도록 한 후 논박을 통해 내담자가 그러한 감정들을 어떻게 해야 할지 물었다. 내담자는 찰흙 칼을 사용해 자신의 부정적 감정을 조각내었다. 작업을 통해 내담자는 부정적 감정이 소거된 후의 자신을 상상할 수 있었으며, 자신의 비합리적 신념을 바꿀 수 있는 용기가 생겼다고 말한다.

9

발달 이론과
미술치료

1) 발달 이론

발달적 접근은 Freud의 정신분석, Erickson의 사회 심리적 발달, Piaget의 인지발달 등의 발달 이론을 기초로 정상적인 발달을 이루지 못하고 있는 환자(내담자)를 이해하고 조정하기 위한 것으로 정상 발달에 초점을 두고 있지만, 정상적인 사람에게도 가능한 접근법이다. 발달적 미술치료를 접근하기 위해선 인간의 각 영역에 대한 발달뿐 만 아니라 아동화의 발달에 대한 이해가 필요하며, 이는 아동미술치료뿐만 아니라 청소년 및 성인미술치료에 있어서도 매우 중요하다.

발달적 미술치료에서 주로 사용되는 발달 이론과 아동화의 발달을 살펴보면 <표 8>과 같다.

2) 발달적 미술치료

발달적 미술치료는 발달이 지체되어 상징화 능력이 없거나 미숙한

▼ 표 8 주요 발달 이론과 아동화의 발달

이론가	발달단계에 따른 기대(주요 과제)		
	0~2세	2~4세	4~7세
Erickson	신뢰와 불신 중요한 타인들과 충분한 신체적·정신적 욕구가 채워진다면 유아는 신뢰감을 획득하고 그렇지 않으면 외부와 타인에게 불신을 갖는다.	자율감과 수치심 및 의심 자기신뢰와 자기실현과 자기불신 사이의 기본적 투쟁이 있다. 부모들이 의존적이게 한다면 아이들의 자율성은 억압되고 외부세계를 다룰 수 있는 능력은 방해받는다.	솔선과 죄책감 기본과제는 솔선과 능력감을 획득하는 것이다. 의미 있는 선택을 할 권리가 생긴다면 아동은 타인과 자신에 대해 긍정적 관심을 발달시킨다. 그러한 결정권이 허락되지 않으면 솔선을 넘어 죄책감을 발달시킨다.
Piaget	감각운동기 감각운동을 통하여 외부환경 파악, 12개월 이후 초기 난화가 나타난다.	전조작기-전 개념적 사고기 자기중심적 사고에서 자율성, 상징놀이, 언어, 심상을 나타냄. 원형태 묘사 가능. 그림의 흔적과 대상과의 일정한 동질성을 보인다.	전조작기-직관적 사고기 자아 중심성, 주관적, 내적 상상에 의한, 동기에 의한 경험, 초기 탈중심화. 사물과 동물을 의인화하고 그림에 경험화가 등장, 현실과 환상을 구분하지 못하는 그림을 그린다.
Lowenfeld		난화기 무의미한 난화(손의 근육 운동 즐김), 통제된 난화(비교적 절제된 난화), 조절된 난화(모방된 난화), 명명된 난화(난화에 이름을 붙임, 대상과의 관계성에 흥미를 가짐). 초기 도형 등장	전도식기 무의식 표현에서 의식화된 표현. 인물을 주로 원형에서 팔, 다리, 몸통, 발 등 점차 몸통의 형태로 표현. 자기중심적 경향의 시기로 아직 미분화된 상태. 꿈과 실재를 혼동한다.

**Freud 발달단계는 2장의 정신분석 상담치료를 참조

195

사람들을 위한 미술치료로서, Williams와 Woods(1977)가 처음 사용하였으며, 인지와 운동능력은 정상이지만 정서장애가 있는 아동에게 적용하여 효과를 거둔바 있다(김동연, 2001). 현재는 정서장애뿐 아니라 정신지체, 학습장애, 뇌기능 손상자 등 발달에 결함이 있는 모든 사람에게 사용되고 있다. 미술치료의 발달적 접근은 인지가 외부세계의 자극을 조절하는 수단이며, 인지와 언어는 미술의 상징성과 관련이 있다는 기본인 이론을 바탕으로 하고 있다.

발달미술치료는 Freud(1962)의 심리성적발달 이론과 Erickson(1950)의 심리사회발달 이론 및 Piaget(1954)의 인지발달 이론을 기초로 하고 있으며, Mahler, Pine과 Bergman의 분리-개별화 과정연구 및 미술에 있어서 정상아동의 표현발달을 연구한 여러 이론도 함께 포함하였다.

발달장애아동들의 미술활동에 있어 많은 제한점을 가지고 있다. 따라서 미술치료사는 내담자의 능력수준을 고려하여 미술매체의 기초적인 사용법을 익힐 수 있도록 도와주도록 한다. 또한 미술치료의 전 과정은 이해하기 쉽고 단계적이며 구조화된 방법으로 이루어져야 하며 치료사는 치료에 적극적으로 개입하고, 회기가 진행됨에 따라 점차적으로 내담자 스스로 자신의 욕구를 적절한 방법으로 표현할 수 있도록 비지시적인 입장에서 조력자 역할을 해야 한다.

3) 발달적 미술치료의 과정

발달적 미술치료는 아동의 발달단계에 맞는 과업에 맞추어 각 발달단계에 따라 미술활동 프로그램을 정한다. 예를 들면 실제 연령은 6세이지만 정신연령이 0~2세의 수준에 머물고 있을 경우에는 감각운동기 단계에 해당된다. 따라서 미술매체의 사용에 있어서 모래, 밀가루, 소금, 물 등과 같은 비정형 매체들이 중심을 이루게 된다. 자기와 타인, 사물의 애착과 분리를 촉진시키기(지점토의 활용), 긍정적인 감각성향과 단순한 운동도식을 습득하기(때리기, 흔들기, 세게 치기, 밀기, 돌리기 등), 인과관계를 발견하기(색 조합 활동 등) 등이 치료의 목표가 된다. 전조작기(2~7세)의 경우는 폭넓은 미술매체가 요구되며 자율성을 촉진시켜 아동이 미술활동을 주도적으로 시작하고 선택할 수 있도록 하며, 감정표현과 분화를 촉진시켜 아동이 다양한 정서를 이해하고 매체를 사용하여 감각을 활성화하도록 한다(예: 젖음과 마름의 이해). 따라서 재료는 비정형매체와 함께 다양한 미술매체를 사용하게 된다. 중요한 것은 내담자의 특성과 발달 단계에 맞추어 충분히 성공 할 수 있는 미술매체와 프로그램을 제공해주어 좌절하지 않고 성취감과 만족감을 느낄 수 있도록 하는 것이다. 또한 결과에 대한 만족감도 중요하겠지만 결과보다는 미술치료 과정에서 보이는 개인의 독특한 개성들을 높게 평가하고 격려해주어 내담자가 긍정적인 자아상을 가질 수 있도록 최선을 다해야 한다.

4) 발달적 미술치료 프로그램

점선(숫자나 도형 모양)을 따라 도장 찍기, 스티커 붙이기 등을 통해 소근육 운동과 눈과 손의 협응을 도우며 모양을 인지할 수 있으며 어떤 형태를 따라 그리거나 보고 그리게 하여 사물을 개념화할 수 있다. 밀가루 반죽이나 점토 반죽을 통해 감각적인 부분을 인지하고(예: 물을 많이 부을수록 반죽이 묽어지는 것), 크고 작은 여러 개의 박스를 이용해 사물의 크기와 공간개념을 알 수 있도록 한다.

▲ 그림 26 **숫자 위에 스티커를 붙이기**
숫자를 따라 스티커를 붙임으로써 숫자에 대한 개념을 인식하도록 한다. 눈과 손의 협응력을 키우는 데 많은 도움이 된다.

▲ 그림 27 **우드락 위에 모양 따라 점 찍기**
우드락 위에 쓰인 숫자를 따라 나무젓가락으로 눌러 자국을 내는 작업을 통해 재료의 성질을 알 수 있고(감각을 활성화), 동시에 눈과 손의 협응력 및 누르는 힘에 의한 소근육 운동을 활성화할 수 있다.

• 김동연 외(2001). 『아동미술심리이해』(서울: 학지사).
• 김선현(2006a). 『마음을 읽는 미술치료』(서울: 넥서스).
• _____(2006b). 『임상미술치료학』(서울: 학지사).
• 노안영(2005). 『상담심리학의 이론과 실제』(서울: 학지사).
• 정여주(2001). 『만다라와 미술치료』(서울: 학지사).
• _____(2003). 『미술치료의 이해』(서울: 학지사).
• 정여주 · 최재영 · 신승녀(2002). 『유아미술치료』(수원여자대학).
• 정현희(2006). 『실제적용 중심의 미술치료』(서울: 학지사).
• 김동연(2001). 「발달미술치료가 발달장애아동의 전반적 발달에 미치는 효과」, 『재활심리연구』, Vol. 8, No. 2.
• 김미화(2004). 「발달미술치료가 발달지체의 유아의 상호 주의하기와 요구행동에 미치는 효과」(창원대학교 대학원 석사학위논문).
• 임은숙(2002). 「발달미술치료가 정신지체아동의 공격성에 미치는 효과」(단국대학교 대학원 석사학위논문).
• 최현진(2002). 「집단미술치료가 정신분열증 환자들의 사회기술향상과 증상완화에 미치는 효과」(대구대학교 석사학위청구논문).

• Anbacher. H. L(1979). The increasing recognition of Adler. In. H. L. Anbacher & R. R Anbacher(Eds), Superiority and social interest. Alfrred Adler, A collection of his later writings. New York: Norton.
• Bandura, A.(1971). Psychological modeling: Conflicting theories. Chicago: Aldine-Atherton.
• Bandura, A.(1974), Behavior therapy and the models man. American Psychogist, 29, 859~896.
• Bandura, A.(1977), Social learning theory. En glewood Cliffs, NJ: Prentice-Hall.

199

· Bandura, A.(1986). Social foundations of of thought and action: A Social conitive theory. Englewood Cliffs, NJ: Prentice−Hall.

· Betenskiy, M. G(1995). What you see? Phenomenology of therapeutic art expression. London Jessica Kingsley.

· Breshgold, E.(1989). Resistance in Gestalt therapy: An historical theoretical perspective. The Gestart Journal, 12(2), 73−102.

· Bugental, J. F. T.(1986). Existental−humanistic psychotherapy. In I. L. Kutash & A. Wolf(Eds.), psychotherapist's casebook(pp.222∼236). San Francisco: Jossey−Bass.

· Clair, M.(2000). Object relations and self psychology: an introduction(3rd ed). Pacific Grove, CA: Brooks−Cole/Wadsworth.

· Corey, G.(2001). Case approach to counseling and psychotherapy(5th ed.). Pacific Grove, CA: Brooks−Cole/Wadsworth.

· Douglas, C.(2005). Analytical psychotherapy. In R. J. Corsini & D. Wedding(Eds.). Current psychotherapies(7th ed.). Belmont, CA: Cole.

· Ellis, A.(1962). Reason and emotion in psychotherapy. Secaucus: The Citadel Press.

· _____(1973). Humanistic psychotherapy. New York: McGraw−Hill Book Company.

· _____(1994). Reason and emotion in psychotherapy revised. Secaucus, NJ: Birch Lane.

· _____(1997). The emotion of Albert Ellis and rational emotive behavior therapy. In J. K. Zeig(Ed.), The evolution of psychotherapy: The third conference(pp.69∼82). New York: Bruner/Mazel.

· Fishman, D. B., & Franks, C. M.(1997). The conceptual evolution of behavior therapy. In P. L. Wachtel & S. B. Messer(Eds.), Theories of Psychotherapy: Origins and evolution(pp.131∼180). Washington, DC: American Psychological Association.

· Frankl, V. (1965). Man's search for meaning. Boston: Beacon.

· _____(1978). The unhead cry for meaning. New York: Simon & Schuster/Tou−chstone.

· _____(1993). Viktor E. Frankl: Life with meaning. Pacific Grove, CA: Brooks/Cole.

· Freud, S.(1918). Lines of advance in psychoanalytic therapy. Paper presented at the fifth International psychoanalytic Congress, Budapest, Hungary.

· _____(1952). On dreams(J. Strachey, Trans.). New York: Norton(Original work published 1925).

· _____(1949). An outline of psychoanalysis(J. Strachey, Trans.). New York:

Norton(Original work published 1940).

- Glasser. W.(1961). Mental Health or Mental Illness?. New York: Dover.
- _____(1998). Choice theory: A new psychology of personal freedom. New York: Harper Collins.
- Glasser. W & Wubbolding, R.(1995). Reality therapy. In H. Corsini & D. Wedding(Eds.), Current psychotherapies(5th ed., pp.293~321). Itasca, IL: F. E. Peacock.
- Glasser. W.(2000). Reality therapy in action. New York: Harper Collins.
- Hall, C.(1954). A primer of Freudian psychology. New York: mentor.
- Jung, C. G.(1961). Memories, dreams, reflection. New York: Aronson.
- _____(1929). Ziele der Psychotherapie(1929): GW, Bd. 16, Olten 1972, S.38-56.
- Kanzdin, A. E.(1994). Behavior modification in applied settings(5th ed.). Pacific Grove, CA: Brooks/Cole.
- Latner, J. (1986). The Gestalt therapy book. Highland, NY: Center for Gestalt Development.
- Lazarus, A. A.(1989). The practice of multimodal therapy. Baltimore: Johns Hopkins University Press.
- _____(1997). Brief but comprehensive psychotherapy: The multimodal way. New York: Springer.
- Malchiodi, Cathy A.(1998). Medical Art Therapy with Children. London: Jessica Kingsley.
- Manzen, K. H. (2000). Grundlagen der Kusttherapie München, Reinhardt.
- Malchiodi, Cathy A.(1998). Medical Art Therapy with Children. London: Jessica Kingsley.
- Manduro, R. J., & Weelwright, J. B.(1977). In R. J. Corsini(Ed.), Current. personality theories(pp.83~123). Itasa, IL: F. E. Peacock.
- Manzen, K. H.(2000). Grundlagen der Kusttherapie München, Reinhardt.
- Naumburg, M.(1928).
- May, H., & Yalom, I.(1995). Eeistental psychotherapy. In H. J. Corsini & D. Wedding(Eds.), Current psychotherapies(5th ed., pp.262~292). Itasca, IL: F. E. Peaacock.
- Medichendbaum, D.(1977). Conitive behavior modification: An intergrative approach. New York: Plenum.
- Patterson, C. H. & Watkins, C. E.(1996). Theories psychotherapy(5th ed.). New York: Hiper Collins Publishers.
- Patton, M., & Meara, N.(1991). Psychoanalytic counseling. New York: Wiley.

• Ryckman, R. M.(2000). Theories of personality. Belmont, CA: Wadsworth.
• Perls, F.(1969a). Gestalt therapy verbatim. Moab, UT: Real People Press.
• _____(1969b). In and out of the garbage pail. Moab, UT: Real People Press.
• Perls, L.(1970). One Gestalt therapist's approach. In Fagan & I. Shepherd(Eds.), Gestalt therapy now(pp. 125~129). New York: Harper & Row(Colophon).
• _____(1976). Comments on new directions. In E. W. L. Smith(Ed.), The growing edge of Gestalt therapy(pp. 221~226). New York: Brunner/Mazel.
• Petzold, H., Orth, I.(1991). Die neuen Kreativitatstherapien. Bd. I., Paderborn, Junfermann.
• Polster, E.(1987). Every person's life is worth a novel. New York: W. W. Norton & Company.
• Polser, E. & Polser, M.(1973). Gestalt therapy integrated: Contours of theory and parctice. New York: Brunner/Mazel.
• Spiegler, M. D. & Guevremont, D. C.(1998). Contemporary behavior therapy(3rd ed.).
• Pacific Grove, CA: Brooks/Cole.
• Thoresen, C. E. & Coatrs, T. J.(1980). What does it mean to be a behavior therapist? In C. E. Thoresen(Ed.), The behavior therapist. Pacific Grove, CA: Brooks/Cole.
• Van Deurzen−Smith, E.(1988). Existential counselling in practice. London: Stage.
• Wetherby & Prutting.(1984) Profiles of communicative and cognitive−social abilities in autistic children. Joyrnal of Speech and Hearing Research, 27, 364~377.
• Williams & Woods.(1977). Developmental art therapy. Baltimore: University Park Press.
• Wolpe, J.(1958). Psychotherapy by reciprocal inhibition. Stanford University Press.
• Wubbolding, H. E.(1988). Using reality therapy. New York: Harper & Row(Pere−nnial Library).
• _____(1991). Understanding reality therapy. New York: Harper & Row(Perennial Library).
• Wubbolding, R. E. & Assoiates(1998). Multicultural awareness: Implications for reality therapy and choice theory. International Journal of Reality Therapy17(2), 6.
• Charles L. Tomson & Linda B. Rudolph 공저, 천성문 외 공역(2001). 『아동상담의 이론과 실제』(서울: 시그마프레스).
• Gerald Corey 저, 조현춘 · 조현재 공역(2001). 『심리상담과 치료의 이론과 실제』(서울: 시그마프레스).
• Malchiodi, Cathy A. 저, 최재영 · 김진연 공역(2000). 『미술치료』(서울: 조형교육).

- Ingrid Riedel 저, 정여주 역(2000). 『융의 분석심리학에 기초한 미술치료』(서울: 학지사).
- 캘빈 S. 홀스 저, 백상창 역(1983). 『프로이드 심리학』(서울: 학지사).
- 미국정신의학회 저, 이재훈 외 옮김(1990). 『정신분석용어사전』.

미술치료의
영역과 실제

3

미술치료는 유·아동들의 정서적 안정과 균형 있는 뇌 발달에 도움을 줄 수 있으며 심리적인 격동기에 있는 청소년들에게는 감정을 표출하고 긴장을 완화시켜주고 자아 정체성 및 주체성을 확립할 수 있도록 도와주어 성인으로의 변화에 적응할 수 있는 능력을 기르게 한다. 또한 성인 및 노인들의 우울감 극복 및 치매예방에도 효과적이다.

미술치료는 증상을 개선하거나 위기치료와 같은 특정한 목적을 위해 사용되기도 하고, 노인을 대상으로 그들의 삶을 정리하는 데 도입되기도 하며, 암 환자와 같은 난치병 환자들에게는 고통을 감소시키고 투병의 의지를 북돋아 주기도 한다. 이미 정신병원이나 지역 정신보건 센터에서는 개인이나 집단미술치료를 시행하고 있으며, 각 교육기관이나 복지관 등에서도 그 활용이 증가되어 가고 있는 실정이다.

일반적으로 미술치료는 장애아동이나, 부적응 행동을 보이는 아동·청소년, 정신질환자 등 어떤 심각한 문제를 안고 살아가는 사람에게 실시되고 있는 것이 사실이지만, 꼭 어떤 외형적인 장애나 정신적으로 문제가 있는 사람에게만 필요한 것이 아니라 아동·청소년에서 성인에 이르기까지 심리상담과 정서치료의 증상이 생기기 전에 예방적 차원에서도 실시되기도 한다.

미술활동은 치료적 효과의 유무를 떠나 창의적·미적 경험만으로도 자신의 존재가치를 높일 수 있기 때문이다.

미술치료는 대상에 따라, 목적에 따라 다양한 방법으로 진행되기 때문에 매체나 주제를 선정하고 회기를 진행하는 데 많은 차이를 보인다. 효과적인 치료를 위해서는 미술치료에 참여하는 대상자의 증상과 그에 맞는 적절한 치료방법에 대한 이해가 필요하다.

이에 이 장에서는 장애아동·청소년 미술치료, 아동·청소년 미술치료, 성인 및 노인 미술치료와 함께 예방적 차원에서의 미술치료접근 방법에 대해 자세히 살펴보고자 한다.

1

장애아동 · 청소년 미술치료

　오늘날 장애아동 · 청소년의 교육은 장애아동 · 청소년의 개별적이고 다양한 특성을 고려하여 과거보다 다양한 치료 및 교육을 제공하려는 시도를 하고 있지만, 아직도 현실적으로는 교육과 치료가 통합적으로 잘 적용되지 못하고 있는 실정이다. 장애아동 · 청소년 개개인의 상태에 따른 적절한 치료교육은 그들이 가정생활이나 집단생활에 잘 적응해 나가게 할 뿐만 아니라 장기적으론 그들이 사회 안에서 독립적으로 살아가는 데 큰 도움을 줄 수 있다.

　장애아동 · 청소년의 미술치료는 특수교육 및 재활적 관점의 미술치료로 진행된다. 이는 장애아동 · 청소년이 가진 인지, 감각, 신경, 행동에 끼치는 효과뿐만 아니라, 정서적 · 사회적 기능이 개선되는 것에 목표를 두고 있다(정여주, 2003). 또한 부족한 기능을 수행하기 위해서는 지속적이고 반복적인 훈련이 요구되기도 한다.

　장애로 인한 감각기관과 인지능력의 지체, 의사소통의 곤란 등은 특정한 예술 활동을 통하여 또 다른 의사소통과 자기표현의 기회를 가질 수 있으며 이와 관련하여 미술치료는 장애아동 · 청소년들의 문제점을 경감시키거나 개선하며, 그들의 세계를 새롭게 경험하는 확대된 시각을 열어 줄 수 있다(정여주 외, 2002).

그러나 아쉬운 것은 대부분의 장애아동·청소년들이 그들이 가진 장애에만 초점이 맞추어져 교육되고 있으며, 그들의 정서적인 부분은 무시될 때가 많다는 것이다. 물론 그들이 어떤 장애를 가졌다고 심리적으로 위축되어 정서적으로 문제가 있을 것이라 판단하는 것은 위험스럽지만, 일반 아동·청소년의 교육에 있어서도 그들의 부모들이 정서적 안정을 위해 다양한 활동을 경험하도록 시도하는 것을 본다면, 장애아동·청소년의 정서에 대한 관심은 오히려 자연스럽게 여겨야 할 부분이라고 여겨진다.

따라서 장애아동·청소년 미술치료의 접근은 크게 두 가지로 나누어 볼 수 있다. 즉, 첫 번째로 장애아동이 가진 신체적·정신적 결함에 대한 심리적인 갈등에서 오는 문제를 해결하기 위한 심리적 접근의 미술치료와 두 번째로 미술활동이 장애아동에게 가져다주는 학습적인 효과를 기대하는 교육적 접근의 미술치료를 들 수 있는데, 이미 특수학교에서는 오래전부터 교육적 미술치료를 실시하고 있으며 그 효과는 크다고 할 수 있다.

일반적으로 장애아동·청소년에게 미술치료를 실시하기 전에 반드시 갖추어야 할 사항은 다음과 같다.

① 정확한 진단과 평가의 실시: 보호자 및 장애아동·청소년 인터뷰, 객관적 검사, 행동관찰 등을 통하여 장애아동·청소년의 장애의 원인 및 장애 정도를 정확하게 파악하여야 한다.
② 치료 목표 설정: 장애아동·청소년에 대한 심리평가 결과 및 장애아동·청소년의 욕구(의뢰사유)를 토대로 치료의 목표를 설정

한다. 즉, 비록 아동의 실제 나이가 일곱 살이라 하더라도 발달수준이 4세 정도라면 치료방법이나 목표는 4세로 맞춰져야 할 것이다.

③ 치료모델의 결정: 장애아동 · 청소년에게 맞는 적합한 치료모델을 결정한다.

또한 장애아동 · 청소년을 위한 특수교육적 미술치료에서 미술치료사는 다음과 같은 관점을 유의하도록 해야 한다(정여주 외, 2002).

① 장애의 유형과 특성을 파악하는 특수교육적 지식을 갖추고 있어야 한다.
② 인간학적 · 심리적 · 환경적 이해가 전제되어야 한다.
③ 발달심리학적 관점에서 정상아동과 미술적 단계를 파악하여 장애아동 · 청소년의 미적 표현과 구별할 수 있어야 한다.
④ 감각발달 및 신경생리학적 관점을 고찰하고 장려해야 한다.
⑤ 미적 활동을 통하여 인지적 · 정서적 · 사회적 의미에서 자신을 표현하고 타인과 환경과의 상호관계를 이룩하게 하여야 한다.
⑥ 다른 교육과 치료가 연계되어 단계적이고 구체적이며 지속적으로 이루어질 수 있도록 해야 한다.

일반적으로 아동 · 청소년 등 학령기에 있는 대상자들은 치료에 있어서도 교육적인 부분이 무시될 수는 없다. 특히 장애아동 · 청소년의 경우는 각 장애의 기능을 상승시키기 위해 교육과 치료가 적절히 상호 연계되어 이루어져야만 한다. 이로써 장애아동 · 청소년들은 미술활동을 통해 자신의 욕구를 표출하고, 자아성장 및 자율성과 자신감을 높일 수 있으며 더 나아가 실제 생활과 사회적 관계에서 적응할 수 있는 힘을 기르게 된다. 이를 위해 장애아동 · 청소년의 미술치료는 장기적인 기간 및 목표를 통해 진행된다.

또한 장애아동 · 청소년의 경우 일반적인 미술치료 방법에 의해서 진행하더라도 그 장애의 특성을 고려하지 않을 수 없다. 다음에서는 장애유형별에 따른 특성과 그에 적합한 미술치료방법에 대해 설명하고자 한다.

1) 시각장애아동 · 청소년의 특성과 미술치료

(1) 시각장애의 정의

시각장애는 시각기능이 전혀 없는 전맹과 시력이 조금이나마 남아 있는 약시로 구분된다. 전맹은 감성이 전혀 이루어질 수 없으며, 선천적인 시각장애와 후천적인 시각장애로 구분한다. 전맹은 교정시력 0.04 이하를 말하며, 약시는 0.04~0.3 이하를 말한다. 특수교육진흥법 시행령(2011)에서 분류하는 시각장애에 대한 판별기준은 다음과 같다.

① 두 눈의 교정시력이 각각 0.04 미만인 자
② 시력의 손상이 심하여 시각에 의하여 학습과제를 수행할 수 없고, 촉각이나 청각을 학습의 주요 수단으로 사용하는 자
③ 두 눈의 교정시력이 각각 0.04 이상이나 특정의 학습매체 또는 과제의 수정을 통해서도 시각적 과제 수행이 어려운 자
④ 특정의 광학기구, 학습매체 또는 설비를 통해서만 시각적 과제 수행을 할 수 있는 자

(2) 시각장애아동 · 청소년의 미술치료

시각장애아동 · 청소년의 미술을 이해하는 데는 두 가지의 견해가 있다. 하나는 회화(그림) 자체를 시각적 예술로 범위를 한정하여, 그들에게 시각적 표현이 무의미하다고 보는 견해와 또 하나는 시각적 표현이라 하더라도 독특한 방법이나 자료를 활용하여 자기가 표현하고자 하는 것을 나름대로 표현하는 그 자체에 의미를 두어 긍정적으로 보는 견해이다. 전자는 촉각적 표현에 강조점을 둔 것이고, 후자는 시각장애아동 · 청소년이 스스로 표현한 것을 볼 순 없다 하더라도 자신의 감정을 표현했다는 점에서 회화적 표현을 간과해서는 안 된다고 보는 것이다(Anderson, 1978).

시각장애아동 · 청소년은 주로 청각과 촉각을 활용하여 활동을 한다. 따라서 조형활동은 시 · 지각에 기반을 두고 있으므로 다른 장애에 비해 독특한 형태의 미술활동 내용이 요구될 뿐 아니라(김동연 외, 1990) 미술치료사의 창의력도 요구된다. 여기서 치료사의 창의력이란 시각장애아동 · 청소년들이 시각에 의해 표현할 수 없다는 단점을 극복하고 청각이나 촉각 등 나머지 감각을 활용하여 최대로 미적 표현을 할 수 있도록 돕는 능력과 시각적으로는 불가능한 감상적인 측면을 촉각으로 느낄 수 있도록 하는 능력(여기에서는 언어로 서로의 감상에 대해 전달할 수 있도록 훈련하는 과정도 포함된다)을 말한다. 이를 위해 미술치료사는 시각장애아동 · 청소년에게 적합한 미술재료와 기법에 대해 꾸준히 연구해야만 한다.

특히 전맹인 경우(특히 시각화가 어려운 선천맹인 경우) 자신의 작품제작 과정이나 완성된 작품을 감상할 수 없기 때문에 미술매체의 선택과 활동에 특별히 고안된 프로그램이 필요하다. 따라서 시각장애아동 · 청소년에게는 독특한 방법이나 재료를 활용하여 자기가 표현하고자 하는 것을 나름대로 표현하는 그 자체에 의미를 두며 여러 가지 형태의 상상력을 발휘할 수 있는 능력을 개발하는 것이 중요하며, 이것은 구체적으로 제시될 수 없는 개념이나 실제 모델을 이해하는 데 도움이 된다. 미술활동은 시각장애아동 · 청소년에게 매우 중요한 활동이라 말할 수 있으며 (Rubin & Klineman, 1974), 삼차원적인 매체나 촉각적인 매체는 그러한 프로그램의 중요한 영역이 된다. 이들은 외부에 대한 정보(사물에 대한 인지)를 주로 촉각에 의지하기 때문에 거대한 동상 같은 것은 감지하기가 어려우며, 회화표현에 있어서도 양각그림과 같은 입체적 표현이 사용된다.

따라서 시각장애 아동 · 청소년의 미술계획에는 여러 가지 응용이 필요하다. 미술치료사는 미술활동계획에 있어서 작업장의 매체 배열의 일관성, 작업동선, 자료에 대한 구별이 될 수 있도록 다양한 용기(크기나 모양이 만졌을 때 식별이 가능한)를 사용하거나, 점자로 물감의 종류를 표시하기, 색채 구별을 위해서는 색채마다 다른 향을 가미하는 등을 계획할 수 있다(예를 들면, 노란색에는 레몬 향을, 빨간색에는 체리 향을 넣을 수 있다). 전 맹 아동 · 청소년의 경우 색채 개념이 없으므로 미술치료사는 미술치료과정 중 언어적 · 정서적 연상을 통하여 색채에 대한 개념을 획득할 수 있도록 유도하는 것도 필요하다(예: '하늘이 파랗다! 무척 좋은 날씨야!'라고 말했을 때 파랗다는 유쾌하고 맑은 느낌을 연상할 수 있다. / '손이 까맣다!'라고 말할 때의 손은 더럽다는 것을 연상하게 되는데 '하늘이 까맣게 되어 비가 올 것 같아.'라고 하면 흐린 날씨를 연상할 수 있다).

새로운 재료를 사용할 때에는 차례로 늘어놓게 하여 재료사용에 불편함이 없도록 하며, 작업시작 이전에 사용하는 재료를 촉각으로 다루고 미술활동에 대한 주제를 이해하도록 하기 위해서 완성된 작품을 견본으로 제시하기도 한다. 맹 아동 · 청소년의 경우 자료 상자를 만들어서 자기가 스스로 정리된 재료를 활용하여 작업할 수 있는 환경을 구비해 주는 것이 좋다.

Lowenfeld(1975)는 시각장애아동의 미술표현에 대해 '보지 못하는 사람의 마음속에서 태어나고 그 자신의 손으로 만들어진 가장 원시적인 창조적 작품이야말로 실물과 비슷하게 표현된 것보다 훨씬 더 많은 가치를 가지고 있다고 하였다. 시각장애아동·청소년들의 미술활동은 자기표현의 한 방법 혹은 학습으로서의 가치뿐만 아니라 비록 볼 수는 없지만 그들이 매일 접하는 사물에 대한 정확한 개념을 인식할 수 있도록 하여 사물을 조작하고 다루어 자신감 있게 일상 생활을 영위할 수 있도록 도와준다. 그리고 이를 통해 새로운 목표에 도전할 수 있는 용기를 갖게 해준다. 이렇듯 시각장애아동·청소년들의 미술치료는 그들의 상황을 이해하고 심리·사회적 적응을 도와 자기 자신에 대한 신뢰감과 자긍심을 높여주는 것이다.

(3) 시각장애아동·청소년의 미술치료 계획에 필요한 요인 및 주의점

① 다양한 재료와 기법 및 주제를 사용하여 사물에 대한 인식 능력과 공간경험, 운동 경험을 할 수 있도록 한다.
② 미술활동을 통한 창의적 사고를 발전시킨다.
③ 촉각, 미각, 후각, 청각적 자극을 함께 다루어 시각 장애아동·청소년의 표현력을 최대한 돕는다.
④ 입체 형상이나 촉각작업에 사용되는 미술매체를 많이 다룰 수 있도록 하여 자신이 표현하고자 하는 자유롭고 다양하게 표현할 수 있도록 한다.

⑤ 미술치료사는 작업과정에서 미술표현 및 색채 등과 관련된 언어를 사용함으로써 미술표현 뿐만 아니라 시각적 언어표현능력을 함께 기를 수 있도록 한다.

⑥ 미술활동을 통하여 자신의 환경과 기억을 시각적으로 연결시킬 수 있도록 한다.

⑦ 미술을 통한 감정의 표현 및 의사소통의 기회를 원활히 할 수 있도록 한다.

⑧ 미술치료실 안의 환경을 시각 장애 아동·청소년의 활동에 불편함이 없도록 조성한다. 특히 재료 및 가구의 위치를 바꾸는 것은 활동 동선에 혼선을 줄 수 있음에 주의하도록 한다.

⑨ 미술치료사는 시각장애아동·청소년의 집단 치료에서 타인의 작업을 감상 할 수 있는 다양한 감상법을 모색하도록 한다.

⑩ 미술치료를 통해 일상생활에서의 적응을 돕고 자율성과 자신감을 얻을 수 있도록 한다.

(4) 시각장애아동·청소년의 미술치료 프로그램

① 점토를 이용하여 자신의 얼굴을 만들거나, 사물을 똑같이 만들어 보는 작업을 통해 사물을 인지할 수 있으며, 눈으로 볼 수 없는 자신의 모습을 촉각을 이용해 만들어 봄으로써 자기인식의 증가를 가져올 수 있다.

② 즐거웠던 시간 표현하기: 자신의 즐거웠던 시간을 입체의 점토 작업이나 부조 작업(예: 점자로 찍어 표현하여 점자를 따라 색을 칠할 수 있다)을 통해 표현하여 눈으로는 볼 수 없었던 장면을 회상하고 그 장면을 다른 촉각으로 시각화할 수 있다.

◀ 그림 1 **과일바구니(남/10세)**
양철판을 이용한 입체 작업. 실물을 만져 보고, 느껴 보고, 똑같이 만들어 보는 과정을 통해 사물에 대한 느낌이나 크기 관계에 대한 비례를 알게 됨으로써 보이지 않아도 마치 보고 그린 것 같은 작업을 완성할 수 있게 된다. 이러한 경험은 개인적인 만족감과 자신감을 주며 새로운 도전의식을 기르게 한다.

◀ 그림 2 **포일을 이용한 그림 그리기**
포일로 모양을 만들어 바닷속 모습을 완성한 작품. 이러한 미술활동을 반복하는 것은 읽었거나 들었던 이야기, 실제 경험했던 일들을 조형적으로 표현할 수 있는 능력을 기르게 되며, 시각장애아동 · 청소년이 지각하기 힘든 동시적인 상황을 경험할 수 있도록 도와준다.

그 밖에 손가락에 물감을 직접 묻혀 그리거나 양철판, 점자 종이, 하드보드지, 플라스틱 종이에 꾹꾹 눌러 자국을 낼 수 있는 도구(볼펜, 이쑤시개, 성냥 등)를 이용하여 그리는 양각기법을 사용한 표현기법도 많은 도움이 된다.

2) 청각장애아동 · 청소년의 특성과 미술치료

(1) 청각장애의 정의

청각장애는 농과 난청으로 구분되며, 농은 90dB(데시벨)[1] 이상, 고도난청 90~70dB, 중도난청 70~50dB, 경도난청 50~30dB 이상으로 나눈

---

1) 청력의 정도는 소리의 강도를 나타내는 데시벨(DECIBEL: dB)로, 소리의 높낮이는 주파수(HERZ: HZ)로 나타낸다. 정상적인 청력을 가진 사람이 가장 미세한 소리를 듣는 정도를 0dB, 90dB 이상의 청력 손실을 농으로 정의한다.

다. 청각장애인은 언어를 통한 자기 의사표현에 어려움이 있으므로 대인관계가 힘들어 사회성에 결함을 가지고 올 수 있다.

청각장애인은 장애인 중 가장 정상인과 흡사한 생활을 할 수 있으므로 일반인과의 접촉 기회가 많은데, 이로 인해 오히려 대인관계 등과 같은 사회성 문제로 인한 감정 장애가 생길 수 있다. 따라서 미술치료에 있어서도 일반 아동 · 청소년과 함께할 수 있는 세팅도 도움이 될 수 있으며 이와 더불어 미술치료를 통한 심리, 정서적 안정이 요구된다.

특수교육진흥법 시행령 발표(2001)에서 분류하는 청각장애에 대한 판별기준은 다음과 같다.

① 두 귀의 청력손실이 각각 90dB 이상인 자
② 청력손실이 심하여 보청기를 사용하여도 음성언어에 의한 의사소통이 불가능하거나 곤란한 자
③ 일상적인 언어생활 과정에서 청각의 기능적 활용이 불가능하여 일반인과 함께 교육받기가 곤란한 자

(2) 청각장애아동 · 청소년의 미술치료

청각장애아동 · 청소년은 주로 시각을 통해서 학습한다. 이들은 의사소통의 문제로 인해서 개념발달이나 언어이해 등에서 흔히 어려움을 보인다. 그렇기 때문에 이들에게 미술활동은 특별히 의미가 있을 수 있다. 수화를 못 하는 일반인들과의 대화에서 그림은 대화의 수단이 되기 때문이다. 청각장애아동 · 청소년의 경우 듣지 못한다는 것은 사회 · 정서적 측면으로 볼 때 여러 가지 부가적 장애를 가져오게 된다. 청력손실로 듣지 못하고 말하지 못한다는 것을 제외하면 겉으로 보아선 보통의 아동 · 청소년과 다를 바가 없다. 따라서 주변 사람과 관계하려는 욕

구가 있지만 의사표현능력의 부족으로 어려움을 겪으며 이런 경험으로 인해 마음에 상처를 받고 사람을 피하게 된다(이형득, 1989). 미술활동에서도 일반아동·청소년과 비슷한 활동을 할 수 있지만 감정 조절적 측면에서 어려움을 보일 수 있고 그림의 표현에서도 고립감이 흔히 표현된다. 따라서 그들의 심리적 특성이 항시 고려되어야 한다(최화현, 2004).

일반사람들은 개별적인 일을 수행하다가도 하나의 청각적 자극이 주어지면 그것에 집중하여 여럿이 단결된 행동을 할 수 있지만 청각장애아동·청소년은 늘 고립되어 있으므로 자신만의 세계가 강해질 수밖에 없다. 따라서 청각장애아동·청소년이 가진 고립감을 해결하고 사회성을 기르기 위해서는 미술활동을 통해 자신의 감정을 맘껏 표현하고 서로 소통할 수 있는 기회를 마련해 주어야 한다.

Rubin(1999)은 미술치료는 이미 지각력과 창조력을 위해 개발되어 있으므로 난청어린이 학교에서 자기표현을 위한 하나의 수단으로 그들이 생각하고 있는 상상의 세계를 표현하고 혼돈과 충돌을 적절하게 대응해 주기 위해서 쓰였다고 한다. 따라서 청각장애아동·청소년들에게 미술치료는 비언어적 표현으로서 창조성과 에너지를 유발시켜 줌으로써, 언어뿐만 아니라 지적·정서적·신체적 측면의 발달을 도모할 수 있다(김동연, 1997). 또한 미술치료는 언어로 나타내지 못하는 것을 그림으로 나타냄으로써 그들의 불안감이나 긴장감을 발산시키도록 할 수 있다.

수화를 하지 못하는 미술치료사는 몸짓이나 표정, 시각적인 방법, 글 등을 통해 이야기할 수 있다. 청각장애아동·청소년은 듣지 못하기 때문에 주의집중이 잘 되지 않으며, 교사나 치료사가 지시할 때도 혼동하는 경우가 많다.

글을 써서 의사를 확인하는 필기법은 청각장애아동·청소년과의 가장 정확한 의사전달 수단이 된다. 가끔 이들에게는 특정한 몇 가지의 경험만을 일반화시켜서 같은 그림만 그리는 경우가 있는데 이러한 행동을 농아벽(deafism)이라고 한다. 이러한 행동을 줄이기 위해서는 다양한 경험을 할 수 있도록 하는 것이다. 즉, 청각장애아동·청소년의 미술치료는 개념형성을 도와줄 수 있도록 다양한 경험을 제공해야 하며 가능한 한 구체적인 보기가 제시되는 것이 좋다. 예를 들어, 자세히 관찰하거나 만지는 등의 다양한 경험은 청각장애아동·청소년의 의사소통 기능향상에 유효하며 언어학습에도 도움이 된다.

적절한 환경만 제공된다면 청각장애아동·청소년의 미술적 발달은 일반아동과 크게 다를 바 없으며, 어떤 의미에서 미술은 청각장애아동·청소년의 잠재적 소질이라 볼 수도 있다. 김윤근(2002)의 연구에 의하면 불안과 학습의욕의 저하를 미술교육으로 해소할 수 있다고 한다. 주변 환경과의 고립에서 겪는 불안과 좌절감 등을 말로 표현하기 힘든 청각장애아동·청소년에게 미술치료는 가장 적합한 치료방법이라 할 수 있다.

(3) 청각장애아동·청소년의 미술치료 계획에 필요한 요인 및 주의점

① 미술치료사는 미술치료과정 중 눈 마주침을 자주하고 자연스럽게 이야기 할 수 있게 진행하도록 한다(수화 혹은 글을 써서 의사를 전달하더라도 말하는 동안 입 모양을 크게, 발음을 정확히 하여 치료사가 진심으로 의사소통을 원하고 있다는 것을 전달하도록 한다).

② 시각적 미술활동과 함께 운동감각, 촉각 및 진동을 느낄 수 있는 시간을 갖는다.

③ 일반아동·청소년과 함께할 수 있는 시간을 자주 갖는다.

④ 자신의 감정 및 그와 관련된 경험을 조형적으로 표현하여 자신과 타인과의 의사소통을 원활히 할 수 있도록 한다.

⑤ 다양한 미술매체와 기법을 사용하여 자유스럽게 감정을 표출 할 수 있도록 돕는다.

⑥ 상상력과 창의력을 기를 수 있도록 한다.

⑦ 집단 미술치료를 통하여 사회적 적응 능력 및 의사소통의 기회를 넓히도록 한다.

(4) 청각장애아동 · 청소년을 위한 미술치료 프로그램

① 감정 그리기

일반사람이라면 자신에 대한 감정을 적절한 정서적 단어를 사용하여 타인에게 표현할 수 있지만 청각장애아동 · 청소년에게 이러한 표현은 무척 어려운 일이다. 또한 언어를 통한 감정표현은 얼굴이나 몸짓 등과 같은 행동과도 자연스럽게 연결되는데 청각장애아동 · 청소년들은 이런 행동적인 감정표현에서도 일반인과는 많은 차이를 보인다. 따

◀ 그림 3 감정 그리기-슬플 때(여/12)

감정에 대한 표현은 사람들로 하여금 공감과 이해를 불러일으킨다. 또한 동일한 경험으로 인해 위로도 뒤따른다. 이로써 집단은 서로에 대해 관심을 갖고 소통하게 된다. 이처럼 그림은 의사 전달의 강력한 수단이 될 수 있다. 특히 감정과 직접적으로 관련된 그림들은 언어나 글 이상의 호소력을 지니므로 사람들 간의 관계를 잇는 중요한 도구가 된다. 이런 작업은 감정표현 및 대인관계에 어려움이 있는 청각장애아동 · 청소년에게 많은 도움을 줄 수 있다.

라서 이들에게 자신에 대한 감정을 그림으로 표현하는 것은 그들이 가진 내면을 타인에게 표현할 수 있는 중요한 매개체가 되어 타인과 자연스레 소통할 수 있는 시간을 만들어 준다.

② 감정 단어 연상 그림

이미 교육과정에서 배운 어휘(정서와 관련된)를 개념화할 수 있도록 어휘와 관련된 그림이나 이미지 작업도 많은 도움이 된다. 감정 단어에 대한 연상은 개인마다 다르며 그 안에는 삶의 경험이나 그에 대한 느낌이 존재하게 된다. 따라서 같은 단어에 반응하는 개개인의 작업은 타인에 대한 관심을 갖게 하며 또한 그 사람의 내면을 이해할 수 있는 중요한 틀이 된다.

아래의 두 그림은 각각 분노에 대한 감정을 다루고 있지만 상반된 내용을 담고 있다. 이렇게 같은 감정 단어에 대해 표현하고 이야기 나누는 것은 다양한 감정을 경험할 수 있도록 하며 이는 사람이 한 가지 사고에 집착하지 않고 사회 안에서 타인과 융통성 있게 교류하도록 하는 데 보탬이 된다.

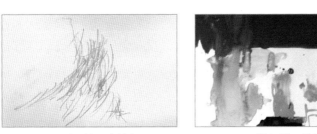

▲ 그림 4 분노-1(남/14)

▲ 그림 5 분노-2(남/8)

14세의 청각장애 청소년의 분노에 대한 표현. 자신의 마음을 알아주는 이가 없을 때 가장 화가 난다고 말한다. "부모나 형제와 대화가 잘 되지 않을 때, 같은 청각장애 친구보다 가족들이 멀다고 느껴질 때 분노가 일어나요……혼자 있는 것이 싫어요."

"기분이 좋아 혼자 놀고 있는데 누군가 그 시간을 방해하면 너무 화가 나요. 그러면 좋아졌던 기분이 새까맣게 없어져요. 나는 혼자 있는 시간이 좋아요."

그 밖에 난화 그리기나 데칼코마니, 물감 뿌리기나 흘리기와 같은 자유스러운 작업결과에서 연상되는 형상 등을 통해 상상력과 판타지를 자극하는 방법도 다양한 사고를 갖도록 하는 데 도움을 줄 수 있다.

3) 정신지체아동 · 청소년의 특성과 미술치료

(1) 정신지체의 정의

정신지체는 18세 이전에 시작되고 평균 이하의 지적 기능 상태를 나타내며 적응능력에 있어서의 장애도 동반된다. 일반적으로 중추신경계의 기능에 장애가 초래되며 다양한 원인을 가지고 있다(조수철, 1999).

우리나라 특수교육법 진흥법상에는 지능지수가 75 이하이며 적응행동에 결함이 있는 자로 규명하고 있으며, ICO－10진단지침에 따라 다음과 같이 분류될 수 있다.

① 경도 정신지체

지능지수 50~69로 언어의 이해와 사용이 지체되며 정도는 경미하다. 전체 정신지체의 약 85%를 차지하며 교육적 관점에서 '교육 가능한 군'으로 분류된다. 자폐증, 기타 발달장애, 간질, 품행장애 또는 신체적인 불구들과 같은 연관된 상태가 다양한 비율로 발견되기도 한다. 대인관계능력이나 언어발달상태가 학령전기에는 크게 문제가 되지 않으나, 점차 나이가 들어감에 따라 추상적 사고나 인지적 기능저하로 인해 또래와 구분된다. 성장하여 획득한 기술로 혼자 살아가는 데는 어렵지 않지만 스트레스하에서는 도움이 필요하다.

② 중등도 정신지체

지능지수 35~49로 전체 정신지체의 약 10%를 차지한다. 직업훈련에 의한 도움을 받을 수 있으며 적절한 감독을 받으면 스스로 돌볼 수 있는 능력을 갖출 수 있지만 학습능력은 초등학교 2학년 수준을 넘지 못한다. 소아자폐증, 기타 전반적인 발달장애가 실제 소수에서 나타난다.

③ 중증 정신지체

지능지수 20~34로 전체 정신지체의 약 3~4%를 차지한다. 이 범주에 속하는 대부분의 사람은 상당한 정도의 운동장애나 기타 관련된 결손을 가지고 있으며 학령전기에 언어발달이나 운동발달의 지연이 있기 때문에 진단이 가능하다. 스스로 돌볼 수 있는 기본적인 능력은 어느 정도 갖출 수 있으며, 학습능력은 가, 나, 다 정도나 간단한 셈 정도는 가능하다. 성인이 되면 철저한 감독하에 간단한 일은 할 수 있다.

④ 최중증 정신지체

지능지수 20 미만으로 전체 정신지체의 약 1~2%를 차지한다. 간질이나 시각 및 청각장애와 같이 운동성에 영향을 미치는 심한 신경학적 또는 다른 신체적 불구들이 빈번하다. 성인이 되면 약간의 언어발달과 간단한 자조능력은 갖추게 되나 독립적인 생활은 어려우며 타인의 도움이 필요하다.

⑤ 기타 정신지체

이 진단범주는 맹인, 농아자 및 심한 형태적 장애가 있거나 신체불구들과 같이 이 장애에 동반한 감각 및 신체장애 때문에 보통의 검사방법으로는 지능지체 수준의 평가가 특히 어렵거나 불가능한 경우에만 사용되어야 한다.

⑥ 특정불능의 정신지체

정신지체의 증거는 있으나 위의 진단범위 중 어느 하나를 붙이기에는 정보가 불충분한 경우이다.

(2) 정신지체아동·청소년의 미술치료

정신지체아동·청소년은 지적 지체와 적응 행동에 결함을 지니고 있으므로 미술치료의 목적에 있어서도 치료적 목적보다는 교육적 목적이 강하게 나타나며, 미술치료에 있어서는 인지적·발달적·행동적 접근을 적용하는 것이 바람직하다.

일반아동은 긴 시간 동안 미술활동에 참여할 수 있지만, 대부분의 정신지체아동·청소년은 집중하는 데 어려움을 보이므로 짧은 시간에 중요한 기능과 개념에 초점을 맞추어 활동을 진행하도록 한다. 또한 실패감을 맛보지 않고 결과에 대한 만족감을 주어 자신감을 가질 수 있도록 한다.

미술치료 프로그램은 미술매체, 도구, 재료 등의 적절한 사용방법과 같은 기본적인 기능을 수행하는 데 초점을 둔다. 정신지체아동·청소년은 짧은 집중력과 제한된 기억력을 갖고 있으므로 미술치료사는 이들에게 능력 이상의 것을 요구하지 않고 짧은 활동을 반복함으로써 미술활동의 주제나 활동과정의 기본적인 개념을 형성할 수 있도록 도와준다.

미술치료의 진행은 개인 및 집단 혹은 가족치료 형태 등 여러 가지 방법으로 이루어질 수 있다. 기능향상이 목적이라면 개인 치료가 적합하며, 사회성이나 대인관계 향상이 목적이 된다면 집단치료로 진행하는 것이 효과적이다. 집단미술치료는 사회성 증진, 대인관계, 자기표현력, 자주성 증진 등에 효과가 있으므로 학교 안에서 집단생활을 하는 아동·청소년의 치료에 주로 사용되고 있다.

사물을 보고 그리게 하거나 점토를 이용한 본뜨기 등의 표현 활동은 대상에 대한 지각능력을 키울 수 있고, 오리기, 찢기, 붙이기, 기본도형 익히기 등 기초를 쌓는 표현 활동은 손과 눈의 협응과 소근육 운동을 증가시켜 다른 학습능력에 많은 도움을 줄 수 있다. 또한 놀이와 게임을 활용한 미술치료 활동은 정신지체아동·청소년에게 기본적인 규칙을 배울 수 있도록 하는 데 좋은 방법이 될 수 있다.

이러한 정신지체아동·청소년의 미술치료는 그 목적을 어디에 두느냐에 따라 치료 형태도 다양하게 변화된다.

(3) 정신지체아동·청소년의 미술치료 계획에 필요한 요인 및 주의점

① 색, 선, 형태, 크기, 공간, 방향, 비례 등에 대한 인식을 기를 수 있는 미술활동을 계획하도록 한다.

② 촉각, 미각, 후각, 청각, 시각 등 다양한 감각을 사용할 수 있는 매체와 기법을 사용한다.

③ 조형활동은 가능한 단순하고 구체적이어야 하며 단계적인 기법을 적용한다(예: 간단한 작업에서 어려운 작업/시간상 짧은 작업에서 긴 시간을 요하는 작업 등).

④ 미술치료사는 기법과 재료들을 반복적으로 사용하여 도구에 대한 조작 능력 및 적응 능력을 기르도록 한다.

◀ 그림 6 여러 가지 과일 그리기

이 작업은 크기의 비례, 적절한 색상의 선택, 형태를 표현하기 위한 관찰 등 많은 주의가 필요하다. 이처럼 각기 다른 모양, 색상, 크기, 질감의 과일을 보고 그리는 것은 관찰력과 표현력을 길러 줄 뿐 아니라 정신지체아동·청소년의 인지기능 향상에 많은 도움을 줄 수 있다. 조현병 환자의 현실검증력 향상에도 도움이 되는 프로그램이다.

⑤ 눈과 손의 협응, 착석, 집중력을 통해 학습 능력을 기를 수 있도록 한다.

⑥ 다양한 재료와 도구를 사용하여 사물에 대한 인식능력을 개발하여 표현력을 높이도록 한다.

⑦ 미술치료에 놀이적 요소를 가미하여 미술활동에 대한 흥미를 느끼고 치료에 집중할 수 있도록 한다.

⑧ 창의적 표현능력을 기르도록 한다.

⑨ 집단미술치료를 통해 타인과의 관계형성 및 사회적 적응 능력을 기르도록 한다.

(4) 정신지체아동·청소년의 미술치료 프로그램

① 오감을 이용한 표현 활동: 감각적인 재료(점토, 모래, 물, 설탕, 밀가루, 부드러운 종이 등)를 시각, 청각, 촉각, 후각, 미각 등 감각을 골고루 이용할 수 있도록 해 준다. 자신의 느낌을 다양한 언어로 표현할 수 있도록 지도한다.

② 오리기, 찢기, 붙이기, 칠하기 등의 미술 기초훈련 쌓기: 미술활동이 가능할 수 있도록 기초훈련을 쌓도록 해 주고 작업을 세분화

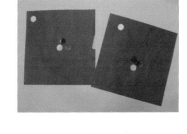

◀ 그림 7 스티커 활동
치료사의 이야기를 듣고 내용에 적합한 위치에 스티커
를 붙이는 작업(예: 왼쪽 맨 위에 흰색 스티커를 붙여 주
세요.). 언어에 대한 이해, 집중력, 대인과의 상호작용에
도움을 줄 수 있다. 쉬운 작업에서 어려운 작업으로 단
계별로 시행될 수 있어 정신지체아동·청소년의 수준
에 맞춰 진행할 수 있다.

하여 단계적으로 반복 실시하여 학습하도록 한다.

③ 점선을 따라 그림을 그리는 작업도 도움이 된다. 이를 응용한 숫
자에 따라 순차적으로 선을 그어 사물을 인지할 수 있도록 하는
작업도 좋다.

④ 우드락을 이용한 판화: 우드락에 그리고 싶은 형상을 스케치한
뒤(불가능하다면 치료사가 밑그림을 그려 주어도 좋다) 나무젓가락으로 꼭
꼭 눌러 들어가게 한 뒤 아크릴물감을 칠해 종이에 찍어 낸다. 선
을 따라 누르는 과정에서 눈과 손에 협응을 키울 수 있고, 칠하는

227

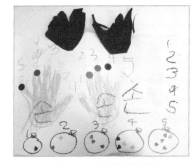

▲ 그림 8 숫자에 대한 개념 익히기
자신의 손을 그리고 1부터 5까지의 수 개념을 이해
하도록 하는 작업. 점선에 맞춰 숫자를 써 보기도
하고, 주머니에 1부터 5까지의 수에 맞는 스티커를
붙여 보기도 한다. 이러한 작업은 다른 이미지들을
통해 반복되고 정확히 학습된 이후에는 이후의 숫
자에 대한 활동에 들어가게 된다.

▲ 그림 9 도형 오리고 사람 꾸미기
신체 부위에 맞는 도형을 찾아 오리고 다시 재구성
하여 사람을 꾸미는 작업. 형태를 오리는 작업은
손과 눈의 협응력을 키우는 데 도움을 주며 재구성
하는 작업은 인지기능 향상에 많은 도움을 줄 수 있
다. 이런 과정에는 정서적 안정 및 창의력 향상 등
이 포함되어 있다.

과정에서 색을 명명하며 색상감각을 익힌다. 또한 누르는 힘으로 소근육을 강화시켜 줄 수 있다. 이러한 모든 작업에는 일정한 계열성이 있으며, 이러한 계열성을 반복해서 익히는 과정은 다른 학습에도 많은 도움이 된다.

4) 신체장애아동 · 청소년의 특성과 미술치료

(1) 신체장애의 정의

신체장애는 정형외과적 장애와 선천적인 장애, 건강장애로 구분된다.

① 정형외과적 장애

정형외과적 장애란 사고, 질병 또는 출산과정상의 문제로 장애가 발생되어 정상적인 생활이 불편한 자라 정의한다. 미국은 공법 94-142에 정형외과적 장애라고 쓰고 있지만 우리나라에서는 신체장애라기보다는 지체장애라는 용어를 쓰는데 이는 우리나라 장애인복지법에서 선택한 것이며, 특수교육진흥법에서는 지체부자유자라는 명칭으로 쓰이고 있다.

② 건강장애

기본적인 생활을 할 수 없는 것은 아니지만 지속적인 관심이 필요한 장애로 특별한 외과적 장애는 없지만 몸이 허약하여 오랜 기간 동안 장애를 가지고 살아감으로써 정상적인 사회생활에 어려움을 가진 자를 말한다. 장애아동교육법에서는 결핵, 천식, 류머티즘, 간질, 혈우병 또는 당뇨 등으로 학업에 불리한 영향을 미치는 만성이나 급성 건강문제로 근력과 민첩성에 제한이 되는 것을 의미한다.

③ 중복장애

한 가지 이상의 장애를 복합적으로 가진 자를 말한다(예: 뇌성마비와 정신지체, 행동장애와 청각장애). 사실상 선천적으로 중증의 지체부자유 장애를 가지고 있는 환자들의 대부분은 정신장애를 가지고 있는 경우가 많다.

④ 외상성 뇌손상

뇌손상의 주요 요인으로는 교통사고, 폭행, 아동학대 등이 있지만 최근에는 교통사고가 가장 큰 원인으로 지목되고 있다.

(2) 신체장애아동 · 청소년의 미술치료

신체장애아동 · 청소년은 그들이 가진 운동기능의 장애 때문에 다른 장애아동과는 다른 작업환경이 필요하며, 교사나 치료사는 아동 · 청소년과 밀접한 관계를 유지하고 개별적인 지도가 이루어져야 한다. 특히 이들은 신체장애를 지니고 있으므로 미술도구에도 세심한 배려가 필요하다. 예를 들어 미술도구의 손잡이가 얇아야 할 수도 있고 짧아야 할 수도 있다. 손이 불편하다면 입을 사용하거나 발을 사용할 수도 있다. 필요하다면 다른 특수한 도구를 사용할 수도 있다. 따라서 이에 맞는 특수한 환경이 구비되어야 한다. 어떤 아동 · 청소년은 작업대에서의 활동이 불편할 수 있어 바닥을 사용하게 되기도 하고 어떤 아동 · 청소년은 특수하게 제작된 장비가 필요할 수도 있다.

뇌성마비 아동 · 청소년의 경우는 다른 아동 · 청소년에 비해 넓은 작업환경이 필요하기도 하다. 이들의 미술치료는 재활적인 측면을 고려하여 자유롭게 근육을 사용할 수 있도록 하여 시운동 조절능력을 발달시키고, 신체기능을 원활하게 할 수 있도록 도와주어야 한다.

인지능력이 정상인 신체장애아동·청소년의 경우 출생부터 성장하는 동안 자신이 가진 호기심을 맘껏 발휘하지 못한 것에 대한 많은 욕구 불만이 있을 수 있으며, 이런 스트레스로 열등감이나 자신감 부족, 고집 등 정서적으로 다양한 부적응 행동이 나타날 수도 있다. 따라서 미술치료는 정서적인 안정과 더불어 불만이나 스트레스를 해소할 수 있는 작업이 필요하다. 신체장애아동·청소년의 미술치료는 신체적 결함을 염두에 두고, 세밀한 작품 표현보다는 의욕과 성취 욕구를 불러일으키는 데 중점을 두어야 한다.

사고로 인한 중도신체장애인의 경우, 과거 사건에 대한 기억과 현재 자신의 신체에 대한 부적응으로 인해 매우 힘들어하는데, 이런 경우 미술치료사는 부정적인 신체 이미지와 자신의 상태에 대한 좌절을 극복할 수 있도록 도와야 할 뿐 아니라, 장애로 인한 자신의 역할 변화를 인정하고 새로운 자신의 역할을 찾을 수 있도록 해 주어야 하며 가족들도 이에 대해서 적응할 수 있도록 도와주어야 한다.

(3) 신체장애아동·청소년의 미술치료 계획에 필요한 요인 및 주의점

① 미술활동을 통해 손의 숙련 및 시각적·촉각적, 운동감각의 경험을 활성화한다.
② 자신의 감정을 자유롭게 표현할 수 있는 기법 및 재료를 사용하도록 한다.
③ 미술활동에 놀이적 요소와 동작과 율동적 요소를 가미하여 운동능력을 발달시킨다.
④ 자유롭고 다양한 미술표현을 할 수 있는 환경을 조성하도록 한다.

⑤ 미술활동을 통해 자율성과 신체적 독립성을 키우게 하여 긍정적인 자아상을 갖도록 한다.

⑥ 모든 활동은 신체장애아동·청소년의 장애 정도를 고려하여 계획하고 진행한다.

⑦ 미술치료사는 신체장애에 대한 긍정적인 사례담(특히 중도 장애)을 접할 수 있는 기회를 자주 갖도록 한다.

(4) 신체장애아동·청소년 미술치료 프로그램

① 사건에 대한 기억과 감정 그리기(중도장애아동·청소년의 경우)는 과거의 충격을 극복하고 현재의 자신을 수용할 수 있도록 한다. 지시적이기보다는 신체장애아동·청소년의 자유로운 표현을 유도하도록 한다. 비슷한 환경에서 장애를 극복한 사람들의 사례담 등은 이들에게 많은 용기를 줄 수 있다.

② 신체의 결함으로 인해 정상적인 소근육 운동이 되지 않는 경우, 다른 기관을 대체하여 미술활동을 시도해 보는 것도 바람직하다. 예를 들어 손이나 발을 사용하는 동작이 어려운 경우, 입을 사용하게 될 수도 있는데, 처음부터 그리기를 시도하는 것보다 물감

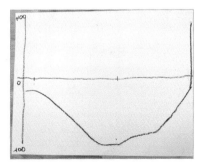

◀ 그림 10 인생의 그래프
중도 장애 청소년의 인생의 그래프. 현재를 매우 행복하게 표현하고 있다. 이 작업은 자신의 삶을 돌아보도록 하는 과정 속에서 현재 자신의 모습을 인식하고, 현재의 자신으로부터 미래에 대한 꿈을 키워 나갈 수 있도록 한다.

을 묻혀 찍는 단순한 동작부터 시작하여 점차 구체화할 수 있도록 단계별로 학습할 수 있도록 한다.

5) 학습장애아동 · 청소년의 미술치료

(1) 학습장애의 정의

학습장애는 정상적인 지능과 신체를 가지고 있으면서도 공부, 언어, 운동에 장애가 있을 때 진단된다. DSM-Ⅳ-TR에서는 DSM-Ⅲ의 특수발달장애라는 대신 학습장애라 하였고, 이를 다시 읽기장애, 산술장애 및 표현성 쓰기장애로 분류하였다(민성길 외, 1999).

① 읽기장애

읽기장애는 지능이 정상이면서도 지각장애가 없고 정상적 수업을 받는데도 글자를 인지하지 못하거나, 느리게 또는 부정확하게 글을 읽거나 글을 제대로 이해하지 못하는 경우를 말한다. 일반적으로 남아가 여아에 비해 3~4배 정도 많은데 이는 남아가 행동장애를 많이 보이므로 눈에 더 잘 띄기 때문이다. 흔히 철자를 빼먹거나 더하거나 왜곡해서 읽는 등의 오류를 많이 범하고 글을 읽는 속도도 느리며 이해력도 떨어진다. 가장 좋은 치료방법은 정확한 평가와 그에 맞는 특수교육으로 대개 소규모의 구조화된 읽기 교육과 집단치료가 적절하다.

② 산술장애

학력이나 지능지수를 고려할 때 예상외로 산술능력에 장애가 있는 것을 말한다. 소아의 약 1%에서 발생하며 다른 학습장애나 언어장애가 같이 올 수도 있다. 여아에 많은 것으로 추측된다. 더하기, 빼기 등의 기본개념이 나이에 비해 현저히 떨어지지만 다른 분야에선 정상적인 지적 기능을 나타낸다. 읽기장애, 표현성 쓰기장애, 조정장애, 표현성 및 표현성 언어장애가 같이 오는 경우가 흔하며, 철자법이나 기억력, 주의력 등에도 문제가 많다. 가장 효과적인 치료는 특수교육이며, 집중적인 치료를 받았는데도 개선되지 않으면 학업장애, 빈약한 자아개념, 우울증 등의 후유증이 오게 된다. 이런 문제는 이후에 무단결석이나 행동장애를 유발할 수 있다.

③ 표현성 쓰기장애

나이, 지능지수, 학력을 고려하여도 예상외로 쓰기능력에 장애가 있는 것을 말한다. 학령기 소아의 약 6% 정도에서 나타나는 것으로 추정되며 남녀의 비율은 아직 알려져 있지 않다. 초등학교 초기부터 생각한 것을 단어나 문장으로 쓰는 데 문제를 보인다. 문법이 틀리거나 단어의 선택이 부족하거나 철자법도 정확하지 않다. 대부분 수학 외의 다른 과목의 성적에도 문제가 생기므로 절망감이 생겨 만성우울증에 빠지기도 한다. 학교거절증, 무단결석, 주의력장애, 행동장애가 함께 오기도 한다.

(2) 학습장애아동 · 청소년의 미술치료

학습장애아동 · 청소년들은 정보처리 과정이나 의사전달 또는 표현 등에 문제를 지니고 있다. 이러한 특성에 맞추어 미술치료를 진행하는 것은 그들의 문제를 해결하는 데 기본적인 치료방법이 될 수 있다.

예를 들어, 어떤 아동은 전체적인 배경은 잘 보지만 부분을 잘 놓치곤 한다. 이와는 반대로 전체를 잘 보지 못하는 아동들도 있다. 이런 아동들의 경우 채색을 할 때 물체의 특정 부분을 강조하여 채색하는 경우가 많다(예: 셔츠의 한쪽 소매는 녹색, 다른 한쪽은 파란색). 이처럼 지각 방식에 문제가 있어 장애가 오는 경우 미술활동은 아주 중요한 치료수단이 될 수 있다.

기초적인 그림 그리기와 색칠하기 등은 아동들의 시각화에 중요한 활동이다. 시각화란 복잡한 지각적 능력으로서 본 것과 만진 것을 기억하는 능력과 그것을 머릿속에 담아 두는 능력이다.

그러므로 여러 가지 주제나 미술매체를 통해 표현하게 미술활동은 학습장애아동 · 청소년들 시각화에 큰 도움이 되며 이는 학습수행에 있어 기초를 다질 수 있는 역할을 한다.

(3) 학습장애아동 • 청소년의 미술치료 계획에 필요한 요인 및 주의점

① 구체적인 단기 및 장기 목표를 세운다.
② 미술치료는 구조화되고 구체적이며 반복적으로 제시되어야 한다.
③ 미술치료는 인지능력, 운동능력, 정서 상태, 사회적 적응능력을 고려하여 계획하도록 한다.
④ 집단활동에서도 개별성(개인적 능력)을 고려한다.
⑤ 색, 선, 형태, 크기, 공간, 방향, 비례 등에 대한 인식을 기를 수 있는 미술활동을 계획하도록 한다.
⑥ 미술치료 프로그램은 다양한 미술재료, 도구, 기법을 사용할 수 있도록 계획하며 자신의 작품을 내용에 맞게 언어적으로도 잘 표현할 수 있도록 돕는다.
⑦ 소근육 운동 및 손과 눈의 협응에 주의하도록 한다.
⑧ 미술을 통해 자신의 감정을 자유롭게 표현할 수 있도록 한다.

⑨ 미술치료과정의 모든 활동들이 일상생활에 적용될 수 있도록 돕
   는다.

⑩ 자신감과 긍정적인 자아상을 가질 수 있도록 프로그램을 고려하
   여 진행하도록 한다.

⑪ 부족한 학습 능력을 보충하거나 보완할 수 있는 미술치료 프로그
   램을 계획한다.

(4) 학습장애아동·청소년의 미술치료 프로그램

많은 학습장애학생들은 부정적인 신체상과 자아개념을 가지고 있
다. 따라서 정서적인 입장에서의 미술치료는 자아개념을 발달시키는
프로그램(예: 손 본뜨기, 신체상 그리기, 자기 나무 만들기 등)의 활용이 도움이 된
다. 명화를 활용한 미술치료도 효과적이다.

235

▲ 그림 11 *Arearea* 기쁨
Paul Gauguin(1848~1903)/1892作
캔버스에 유채 73×94cm
파리, 오르세 미술관

▶ 그림 12 *Le Cheval blanc* 하얀말
Paul Gauguin(1848~1903)/1898作
캔버스에 유채 140×91.5cm
파리, 오르세 미술관

◀ 그림 13 두 개의 명화를 이용하여 이야기 만들기(남/13)

고갱의 작품 <그림 11>, <그림 12>를 이용하여 새로운 이야기를 만드는 활동. 유명한 화가의 그림을 이용하는 것은 호기심을 자극하고 자신감을 길러 줄 수 있다. 또한 새로운 이야기를 만드는 과정은 응용력과 학습에 대한 이해를 도울 수 있다. 좌측의 그림은 남자가 떠나 슬퍼하는 여자를 표현한 것으로 노을이 지는 저녁과 빈의자를 통해 슬프고 허전한 마음을 상징적으로 표현하고 있다. 명화를 활용한 프로그램은 적당한 자극이 주어지므로 작업의 시작과 과정이 다른 활동에 비해 용이하다.

또한 학습활동을 미술에 접목시킨 활동들을 사용함으로써 학습증진을 가져올 수 있다. 예를 들어 수 개념을 익히기 위한 스티커 붙이기(혹은 그리기), 여러 장의 그림을 보고 이야기 만들기 혹은 그림을 보고 다음 그림 연상하여 그리기나 내용 만들기, 동화 읽고 감상화 그리기 등 많은 응용을 통해 학습능력을 키울 수 있다.

6) 자폐장애아동 · 청소년의 특성과 미술치료

(1) 자폐장애의 정의

자폐증의 주된 증상은 사회적 상호교류의 질적인 장애, 의사소통 및 언어발달장애, 행동장애와 현저하게 제한된 활동 및 관심 등이다. 원인으로는 초기에는 정신 사회적 또는 정신 역동적 요인으로 보았으나, 최근에는 중추신경계장애 등 생물학적 요인으로 보는 견해가 지배적이다. 자폐장애는 10세 이하 소아 1만 명당 4.5~9.5명에서 발생하며, 대부분 36개월 이전에 나타난다. 여아보다는 남아가 많으며, 비율은 3~5:1 정도이나, 여아가 남아보다 증상이 심하며 인지장애의 가족력이 더 많은 듯하다. 자폐장애는 만성질환이며 예후는 대체로 나쁜 편으로, 성인이 된 후 약 15%만이 자립된 생활이 가능하며 약 3분의 2는 평생 가족에 의존하거나 장기간의 입원생활을 요한다. 자폐장애를 완치할 수 있는 약물이나 특수치료는 아직까지 없다. 치료 목표는 행동장애를 감소시키고, 언어습득, 의사소통, 자립기술습득 등을 개선하는 것이다. 따라서 다양한 프로그램이 포함된 포괄적 특수교육을 실시하고 이와 함께 행동치료, 정신치료를 통하여 체계적으로 행동교정을 시행한다(민성길 외, 1999).

(2) 유사 자폐적 장애

자폐장애를 일종의 전반적 발달장애(pervasive developmental disorder: PDD)라고 하는데 자폐증 이외에도 이 발달장애에 속하는 것으로 아스퍼거장애, 레트장애, 소아기붕괴성장애가 있다. 이들 장애는 자폐장애와 유사하여 유사자폐증이라고도 불리나, 자폐증과는 다른 점이 있어 비자폐증으로 분리하여 각각 분리된 명칭으로 구분하고 있다.

① 아스퍼거장애(Asperger Disorder)

아스퍼거장애는 자폐장애와 마찬가지로 사회적 상호교류의 장애, 제한된 관심, 행동장애를 보이지만 인지발달이 정상이고 언어장애는 없다. 1만 명당 1~2명으로 추정된다. 질적인 사회성 장애, 즉 비언어성 의사소통 제스처장애가 현저하고, 친구관계를 유지하지 못하고, 타인과의 사회적 및 정서적 상호교환이 결여되어 있고, 관심과 행동이 한정적이며, 타인의 행동을 기뻐해 주는 표현능력이 없다(민성길 외, 1999). 자폐장애에 준하여 치료를 한다.

② 레트장애(Rett Disorder)

생후 6~12개월까지는 정상적으로 발달하다가, 이후 심각한 퇴행현상을 보이는 질환으로 1만 5,000명~2만 2,000명의 여아 중 1명이 이 장애에 발생되는 것으로 추정된다. 정확한 원인이 밝혀지진 않았지만 쌍둥이에서의 일치율이 100%인 것으로 보고되고 있어 유전적인 원인이 강하게 시사된다. 생후 6~24개월 사이에 점진적으로 뇌장애가 발생하면서 손을 비틀거나 핥거나 물어뜯는 등의 상동성 손 운동을 보이는 특징을 보이고, 이미 배운 말을 하지 못하게 되어, 수용성 및 표현성 의사소통장애가 온다. 또한 두뇌성장이 멈춰 뇌가 작으며, 레트장애 여아의 60~70%가 간질로 고생한다. 불규칙한 호흡, 과호흡 등 호흡기 질환과 척추측만증이 동반되기도 한다. 질병이 경과되면 근육강직이 일어나 10년이 지나면 대부분 휠체어를 사용하게 되며, 말도 할 수 없게 된다. 특수교육, 행동교정, 물리치료, 호흡계 증상치료 등을 병행한다.

③ 소아기붕괴성장애(childhood disintegrative disorder)

드문 질환으로 수년간 정상적 발달을 하다가 다양한 분야의 기능이 현저하게 퇴행하는 질환이다. 증상이 발현된 후에는 자폐장애와 유사하다. 유병률은 10만 명당 1명으로 추정되며 발병 시기는 대부분 3~4세 사이에 발생하지만 1.9세로 보고된 바도 있다. 주 증상은 의사소통기술의 소실, 상동성 행동과 강박행동, 정서장애 및 불안증이 자주 생긴다. 또한 경련질환도 발생하며 대부분의 환자는 최소한 중등도 정도의 정신지체가 있다. 특수교육, 행동치료를 통해 자립기술능력을 습득시켜 준다.

(3) 자폐아동·청소년의 미술치료

자폐아들 중 일부는 그림에 매우 세부적인 묘사를 보이는데, 이들은 사인펜이나 볼펜 등과 같은 재료를 사용하여 선적인 표현을 한다. 또한 특정한 미술재료나 도구에 집착을 보이는 경우가 많다. 예를 들어 어떤 아동은 물감이 손에 묻을 때의 촉감을 느끼기 위해 튜브를 짜는 동작만을 반복하기도 하며, 작업대의 모서리만을 만지며 돌아다니기도 한다. 한 가지 물체를 여러 가지 색을 섞어 표현하기도 하고 한 가지 재료만을 고집하여 사용하기도 한다.

소재의 선택에 있어서도 문자, 숫자 등 기계적이고 반복적인 표현이 많이 들어간다. 그림을 그릴 때 창작보다는 모방을 많이 하여 잡지나 TV에서 관심을 가졌던 장면이나 사진을 외워서 그리는 경우가 많다. 그래서 자폐아동들의 그림은 대부분 비슷한 패턴이 많아 마치 도장을 찍은 것 같은 느낌을 준다.

그림의 주제 또한 비슷한 경향을 보인다. 도심이나 번화가를 그리기는 하지만, 사람은 잘 그리지 않으며 빽빽하게 그리는 경우가 많다.

자폐아동·청소년의 미술치료는 이들의 특성을 고려하여 다양한 재료를 제공해 줌으로써 변화에 대처하고 적응할 수 있도록 도와주며, 찰흙 등을 이용해 상동적인 표현을 지양하고 대인관계능력을 향상시킬 수 있도록 진행하여야 한다.

(4) 자폐장애아동·청소년의 미술치료 계획에 필요한 요인 및 주의점

① 미술활동을 통해 자신을 표현하고, 지각하며 집단 안에서 상호작용을 할 수 있도록 돕는다.

② 자폐아동 · 청소년의 기능 정도와, 관심사, 생활 연령에 맞는 프로그램을 계획하고 진행한다.

③ 미술활동을 통해 외부 세계에 대한 관심을 가질 수 있도록 한다.

④ 반복학습, 연속적 접근을 일관성 있게 한다.

⑤ 능력 이상의 것을 요구하지 않는다.

⑥ 미술활동 외에 음악, 무용 등 다른 감각을 함께 적용하는 통합적 접근을 시도한다.

⑦ 정상적 발달(언어, 인지, 사회성 발달)을 위한 다양하고 적극적인 교육과 치료 목표를 둔다.

⑧ 치료 과정 안에서 감정 및 정서적 상태를 미술활동을 통해 자유롭게 표현할 수 있도록 돕는다.

⑨ 치료사는 회기 주제 및 진행상에 적합한 감정을 살려 생동감 있게 진행하도록 한다.

(5) 자폐아동 · 청소년의 미술치료 프로그램

임상 현장에서 보면 자폐아동 · 청소년의 미술치료는 다른 대상에 비해 무척 어렵게 진행된다. 대부분 상호작용이 매우 어렵고 주제나 매체에 있어 지시적인 수행에 어려움을 보이기 때문이다.

이론적으로는 대인관계 및 사회적 상호작용이 힘들기 때문에 이 부분에 집중하여 프로그램을 계획하고 진행하지만 실제로의 적용은 쉽지 않다. 따라서 자폐아동 · 청소년의 미술치료 시작은 그들 개개인의 특성과 선호도를 파악하여 접근하는 것이 좋다.

언어화 촉진시키는 작업으로는 난화 이야기법을 주로 이용하며, 정서적인 불안정과 억제되어 있던 내면을 해소시키는 작업으로 핑거페

◀ 그림 14. 그림 15 난화 이야기
치료사(위 그림)와 자폐아동(아래 그림)의 난화 그림. 치료사는 난화에서 어린 소녀를 연상하였고, 아동은 토끼를 연상하였다. 두 장의 그림을 통해 치료사와 아동은 각각의 이야기를 만들어 들려준다. 먼저 치료사가 들려주고 아동은 또 다른 자신의 이야기를 들려준다. 그림에서 치료사는 '어린 소녀가 토끼와 친구가 되어서 행복해한다'고 이야기를 들려주었다. 아동은 바로 이야기를 만들지는 못했지만 자신의 난화와 치료사의 난화에 대한 연관성은 인지하였다. 이 프로그램은 타인과 나의 그림으로 관계를 만들어 감으로써 타인과의 상호작용하는 데 도움을 준다.

인팅이 효과적이다.

　잡지나 사진을 이용한 콜라주 작업은 자폐아동의 내면을 읽는 데 효과적이며 그림 그리기를 부담스러워하는 아동에게는 더없이 좋은 방법이다. 전지 그림이나 돌려 그리는 등의 활동은 소집단 프로그램으로 자폐아동이 타인과의 상호작용을 통해 사회성을 발달시키는 데 도움을 준다.

2
아동·청소년
미술치료

대부분의 아동·청소년은 집단에 속하게 되며 그 안에서 소속감과 만족감을 가지고 활동을 하지만 적응에 문제를 가진 아동·청소년은 환경 변화에 대한 심리적 긴장과 정신적 갈등, 그리고 또래 집단에서의 소외감으로(이근매, 2003) 인해 신체적·정신적으로 어려움을 겪게 된다.

특히 맞벌이 부부의 증가, 핵가족화로 인해 가정 안에서의 육아가 힘들어지고 영·유아기부터 일찍 시작되는 기관교육은 이러한 문제점을 증가시키는 원인이 되기도 한다.

그동안 부적응 아동·청소년을 위한 다양한 치료교육이 활용되어 왔으며, 최근 미술치료에 대한 관심이 증대되면서 부적응 행동을 보이는 아동·청소년을 대상으로 한 미술치료연구가 활발히 진행되고 있다. 이 장에서는 아동·청소년기에 흔히 발생될 수 있는 정신적인 장애와 그에 적합한 미술치료방법에 대해 알아보고자 한다.

1) 주의력 결핍, 과잉행동장애(Attention – deficit Hyperactivity Disorder)

(1) ADHD의 정의 및 증상

ADHD는 주의력 부족, 과잉운동, 충동적 행동 등 크게 세 가지 범주의 증상을 갖는 질환으로, 아직까지 정확한 원인은 밝혀지지는 않았지만, 학습장애처럼 뇌기능장애가 관련되어 있다는 것은 충분히 추정되고 있다. ADHD의 특징적인 증상을 빈번한 순서로 열거하면 다음과 같다(민성길 외, 1999).

① 과다활동   ② 지각운동의 장애
③ 불안정한 정서 상태   ④ 일반적 운동조정장애
⑤ 주의력장애   ⑥ 충동성
⑦ 기억과 사고장애   ⑧ 특수학습장애
⑨ 언어 및 청각장애

(2) ADHD의 진단기준

ADHD의 진단기준은 다음과 같으며 ①, ②의 각 항목에 6개 이상의 증상이 있고 그 증상들이 최소 6개월간 지속되어 적응장애가 있고, 발달수준에 일치되지 못할 때 ADHD로 진단할 수 있다. 단 이러한 증상으로 인한 장애가 2개 이상의 환경에서 나타나며, 전반적 발달장애, 정신분열병, 기타 정신질환에 의한 것이 원인이 되어서는 안 된다.

① 주의력 결핍

㉠ 부주의로 실수를 잘한다.

㉡ 집중을 오래 유지하지 못한다.

ⓒ 다른 사람 말을 경청하지 못한다.

ⓔ 과제나 시킨 일을 끝까지 완수하지 못한다.

ⓜ 계획을 세워 체계적으로 하는 데 어려움이 많다.

ⓗ 지속적 정신집중으로 필요로 하는 공부, 숙제 등을 싫어하거나 회피하려 한다.

ⓢ 필요한 물건을 자주 잃어버린다.

ⓞ 외부자극에 의해 쉽게 정신을 빼앗긴다.

ⓩ 일상적으로 해야 할 일을 자주 잊어버린다.

② 과잉행동·충동성

ⓙ 손발을 가만히 두지 못하고 앉은 자리에서 계속 꼼지락거린다.

ⓛ 제자리에 있어야 할 때 마음대로 자리를 이탈한다.

ⓒ 안절부절못한다.

ⓔ 집중을 하지 못하거나 활동에 조용히 참여하지 못한다.

ⓜ 끊임없이 움직임, 마치 모터가 달린 것처럼 행동한다.

ⓗ 지나치게 말을 많이 한다.

ⓢ 질문이 끝나기 전에 불쑥 대답한다.

ⓞ 차례를 못 기다린다.

ⓩ 다른 사람의 활동에 끼어들거나 방해한다.

(3) ADHD의 미술치료

필자의 임상에서 보면 ADHD의 미술치료의 접근은 세 가지로 요약할 수 있을 것 같다. 첫 번째로 흔히 알고 있듯 ADHD 아동의 증상을 소거하는(집중력과 인내심을 기르는 등의 정적인 행동을 강화하는) 직접적인 방법과

◀ 그림 16 플라스틱 공으로 동물 만들기
플라스틱 공을 접착제를 이용하여 쌓아 자신이 원하는 동물이나 기타 조형물을 만들 수 있다. 모양을 만들어 가는 과정은 계획과 집중이 필요하기 때문에 다소 어려울 수 있지만 주제를 자신이 직접 정하여 진행하므로 통제적인 느낌을 주지는 않는다. 아동의 선호도에 따라 다른 결과를 얻을 수도 있지만 대부분의 아동은 원하는 모양을 만들어 가기 때문에 호기심을 갖고 작업에 집중한다.

두 번째로는 아동의 호기심이나 과도한 에너지 등을 고려하여 간접적으로 증상을 소거하여 진행하는 방법, 나머지 하나는 이 두 가지 방법을 절충하여 사용하는 것이다(<그림 16> 참조).

활동량이 많은 작업은 ADHD 아동의 에너지를 발산하게 하여 결과적으로 다른 곳(학습)에서 불필요한 에너지를 줄일 수 있도록 도와줄 수 있는 장점이 있으나 치료사가 경험이 없을 경우 치료과정을 이끌어 나가는 데(통제가 어려움) 문제가 생길 수 있다. 또한 너무 정적인 활동은 ADHD 아동에게 부담감을 주어 오히려 아동의 집중을 방해할 수 있으

◀ 그림 17 이완과 발산을 통한 작업 – 거품 물감 만들기
주방세제를 탄 물에 스펀지를 문지르면 거품이 많이 생기게 되는데 이때 물감을 섞으면 예쁜 색 거품이 생긴다. 물감의 비율에 따라 다양한 색상이 나오게 되는데 이 과정은 반복된 작업이 이어지지만 아동의 호기심을 자극하기 때문에 오랜 시간 동안 집중하여 활동하게 한다. 시각적으로 안정감을 줄 수 있는 소재로 정서적 안정 차원에서의 접근에 도움을 줄 수 있다.

◀ 그림 18 난화에서 숨은그림찾기
난화를 그린 후 그 속에 보이는 여러 가지 형상들을 찾아 채색하는 작업. 이 프로그램은 발산 작업과 게임이 어우러져 있고 보이지 않는 통제 작업(그림 찾기, 채색하기)이 이루어지기 때문에 작업에 대한 부담감이 적고 집중하기 쉽다는 장점이 있다. 치료사와의 라포 형성에도 도움이 되어 치료 초기에 사용하면 좋다.

므로 미술치료는 각 개인의 상황을 잘 고려하여 계획하도록 해야 한다. 필자의 임상에서 보면 통제와 발산이 적절하게 어우러진 프로그램이 효과적이다.

그 밖에 ADHD 아동 · 청소년에게 도움이 되는 미술활동은 다음과 같다.

① 동작과 음악을 이용한 이완 작업을 미술치료와 함께 시도한다(예: 물소리 듣고 그림 그리기, 동물 소리 듣고 연상되는 동물 그리기 등).

② 통합치료를 이용, 감각을 자극하는 재료(부드러운 것과 단단한 것 등)를 단계적으로 이용하도록 한다.

③ 색 변화연습이나 색 만들기, 데칼코마니, 자연물을 이용한 작업 혹은 점토활동 등이 효과적이다.

2) 행동장애(Conduct Disorder)

(1) 행동장애(Conduct Disorder)의 정의 및 증상

소아기와 청소년기에 상당히 흔한 질병으로 18세 이하 남자의 6~

16% 여자의 2~9%에서 나타난다. 남자가 여자보다 훨씬 많으며, 반사회적 인격장애나 알코올 의존이 있는 부모의 자녀에게서 더 빈번하게 발생하는 것으로 보고되고 있다. 기본양상은 아동·청소년의 행동이 반복적이고 지속적으로 타인의 권리를 침해하거나 나이에 맞는 사회적 규범이나 규율을 위반하는 것으로 최소한 이러한 행동은 6개월 이상 나타나야 진단을 내릴 수 있다. 행동장애는 갑자기 발병되지는 않으며 서서히 여러 증상이 발생된다. 대부분 이들은 타인과 사회적 애착관계를 갖지 못하며 친구도 없으며 고독하다. 겉은 강하고 거칠지만 내심은 열등감이 많다. 과거에 학업 성적이 불량하거나 경한 행동문제, 불안, 우울 등의 증상이 있었음이 흔히 발견된다.

(2) 행동장애(Conduct Disorder)의 진단기준

① 사람과 동물에 대한 공격적 행동을 보인다.
② 재산파괴행동을 한다.
③ 사기, 절도 행위를 한다.
④ 심각한 규칙위반(가출, 외박, 무단결석 등)을 한다.

이 증상들 중 세 가지 이상이 12개월 이상 지속되는 경우 행동장애로 진단할 수 있다.

(3) 행동장애(Conduct Disorder)의 미술치료

① 감각기능을 활성화하는 재료를 사용한다.
② 놀이적 요소를 가미한 미술접근을 한다.
③ 자아 존중감 및 자신감을 강화할 수 있는 프로그램이 도움이 된다.

④ 동작치료와 음악치료를 이용한 이완 작업을 미술치료와 함께 시도한다.

◀ 그림 19 석고 손 뜨기
대부분의 행동장애 아동·청소년은 자신감과 자존감이 매우 낮다. 이들의 과도한 행동은 이러한 특징을 보상받기 위한 경우가 많은데 미술치료는 이들의 특성을 고려하여 자신감과 자존감을 상승시킬 수 있도록 한다. 석고 손 뜨기처럼 자신의 신체를 이용하여 작품을 제작하는 것은 간단하면서도 자신감을 키울 수 있는 미술치료 프로그램이다.

3) 틱장애(Tic Disorder)

(1) 틱장애(Tic Disorder)의 정의 및 증상

틱(tic)은 불수의적으로 갑자기 빠르게 반복적으로 불규칙하게 움직이는 상동적 근육의 움직임이나 발성을 뜻하며 다음과 같이 분류할 수 있다(민성길 외, 1999).

① 만성 운동 및 음성 틱장애

동시에 1~3개의 근육 군이 틱을 보이거나 음성 틱이 적어도 1년 이상 있는 경우로 발병 연령이 18세 이전이어야 하며 뚜렛장애 진단기준에 맞는 적이 없었던 경우에만 본 진단을 내린다. 발생 빈도는 뚜렛장애보다 100~1,000배 정도 많으며, 학령기 남아에서 위험도가 가장 크며, 유병률은 1~2%로 추정된다. 초기 소아에 잘 오며 일생 동안 지속될 수도 있다.

㉠ 임상양상
- 눈을 지나치게 깜박이거나 코를 찡그리는 행위 등
- 코를 킁킁거리거나 목에 무언가 걸린 듯 잔기침을 계속하는 행위
- 안면 근육을 씰룩거리거나 머리, 어깨, 팔, 다리를 들썩거린다.

㉡ 진단기준(DSM - IV)
- 단일한 또는 다양한 운동 및 음성 틱이 일정 기간 있으나 운동 틱과 음성 틱이 동시에 있는 것은 아니다.
- 1년 이상 하루에 여러 번 거의 매일 혹은 간헐적으로 발생하고, 이 기간 동안 3개월 내에 틱이 없었던 적이 없어야 한다.
- 본 질환은 사회, 직업 또는 다른 중요한 분야의 기능에 현저한 장애나 지장을 초래한다.
- 18세 이전에 발생한다.
- 약물에 의한 것이 아니어야 한다(예: 중추신경 자극제).
- 진단기준이 뚜렛장애와 맞지 않아야 한다.

② 뚜렛장애

다발성의 운동 틱과 한 가지 이상의 음성 틱이 나타나며, 외화증, 반향언어증이 나타나기도 한다. 유병률은 1만 명당 4~5명으로 추정한다. 운동 틱은 대체로 7세에 발생되고 음성 틱은 평균 11세경에 나타난다. 남아에 많고 남녀 비는 3:1이다.

㉠ 임상양상
뚜렛장애는 다양한 운동 틱과 하나 또는 하나 이상의 음성 틱이 1년 이상 지속될 때를 말하며 운동 틱과 음성 틱은 동시에 나타나

기도 하고, 따로따로 나타나기도 한다. 초기 증상은 얼굴과 목에 나타나고 점차로 신체 하부로 이동한다.

- 이마를 찌푸리거나 머리를 끄덕이거나 흔들고 목을 비튼다.
- 팔과 손을 급히 흔들거나 손가락을 비튼다.
- "음음"하며 혀를 차거나 말하면서 끙끙거리거나 "악", "윽" 등의 비명을 내거나 개 짖는 소리, 입맛 다시는 소리 등을 낸다.
- 외화증은 공격적 내용과 성적 내용의 외설적인 욕지거리를 내뱉는 것으로 전체 환자의 3분의 1이나 된다. 외화증을 나타낼 때 보통 발작적으로 틱과 같이 혹은 직후에 짧은 욕설을 내뱉는 형식으로 나타난다. 심하면 신체에 상해를 입히기도 한다.

ⓒ 진단기준(DSM-Ⅳ)

- 다양한 운동 틱과 1개 또는 그 이상의 음성 틱이 동시에 나타나기도 하고 따로따로 나타나기도 한다.
- 1년 이상 하루에 여러 번, 거의 매일같이 간헐적으로 발생하고 이 기간 동안 3개월 내에 틱이 없었던 적이 없어야 한다.
- 18세 이전에 발병된다.
- 약물의 생리학적 결과나 일반적·의학적 상태로 인한 것이 아니어야 한다.

(2) 틱장애(Tic Disorder)의 미술치료

틱장애는 특히나 안정감을 줄 수 있는 작업이 요구된다. 작업과정이나 결과물에 대한 부담이 적은 활동, 수용성 재료가 도움이 된다.

젖은 종이에 그리거나 점토 작업, 물감 뿌리기나 흘리기, 핑거페인팅 등 동작과 율동을 가미한 미술활동이 효과적이다.

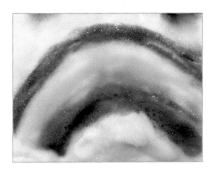

◀ 그림 20 거품물감 그림
거품물감으로 무지개를 그린 작품. 재료의 감촉과 시각적 효과가 정서적인 안정을 준다. 작업에 대한 부담감이 없고 재료와 작업과정에 대해 흥미를 높일 수 있어 집중할 수 있다. 또한 무지개를 그리는 것은 긍정적인 사고를 갖도록 하는 상징적인 의미가 있다. 배설장애 아동의 미술치료에도 효과적이다.

◀ 그림 21 색모래 그림
색모래를 펼쳐 손가락으로 그림을 그린 작업. 결과물에 대한 부담이 없어 손쉽게 작업할 수 있다. 그리고 지우는 것을 반복할 수 있고 놀이 형식의 활동으로 자유로움을 느낄 수 있다. 스트레스가 많은 아동들에게 도움이 된다.

4) 배설장애(Elimination Disorder)

(1) 배설장애의 정의 및 증상

배설장애는 일정 기간 동안 대변과 소변을 가리는 행동에 장애가 있는 것으로, DSM – Ⅳ에서는 유분증과 유뇨증으로 구분하였다. 대소변 가리기는 소아의 지적 능력, 사회적 성숙도, 문화적 요소 및 모자 사이의 심리적 상호교류 등의 요인에 의해 영향을 받는다.

① 유뇨증

만 5세가 되어도 소변을 적절히 가리지 못하는 장애로, 불수의적·

고의적으로 옷이나 침대 등에 소변을 보는 양상이 주 2회 3개월 이상 계속되는 경우를 말한다. 정확한 원인은 밝혀지지 않았지만, 유전적 요인과 중추신경계의 미성숙, 방광의 부분적 기능장애, 사회 정신적 스트레스 혹은 심리적 갈등, 부적절한 배변훈련 등을 고려할 수 있다.

　㉠ 임상양상

　　낮이나 밤에 불수의적으로 소변을 보는 것으로, 의도적으로 나타날 수도 있다. 유뇨증 환아의 약 20%에서 정신과적 문제가 동반되기도 한다. 질환으로 인한 자신감 결여, 우울, 친구를 사귀지 못하거나 학업성적이 떨어지기도 한다.

　㉡ 진단기준(DSM - Ⅳ)

　　· 반복적으로 침구나 옷에 소변을 본다.
　　· 최근 3개월간 일주일에 2회 이상의 유뇨증을 보이거나, 임상적으로 중대한 장애가 있거나, 사회, 학업 또는 다른 중요한 분야의 기능에 지장으로 나타난다.
　　· 실제 연령이 최소한 5세이거나 또는 동등한 발달수준에 있다.
　　· 증상이 약물이나 일반적 의학 상태로 인한 것이 아니어야 한다.

　② 유분증

　　만 4세가 되어도 기질적 문제가 없는 상태에서 대변을 가리지 못하는 장애로 DSM - Ⅳ에서는 최소한 3개월 동안 적당한 장소가 아닌 곳에 고의로 혹은 불수의적으로 대변을 보는 것으로 정의하였으며 남아가 여아에 비해 3~4배 정도 많으며, 유분증이 있는 소아는 주의가 산만하고, 집중력이 낮으며, 과다활동이 있다는 보고가 있다.

ⓐ 임상양상

만 4세 이후 불수의적 또는 고의적으로 대변을 적절하지 못한 장소에 싸는 행위가 한 달에 1회 3개월 이상 계속된 경우에 진단이 고려되는데 대변 조절을 하던 소아가 여러 가지 정서문제로 이런 증상을 보이기도 한다. 이는 부모에 대한 분노이거나 적대적 반항장애의 증상일 수도 있다(민성길 외, 1999). 증상이나 냄새로 인해 가족이나 친구가 싫어하게 되며 따라서 열등감과 배척감을 느끼게 된다. 유분증 환아는 대체로 정신지체나 행동장애, 유뇨증이 동반되는 경우가 많다.

ⓑ 진단기준(DSM – Ⅳ)

- 대변보기에 적절치 못한 곳에 불수의적 혹은 고의로 대변을 본다.
- 최소 3개월간 월 최소 1회 이상의 유분증이 있다.
- 실제 연령이 최소 4세이거나 또는 동등한 발달수준에 있다.
- 증상이 약물에 의한 생리학적 결과가 변비와 관련되는 기전이 제외된 일반적·의학적 상태로 인한 것이 아니어야 한다.

(2) 배설장애의 미술치료

배설장애의 미술치료 역시 작업과정이나 결과물에 대한 부담이 적은 활동과 수용성 재료를 사용하는 것이 도움이 된다.

찰흙놀이, 핑거페인팅, 물감 뿌리기 등 놀이가 가미된 미술활동 등 놀이요소가 들어간 프로그램이 효과적이며 통제가 강한 재료나 프로그램보다 통제가 적은 매체를 사용하여, 자유롭게 표현할 수 있는 프로그램을 활용하는 것이 좋다.

◀ 그림 22 물감놀이
각기 다른 크기의 롤러, 페인트용 붓, 숟
가락, 색을 섞을 통 등 다양한 도구와 색의
물감을 이용한 자유로운 미술활동. 작업
과정에 대한 부담을 갖지 않아도 되며, 재
료(도구)에 대한 호기심과 실험적이며 창
의적인 활동과정은 스트레스를 덜어 주
고 놀이에 흠뻑 빠지도록 한다.

5) 선택적 함구증(Selective Mutism)

(1) 선택적 함구증의 정의 및 증상

이는 소아가 말을 이해하고 할 수 있는 능력이 있는데도 하나 이상의
특별한 상황에서 말을 하지 않는 장애를 말한다. 편안한 장소나 사람과
는 정상적 언어구사가 가능하며 그 외의 사람과도 비언어적 의사소통
은 할 수 있는 것이 특징이다. 1만 명당 3~8명으로 추정되며 주로 5~6
세에 발병하며, 남아보다 여아에 더 많은 것으로 보고되고 있다. 원인
은 심리적 요인에 의한 것으로 선택적 함구증아는 정상아보다 언어발
달이 늦거나 언어 이상이 있고 이로 인해 본 질환이 오기도 한다.

① 임상양상

친밀한 환경에서는 말을 하지만 낯선 환경에선 말을 하지 않는다. 눈
접촉이나 비언어성 몸짓으로 의사소통을 하기도 한다. 외상적 경험 후
이러한 증상이 점진적으로 나타나며, 이별불안장애, 학교거절증, 강
박증, 부정적 행동, 분노 발작, 반항적이거나 적대적인 행동이 동반되

기도 한다. 대부분의 선택적 함구증 환아는 부끄럼이 많고 사회적으로
도 위축되어 있는 경우가 많다.

② 진단기준(DSM – Ⅳ)

㉠ 다른 상황에서는 말을 하지만 특수한 상황(말을 해야 하는 것이 예상되
는 장소)에서 시종일관 말을 하지 않는다.

㉡ 본 장애로 교육, 직업 성취나 사회적 의사소통에 지장을 준다.

㉢ 장애의 기간은 최소 한 달이다.

㉣ 말을 하지 않는 것이 사회적 상황에서 요구되는 구어에 대한 지식
이나 편안한 마음의 결핍 때문이 아니어야 한다.

㉤ 본 장애는 의사소통장애나 전반적 발달장애, 정신분열병 또는 다
른 정신장애로 인한 것이 아니어야 한다.

255

(2) 선택적 함구증의 미술치료

선택적 함구증의 미술치료 역시 너무 통제가 강한 재료나 주제보다
는 심리적인 부담이 덜한 놀이식 전개의 프로그램이 효과적이다. 미술

◀ 그림 23 이야기 만들기
천사토를 이용하여 자유롭게 만들고
싶은 것을 만들도록 한 다음 이야기를
꾸미도록 한다. 말을 하지 않으므로
이야기는 나눌 수 없지만 글을 안다면
필기를 통해 대화할 수 있으며, 그렇
지 않더라도 작품의 내용과 위치 등을
통해 치료사가 자신의 생각을 이야기
로 만들어 들려줄 수 있다. 작품의 위
치를 변경하거나 새로운 구성물을 만
들어 이야기를 전개시키도록 한다.
언어소통을 촉진할 수 있는 프로그램
이다.

치료사는 말을 하고 있지 않다는 것을 인식하는 언어나 행동에 주의하고 편안한 상태에서 치료를 받을 수 있도록 주의한다.

핑거페인팅, 인형 및 가면제작, 난화놀이, 만화 그리기, 그림 보고 이야기 만들기 등 비언어적 매체를 통하여 의사소통의 가능성을 열어 주어 자신감을 갖게 한다.

6) 분리불안장애(Separation Anxiety Disorder)

(1) 분리불안장애의 정의 및 증상

불안증상 및 불안장애는 소아 · 청소년기에 오는 가장 빈번한 정신질환의 하나이다. 특히 이 중 불안장애는 주로 애착 대상이었던 인물이나 가정, 기타 친숙한 사람이나 상황에서 분리될 때 나타나는 심한 불안 상태로 정상적인 발달상의 수준보다 훨씬 심한 정도의 불안을 보인다(민성길 외, 1999).

① 임상양상

주된 장애는 부모, 가정, 기타 친숙한 환경과 격리되는 데 대한 불안이며, 심한 경우 공황장애까지 온다. 장애는 대개 공포의 형태를 보여 자신이나 부모가 갑자기 죽을지도 모른다는 두려움, 집착, 반추사고 등을 나타낸다. 혼자 자지 못하고 집을 떠나는 것을 싫어하고 학교거절증도 보인다. 사춘기 때는 집을 떠나는 것, 혼자서 무슨 일을 하는 것에 대한 불편함을 보이며, 사회활동에 자신을 돌봐 줄 사람을 필요로 하는 등의 증상을 나타낸다. 또한 흔히 복통, 두통, 오심, 구토, 불면증 등의 신체 증상을 보이기도 한다.

② 진단기준

㉠ 가정이나 자신이 애착을 갖고 있는 사람과 격리되거나 격리가 예측되는 상황에서 반복적이고 심한 불안을 가진다.

㉡ 주된 애착 대상과의 격리가 두려워 학교에 가기를 꺼린다.

㉢ 주된 애착 대상을 잃어버리거나 불행한 일이 생기지 않을까 하는 걱정이 지속적이고 반복적으로 나타난다.

㉣ 불행한 사건으로 자신이 주된 애착 대상과 헤어지지 않을까 하는 걱정이 있다.

㉤ 혼자 있게 되거나 주된 애착 대상과 같이 있지 않는 경우, 지속적이고 과도하게 두려워하거나 꺼린다.

㉥ 다른 곳에 가서 자지 않으려 하거나 집에서도 주된 애착 대상과 없이는 잠을 자지 않으려고 한다.

㉦ 주된 애착 대상과 헤어지는 악몽을 반복적으로 꾼다.

㉧ 주된 애착 대상과 격리되거나 또는 격리가 예상되는 상황에서 두통, 복통, 구토 등의 신체적 증상들이 반복적으로 나타난다.

㉨ 이러한 증상이 최소한 4주 이상 지속된다.

㉩ 발병 연령이 18세 이전이어야 한다.

㉪ 전반적 발달장애, 조현병 등 정신질환으로 인한 것이 아니어야 하며, 청소년과 성인에서는 광장공포증이 있는 공황장애로 간주되지 않는다.

(2) 분리불안장애의 미술치료

① 불안 그리기, 불안과 관련된 감정 그리기 등을 통해 불안감을 해소하여, 불안과 관련된 잘못된 사고를 수정할 수 있도록 유도한다.

② 만다라 그리기, 신체 그리기 등은 긴장을 완화시키고 정서안정에
　많은 도움을 줄 수 있다.
③ 천과 솜을 이용한 미술활동이나 동작치료와 접목된 미술활동 등
　도 효과적이다.
④ 상상 그리기, 경험을 즉흥적으로 그리게 하거나, 마사지나 음악
　을 함께 사용하여 정서적 안정을 취하는 것도 치료의 한 방법이
　될 수 있다.

◀ 그림 24 **나와 엄마**
치료사가 준비한 엄마와 아동의 인형자극 그림. 자극 그림에 함께 그림을 그리고 놀이를 통해 의사를 전달한다. 분리불안 아동의 첫 회기는 아동 홀로 진행되기 어려운 경우가 많다. 이 경우 미술치료 초기 보호자와 함께 미술치료를 진행하며 분리에 대한 조정을 시도해 보는 것이 좋다. 치료사는 작업환경과 과정이 아동에게 편안함을 줄 수 있도록 최대한 배려하도록 한다.

성인기 정신병리와 미술치료

1) 조현병(정신분열병/schizophrenia)

(1) 조현병의 정의와 증상

조현병은 인지 · 지각 · 정동 · 행동 · 사회활동 등 다양한 정신기능에 이상을 초래하는 주요 정신병으로 병의 임상경과, 예후 등이 매우 다양하다. 전 세계적으로 내년 약 200만 명의 새로운 환자가 발생하는 것으로 추정되고 있는데 지난 40여 년간 많은 임상적 이해와 치료의 발전에도 불구하고 아직까지 병의 정확한 원인조차 규명되지 않았다. 그러나 최근 뇌의 기능적 · 구조적 이상 등의 증거들이 계속 보고됨에 따라 조현병이 뇌의 질환이라는 견해가 지배적으로 대두하고 있다.

병의 유병률이 비교적 높고(전 인구의 약 1%), 젊은 나이에 발병하며, 경과가 만성적이고, 파괴적인 경우가 많고, 이 병으로 인한 사회의 직접 및 간접비용이 엄청나기 때문에 조현병의 진단과 치료는 매우 중요하다(민성길 외, 2006).

(2) 임상양상

증상은 병이 본격화되기 전에 전구증상이 먼저 나타난다. 전구증상에는 자신의 몸에 무엇인가 이상이 있다는 막연한 건강염려증상, 자신의 몸이나 주변의 세상이 동떨어져 있는 비현실적인 느낌, 평상시에는 관심이 없던 철학적 · 종교적 주제에 대한 집착 등이 있을 수 있고 집중력이 저하되고 긴장, 불안 등의 양상을 보일 수 있다. 병이 본격화되면 누구라도 알 수 있는 여러 가지 증상들이 나타난다.

조현병의 주 증상은 크게 양성 증상과 음성 증상으로 나눌 수 있는데 양성 증상은 이전에는 없었던, 겉으로 드러나는 증상으로, 망상, 환각, 환시, 환청, 환촉과 같은 정신병적 증상과 언어와 행동이 와해되는 증상을 말하며, 음성 증상은 사회생활을 하는 데 기본적으로 필요한 기능이 감소되는 것으로, 감정표현의 결여, 언어의 빈곤, 무감동, 무쾌락, 주의력 손상, 실어증 등의 증상을 보인다. 조현병으로 인한 증상을 요약하면 다음과 같다.

① 사고의 장애: 사고의 흐름이 지리멸렬하고 뒤죽박죽 섞여 타인이 이해하기 어렵다.
② 정동의 장애: 부적절한 감정표현, 생각과 감정표현의 불일치 등
③ 지각의 장애: 환청, 환시, 환촉 등의 증상
④ 행동의 장애: 기괴한 행동, 의욕저하, 충동적 행동, 대인기피 등

(3) 조현병의 치료

약물치료가 가장 중요한데 특히 환청과 망상 등의 사고의 장애에 효과적이다. 일반적으로는 처음 발병을 한 경우에는 1년 이상 약물을 꾸

준히 복용하여야 하는데 여러 가지 이유(병의 부정, 부작용 등)로 약을 중단하게 되면 재발되는 경우가 흔하고 이렇게 재발을 하게 되면 약을 복용해야만 하는 기간이 길어지므로 반드시 약물 중단은 정신과 전문의와 상의한 후 결정하여야만 한다.

만성조현병 환자의 경우에는 정신재활치료가 필요한데 낮 병원[2]이나 직업훈련을 통해 사회기술훈련을 받아 사회의 구성원으로서의 역할을 할 수 있게 해야 한다. 그 외 정신치료, 가족치료, 미술치료, 음악치료 등도 시행되고 있다.

(4) 조현병 환자의 미술치료

조현병 환자들에게 그림을 그리게 하기 위해선 특히 신중한 접근이 필요하다. Riedel에 의하면 그들은 자신의 분열된 부분을 그림으로 표현하는 일이 자신에게 다가가는 기회가 된다는 것을 지각하면서도 동시에 두려워하는데, 이는 환자들에게 있어서 자신의 어떤 부분을 분열시키는 것은 불안을 방어하기 위해 우선적으로 필요하기 때문이다 (Riedel, 2000).

일반적으로 조현병 환자들의 미술치료는 집단미술치료로 이루어진다. 어떤 환자에게는 주제나 생각에 대한 미술작품을 만들도록 하기 위해 치료사가 방향을 제시하기도 하지만, 환자들은 주로 집단 내에서 자신의 개인적인 미술작품을 하며, 즉흥적이거나 비지시적인 표현을 만

---

2) 낮 병원이란, 부분 입원의 치료형태로 입원치료와 외래치료의 장점을 결합시켜 환자들이 보다 독립적이고 생산적인 생활을 할 수 있도록 도와주는 데 목적을 두고 있으며, 대개의 낮 병원은 소수의 환자가 치료자와 밀접한 관계를 맺으며 욕구를 개별화하여 서비스를 제공받으므로 치료의 효율성이 높다. 프로그램은 지역사회에서 대변하게 될 상황에 대처하기 위한 사회적 기술을 훈련하는 것으로 구성이 된다. 실제로 낮 병원은 재입원 예방에 효과가 있다는 연구결과가 보고되고 있다(황영순, 2004).

들어 낸다. 그러나 환자들의 낮은 기능 때문에 상호작용하는 일이 드물다. 따라서 조현병 환자들의 집단미술치료는, 집단 내 구성원 간의 상호작용, 집단 내 역동의 이해, 자기노출, 자기통찰 등을 통해 집단 구성원 개개인을 적극 지지해 주고, 관심 있게 대해 주면서 미술 작업 중에 상호작용을 유발하는 역할이 요구된다(최현진 2004; Malchiodi 2000).

치료시간은 대상과 방법, 기관, 환자의 상태에 따라 다르며 분위기는 치료자와 환자가 서로 안정감과 신뢰감을 갖고 자신의 감정을 자유롭게 표현할 수 있어야 한다.

치료사마다 회기의 목표나 장기적인 목표는 다를 수 있지만 필자의 임상 경험에서 보면 장기입원이 예상되는 기관(병원)에서의 미술치료는 가능한 삶의 만족감, 행복감 등을 느낄 수 있는 프로그램을 진행하고, 외래나 정신보건센터를 이용하는 환자들에게는 기능을 상승시키는 것을 목표로 미술치료를 진행하는 것이 효과적으로 보인다. 전자의 경우는 통제가 덜하고 즐거움에 초점을 맞춰 장기입원에서 오는 스트레스나 가족 안에서의 소외감 등을 줄일 수 있는 장점이 있으며, 후자의 경우는 적절한 기능상태를 유지하도록 하여 일상에서 독립된 생활을 할 수 있도록 하는 데 도움을 준다는 장점이 있다.

재료는 다양하게 사용할 수 있으나 사용에 위험이 따르는 재료(칼, 송곳, 가위, 노끈 등)나 좌절을 유발시키거나 실패감을 맛보는 재료들은 사용하지 않도록 주의해야 한다.

미술치료의 진행은 구조화되어 이해가 쉽고 활동을 하는 데 어려움이 없도록 배려하도록 한다.

따라 그리는 작업은 조현병 환자에게 현실적인 지각능력과 집중력을 강화시켜 주는 적절한 방법이 될 수 있다(Doma, 1990). 또한 잡지에서 사진을 오려 붙이는 콜라주 작업은 사진이 명확성과 사실성을 부여하고, 붙이는 작업은 고정성을 부여하기 때문에 조현병 환자에게 적절한 방법이 될 수 있다(Landgarten, 1981). 경계가 분명하고 명확한 형태를 표현할 수 있는 농도 짙은 포스터칼라 그림도 적절하다. 이에 반해 경계를 흐리게 하는 수채화기법이나 고정성을 부여하지 못하고 판타지를 자극하는 난화기법은 부적절하다(Klemm, 2000). 그러나 치료가 진행되어 증상이 개선됨에 따라 이러한 재료나 기법을 잘 다루어 현실적인 접근이 가능하도록 하는 것도 미술치료의 한 부분이 될 수 있다.

집단치료에 있어 치료사는 작품에 대한 피드백을 함께 경청하고 나눌 수 있도록 주의하여 진행하도록 하며 회기 진행에 따라 환자들이 역동적으로 참여할 수 있는 장을 마련하도록 해야 한다.

한 가지 재료의 사용은 적절하지 않으며 다양한 매체를 보다 다양한 방법으로 창작활동에 활용할 수 있도록 이끌어 주어야 한다. 치료자는 진행과정에서 환자의 자발적 참여를 유도하고 환자가 어떠한 좌절의 상황에 부딪혔을 때 그를 제거하거나 극복할 수 있는 방향으로 이끌어 나가야 한다(김효진, 1996).

◀ 그림 25 인물화 그리기
실제의 인물을 보고 그대로 묘사하는 것과 이젤을 사용하는 것, 이 모든 과정은 환자들의 인지기능 및 현실검증력을 향상시키는 데 도움이 된다. 또한 특별한 도구의 사용은 위축감을 없애 주고 활동에 대한 자신감을 불러일으킬 수 있다.

263

또한 미술치료 진행에 있어 치료사의 언어와 행동은 매우 중요하다. 간혹 치료사들 중에는 낮은 기능을 보이는 환자들을 마치 어린아이를 다루듯 하는 경우가 종종 있는데, 이는 환자들의 퇴행을 부추기는 결과를 가져올 수 있다. 잊지 말아야 할 것은 가장 일반적인 언어나 행동으로 환자를 대해야한다는 것이다.

2) 인격장애(personalty disorder)

(1) 인격장애의 정의 및 증상

인격장애는 일반인구의 10~20%에서 보이는 비교적 흔한 질환으로 인격의 패턴이 완고하고 비적응이 되어 개인의 사회적 · 직업적 기능에 유의한 장애가 생기는 경우를 말한다(민성길 외, 2006). 모든 사람은 각각 독특한 인격을 가지고 있지만, 그 패턴이 너무 완고하고 비적응적이어서 기능 손상이나 주관적 곤란을 야기하는 경우 인격장애로 진단할 수 있다.

원인으로는 태어날 때부터 가지는 개인의 기질 및 체질, 인격의 발달과정에서의 결함, 그리고 인격형성에 영향을 미치는 여러 가지 사회 환경적인 요인에 의해 인격장애가 발생할 수 있다.

인격장애를 분류해 보면 크게 세 집단으로 나눠 볼 수 있다.

① Cluster A

편집성 인격장애, 정신분열성 인격장애, 정신분열형 인격장애 등을 포함하는 집단으로 뭔가 이상하고 보통 사람들과 동떨어져 있는 것 같은 느낌이 들며 별난 경향을 보이는 사람들이 여기에 속한다.

② Cluster B

히스테리성 인격장애, 자기애성 인격장애, 반사회적 인격장애, 경계성 인격장애 등을 포함하는 집단으로, 감정이 불안정하여 변덕이 심하고 연극적인 양상을 보이는 사람들이 여기에 속한다.

③ Cluster C

회피성 인격장애, 의존성 인격장애, 강박성 인격장애, 수동공격성 인격장애를 포함하는 집단으로, 모든 일에 지나치게 불안하고 근심하고 두려워하는 성향을 가진 사람들이 여기에 속한다.

(2) 인격장애 환자의 치료

인격장애의 치료는 약물치료, 정신치료 등으로 이루어진다. 약물치료는 목적에 따라 편향 행동의 신경 생물학적 성향을 교정하고자 하는 경우와 인격장애의 특정 행동 및 증상을 교정하고자 하는 경우로 나눌 수 있다. 예를 들어 공격성과 충동성이 강한 경우 세로토닌(serotonin)성 약물에, 기분 불안정성은 세로토닌(serotonin)성 약물 또는 다른 항우울제에, 그리고 정신병적 경험은 향정신성 약물에 반응할 수 있다. 정신치료의 기본 원칙은 다음과 같다(민성길 외, 2006).

① 지속적이고, 신뢰할 수 있는 치료를 통해 안정적인 치료 틀을 형성한다.
② 치료자는 항상 환자와 함께하는 자세를 갖는다. 이로써 환자는 조절감을 느끼고 계속 치료에 참여하게 된다.
③ 치료자는 적극적인 자세를 가지고, 직면을 사용한다.
④ 확고한 원칙하에 유연한 접근을 한다.

265

⑤ 환자의 분리(splitting)방어기제를 유념한다. 이로 인해 환자들은 열등감과 우월감 사이를 오락가락하고, 타인에게 또는 자신에게 화를 낸다. 또한 거부(rejection)에 대해 예민하지만 결국은 이 때문에 스스로 거부를 자초한다.

⑥ 좌절 상황에서 치료자는 역전이 문제가 생겨 전문가적 객관성을 잃기 쉽다. 따라서 상급자로부터 지속적인 지지와 지도를 받아야 한다.

⑦ 환자들이 잘해 나가는 것처럼 보일 때는 그렇게 좋은 상태가 아니며, 또한 뭔가를 잘못해 가는 것처럼 보일 때는 실제로는 그렇게 나쁜 상태가 아니라는 점을 기억해야 한다.

(3) 인격장애 환자의 미술치료

① 이론적 접근

정신분석적 미술치료, 행동치료 및 인지행동치료적 미술치료가 적합하다.

㉠ 정신분석적 미술치료: 난화나 자유화 그리기 등을 통해 환자의 감정이나 욕구 등의 내적 세계를 강조하여 자신의 문제가 외부에서 오는 것이 아닌 내적 갈등에 의한 표출로 보고 병식을 획득할 수 있도록 한다. 최초의 기억 그리기, 난화 그리고 떠오르는 형상 이미지화하기, 자유화 그리기, 데칼코마니나 뿌리기, 흘리기에 의한 연상 작업 등의 프로그램을 적용할 수 있다.

㉡ 행동치료 및 인지행동적 접근: 인격장애 환자가 가진 외적인 표현(공격성이나 충동성, 반사회적 행동 등)에 초점을 두고 미술치료를 통해 그것을 바꾸거나 조절하도록 한다. 콜라주를 이용한 내가 좋아하

는 것과 싫어하는 것 표현해 보기, 감정을 표현하고 따라 해 보기
(집단치료) 등의 프로그램을 적용할 수 있다. 또한 인격장애의 경우
그 유형이 다양하게 나타나므로 치료사의 융통성 있는 프로그램
활용이 요구된다.

② 기타 접근

㉠ 누구나 공감할 수 있는 주제를 사용

㉡ 비지시적이면서 지시적인 작업

㉢ 아동기의 자극(퇴행이 아닌 순수를 찾아서)

㉣ 파스텔화 및 습식화 등 시각적으로 부드럽고 혼색이 잘 되는 기법
을 사용

㉤ 도움이 되는 프로그램: 그림감상 토론, 따라 그리기, 만다라 기
법, 점토활동(지속적으로 수정하기), 판화(다양한 색으로 찍어 보기), 색 변
화 연습, 이야기 그림, 동화 만들기 등

◀ 그림 26 여러 가지 가면들
자신의 다양한 측면을 표현해 보는 것
은 스스로 자신을 인식할 수 있는 소
중한 시간을 만들어 준다. 그리고 이
과정을 통해 표현된 각각의 나와 타인
과의 관계를 돌아보고 스스로 변화할
수 있도록 한다.

3) 공포증(phobias)

(1) 공포증의 정의 및 증상

공포(phobia)는 도주, 공황, 공포, 무서움을 의미하는 그리스어 phobos에서 유래된 것으로, 특정한 대상이나 상황에 대한 비합리적인 두려움을 가지고 그것에 대한 반복적인 회피반응을 보이는 행동패턴을 공포증이라고 한다. 특정 공포증의 6개월 유병률은 5~10%이고 사회공포증은 2~3%로 상당히 흔한 질환이다.

원인으로는 타고난 소질과 환경의 스트레스가 합쳐져서 생긴다. Freud의 이론에 따르면 거세공포나 성적 흥분 같은 갈등이 불안을 야기하는데 이러한 불안을 억압하려고 노력하지만 해결되지 않으면 갈등의 내용과 상징적인 관계가 있는 대상에 불안이 옮겨 가서 그 대상에 공포를 느낀다고 했다(민성길 외, 2006). 사회공포증, 광장공포증, 특정 공포증(고소공포증, 불결공포증, 죽음공포증, 지하철공포증 등) 등이 있다.

(2) 공포증의 치료

공포증은 증상이 있어도 공포대상을 피할 수 있으므로 정상적으로 평생을 살 수도 있지만 합병증으로 약물 남용이 오기도 한다. 치료를 위해선 환자의 공포대상을 정확히 파악하는 것이 매우 중요하며, 약물치료와 함께 정신분석치료, 행동치료, 인지치료, 최면치료 등이 시행된다.

(3) 공포증 환자의 미술치료

정신분석, 인지행동, 행동치료적 미술치료접근이 필요하다. 무엇보다 중요한 것은 공포의 대상을 규명하는 것이며, 어떤 원인에서 공포가 생겼는지 알아 가는 것이다. 따라서 자유연상이나 난화에 대한 이미지 그리기 등 자유스러운 작업을 통해 환자의 무의식 세계를 읽어 내고, 이와 함께 점차적으로 공포대상에 접할 수 있는 프로그램을 적용하여, 그러한 공포들이 환자의 잘못된 사고에서 비롯되었다는 것을 깨닫도록 한다. 예를 들어 행동치료적 입장에서의 고소공포증 환자의 미술치료의 경우 환자로 하여금 높은 위치에서 내려다본 그림을 그리게 할 수 있다. 이 단계는 점차적으로 더 높은 시각으로 옮겨 갈 수 있다. 또한 결벽증 환자의 경우 점토를 만지지 않는 경우가 많은데, 이럴 경우 천사토와 같은 재료의 사용부터 시작하여 색 밀가루를 반죽하거나, 컬러찰흙 점토 등으로 점차적으로 재료의 사용을 확대시켜 나가는 것도 한 방법이 될 수 있다.

직접적으로 공포의 대상을 그리게 하는 것도 도움이 될 수 있다. 단, 이러한 접근 역시 자극이 덜한 단계에서 시작하도록 한다.

공포의 대상은 환자마다 다르며 그 대상 또한 광범위하기 때문에 치료사의 적절한 프로그램 응용과 선택이 요구된다.

◀ 그림 27 따라 그리기
새에 대한 공포증이 있다면 새를 그려 보는 것도 공포를 이겨 내는 좋은 방법이 될 수 있다. 이 경우 실제의 새를 그려 보는 것보다는 귀엽게 변형된 이미지를 따라 그리는 것부터 시작하도록 한다. 중요한 것은 미술치료를 통해 공포의 대상을 피하지 않고 다가갈 수 있도록 하는 것, 그리고 그것이 안전하다고 느낄 수 있도록 도와주는 것이다.

4) 우울증(depression)

(1) 우울증의 정의 및 증상

우울하다는 느낌은 모든 사람이 느끼는 정상적인 기분일 수도 있지만, 그 기분이 너무 심하고 오래 지속되어 일상생활에 장애를 초래하게 되면 우울증이라고 하고 비정상적인 상태로 보게 된다. 우울증은 일시적으로 기분이 우울해지는 것이나 개인적인 나약함을 말하는 것이 아니고, 하나의 질병으로 자신의 의지로 좋아질 수가 없다. 다시 말하면 치료를 받아야 하는 질병이며 치료를 받지 않으면 증상은 몇 주, 몇 달 혹은 몇 년간 지속될 수 있다. 그러나 적절한 치료를 받으면 80% 이상이 호전될 수 있는 비교적 치료가 잘되는 질환이다.

우울증의 원인은 생물학적 · 심리적 · 환경적 요소들이 복합적으로 이루어져 발병된다고 보고 있으며, 가장 두드러진 증상은 우울한 기분과 흥미나 즐거움의 상실, 피로감의 증대, 활동성의 저하를 보이는 기력저하 등이다. 그 외에 집중력과 주의력의 감소, 자존심과 자신감의 감소, 죄책감과 무가치감, 미래에 대한 비관적 생각, 자살 사고, 수면장애, 식욕감퇴 등의 증상이 있다. 그리고 이러한 증상은 때로 자신의 감정이나 의견을 분명하게 이야기하지 못하는 문화적인 영향을 받아 몸이 여기저기 아프다든가, 식욕저하, 성욕감퇴, 불면증 등의 신체적인 양상으로 나타날 수도 있으며, 청소년인 경우에는 무단결석, 음주, 흡연, 가출, 싸움 등의 행동상의 문제로 나타나는 경우도 있고 갱년기의 여성인 경우에는 안절부절못하는 불안, 초조의 형태로 나타나기도 한다.

(2) 우울증 환자의 치료

경한 우울증 환자는 대부분 약물치료와 함께 정상적인 일상생활이 가능하지만, 증상이 심해져서 정신운동지체가 심하여 직장 업무수행이 곤란한 상태가 되면 입원이 가장 주요한 대책이 된다. 환자의 증세가 심해서 자살의 위험이 있거나, 위기 개입이 필요할 때 혹은 위험성이 높은 치료방법을 사용하거나 내과적 질환이 있는 경우 등은 입원치료가 꼭 필요하다. 또한 우울증 환자의 식사는 칼로리가 충분해야 하며 식사를 거부할 때는 강제 급식을 행하여야 한다. 약물치료, 정신치료, 전기경련요법 등이 시행된다.

(3) 우울증 환자의 미술치료

Rubin(1987)은 미술적 표현을 통하여 자기 가치감을 재발견하도록 만들어 우울을 감소시킬 수 있었다고 보고한다. 우울증 환자의 미술치료는 이해, 인내, 공감과 격려를 통한 대화 참여 및 주의 깊게 이야기를 경청하는 치료사의 자세가 요구된다. 다양한 미술치료접근 중에서도 특히 인지행동적 미술치료는 가장 효과적이라고 할 수 있다(정지은, 2004).

인지행동 집단미술치료는 사회적 상황에서 사람들에게 편안함과 기술을 증가시키는 것에 초점을 두고, 특정한 유형의 인지왜곡에 대한 탐색, 집단미술치료 상황에 긍정적 혹은 부정적인 영향을 미치는 인지유형에 대한 논의를 하게 된다. 환자가 좋아할 만한 환경, 예를 들어 산책을 하거나 치료환경을 실내보다는 야외에서 함으로써 쾌적한 상태를 유지하는 것도 좋다.

만약 그림을 좋아하는 사람이라면 미술치료와 연계되는 취미활동을 하도록 하는 것도 도움이 된다. 우울한 사람은 기분전환이나 친구가 필

271

요하지만 너무 많은 요구와 기대는 환자에게 좌절감을 증가시킬 수 있으므로 너무 좌절을 주거나 장시간을 요하는 프로그램은 피하는 것이 좋다. 이들에게는 뭔가 성취를 느낄 수 있는 작업을 통해 개인적인 만족감을 얻도록 하는 것이 좋은데, 처음부터 무리하게 작업을 시작하게 하는 것보다는 적당한 자극을 주어 시작하도록 한다. 그림감상을 통해 환자의 맘을 치유하는 것은 우울증 환자의 치료에 효과적이다.

아름답고 보기 좋은 그림이 아닌 고통스러운 감정이나 우울함 등을 표현한 작가의 그림을 통해 환자는 그림과 자신을 동일시할 수 있으며 그 과정에서 자신의 상황을 위로받을 수 있다(정여주, 2003). 이런 작품을 모사하는 방법도 도움이 된다. 치료사는 너무 서두르지 말고, 환자를 격려하고 꾸준히 도와 치료에 참여하도록 유도해야 한다.

미술치료는 미술작품을 통한 개인의 잠재력과 개성을 중요하게 평가하여 부정적인 자아상을 긍정적으로 재구성하도록 해 주며 자신에 대한 통찰과 기회를 줄 수 있고, 미술작품의 완성 및 창의적인 과정은 환자의 자존감 및 개인적 성장을 촉진시킬 뿐 아니라 미술적 표현이 수치심이나 열등감의 근원을 없애는 좋은 매체가 되므로 우울증 환자의 치료에 있어 활용도와 가치가 높다고 할 수 있다(김선현, 2006b).

▲ 그림 28   ▲ 그림 29   ▲ 그림 30

◀ 그림 31

<그림 28>에서 <그림 31>까지는 씨앗이 땅에 묻혀 있다가 싹이 트고 꽃을 피우기까지의 과정을 그림으로 나타낸 것이다. 인지학 미술치료의 습식화 기법은 호흡을 차분하게 해 주고 감정을 이완시킴으로써 정서적 안정을 주는 효과가 있어 우울증 환자들에게 도움을 준다. 특히 이 기법은 생명력을 불러일으키는 상징적 의미가 담겨 있어 우울증 환자들에게 용기와 힘을 줄 수 있다. 또한 그림을 그리는 과정에 치료사의 지시가 따르므로 비교적 쉽게 그림을 완성할 수 있어 자발적이지 못하고 의욕이 없는 우울증 환자들에게 의지를 불러일으킬 수 있다. 가로로 그리는 것보다는 세로로 그리는 것이 뻗어 나가는 힘을 표현할 수 있어 더욱 효과적이다.

5) 노인치매(dementia)

(1) 노인치매의 정의

치매는 기억력, 언어기능, 사고력, 지남력(시간, 장소, 사람에 대한 구별능력), 이해력, 계산능력, 학습능력을 포함하고 고위피질기능의 장애가 생기는 만성 또는 진행성의 뇌질환에 의한 증후군이다(김선현, 2006b). DSM - Ⅳ에 의하면 치매는 정신박약이 아닌 의식이 청명한 상태에서 일상생활이나 대인관계에 장애를 초래할 정도로, 기억을 비롯한 여러 인지기능의 장애가 있는 상태로 정의할 수 있다. 노인성 치매는 65세 이상의 노인에게 기억력과 판단 및 사고력 등 기능의 장애로 일상생활의 지장을 초래하게 되는 경우를 말하며 다음과 같은 임상양상을 보인다.

① 알츠하이머(Alzheimer)형 치매

이 병의 원인은 미상이나 acetylcholine계 신경세포의 선택적 상실, 전두엽과 측두엽의 위축 등과 관계가 있다고 보고 있다. 알츠하이머형 치매는 가장 흔한 형태로서 전체 치매의 절반 정도를 차지하는 것으로 알려지고 있다. 정상적인 기능을 수행하던 뇌세포들이 특정한 원인 없이 서서히 죽어 감으로써, 개인의 인지기능은 점진적으로 감퇴하며, 성격 변화, 대인관계 위축, 사회활동의 제한은 물론 기본적 일상생활조차도 어렵게 만드는 퇴행성 치매이다. 발병 초기 단계에서는 일상생활의 수행능력이 좀 늦거나, 대화 도중에 얘기의 초점을 잊어버리는 정도여서 노년기의 건망증 정도로 잘못 판단할 수 있다.

② 혈관성 치매(vascular dementia)

혈관성 치매는 반복되는 뇌졸중으로 뇌의 여러 부위에 경색이 생김으로써 인지기능이 황폐되는 병으로 뇌출혈, 뇌경색 등 뇌혈관질환이 그 원인이며, 치매 중에서 두 번째로 흔한 유형이다. 혈관성 치매는 뇌혈관질환이 누적되어 나타나는 치매를 말하는데, 고혈압, 당뇨병, 고지질증, 심장병, 흡연, 비만 등이 있는 사람에게서 주로 나타난다. 알츠하이머병과 달리, 갑자기 나타나 점진적으로 악화되는 경우가 많다.

③ 기타 질병에 의한 치매

㉠ 파킨슨(Parkinson)병

파킨슨병은 신경전달물질 중 하나인 도파민의 부족으로, 운동신경망이 원활하게 작동하지 못하여 생기는 운동신경장애이다. 이는 주로 성인기에 나타나는 진행성 장애로 증상은 신체 떨림이나 손, 발, 관절의 마비, 언어장애, 신체를 움직이는 데 어려움을 보이며, 말기에는 치매로 발전되는 경우가 있다.

㉡ 픽(Pick)병

픽병은 수십 년에 걸쳐 인간의 능력이 점진적으로 퇴화하여 불가능한 상태에 이르게 한다.

픽병은 뇌의 전두엽에서 발생하며, 일반적으로 40~65세 사이에 발생되며 증상은 성격장애, 행동장애, 언어장애, 기억장애이다.

ⓒ 헌팅턴(Huntington)병

헌팅턴병은 주로 성인기에 나타나는 무도성 장애로서 치매가 주 증상이 되는 병으로 유전성이며 몸과 정신에 영향을 주는 뇌의 퇴행으로 생긴다. 주로 30~50세 사이에 발병하며, 주된 증상은 지적 장애, 손, 발, 얼굴 근육의 불규칙적이고 비자발적인 움직임과 성격변화, 기억장애, 말더듬, 판단력이나 정신적인 문제 등의 증상이 동반된다.

정신과적으로는 특히 우울증이 문제가 되는데(약 40%), 자살 시도도 드물지 않다. 20% 정도에서 정신병적 장애가 나타난다.

ⓔ 알코올성 치매 – 코르사코프(korsakoff) 증후군

술을 많이 마시면 특히 비타민 B1의 결핍으로 뇌 손상을 일으키게 된다. 노인에게서 보이는 갑작스러운 섬망은 알코올 금단에 의한 경우가 흔하다. 술을 마시지 않거나 지나치지 않은 수준에서 마시면 알코올성 치매에 걸리지 않는다.

(2) 노인치매의 증상

초기의 치매 환자는 흔히 약속을 잘 잊어버리고, 물건을 어디에 두었는지 기억하지 못하며, 같은 말을 되풀이하는 등의 증상을 보이다 병이 진행되면 모든 학습능력이 없어진다. 신경정신과적 증상으로는 초기에는 아주 미미한 인격 장애가 나타나므로 가족들도 발견하기가 힘들다. 초기에는 기운이 없는 것 같고, 의욕이 없으며, 외부 일에 관심이 없

는 것 같은 마치 우울증과 같은 증상이 특징이다. 그러나 점차 진행이 되면 마치 어린애같이 자기중심적인 행동을 보이고, 화를 잘 내는 등의 충동적인 행동이 보이며 사회적으로 고립이 된다. 환자에 따라서는 의심이 많아지고 의처증 또는 의부증과 피해망상이 나타나기도 하며 드물게는 환각증상을 보이기도 한다. 수면의 장애와 식사장애 그리고 성적인 행위의 장애를 보이는 경우도 있다.

(3) 노인치매 환자의 미술치료

미술재료의 사용과 기법을 익히는 과정은 신체적 · 감각적 자극을

◀ 그림 32 **점토 빚기**
점토는 특별한 경우를 제외하고는 남녀노소 누구나 친숙하고 좋아하는 재료이다. 점토는 퇴행을 유발하는 재료로 알려져 있는데 여기서 퇴행이란 동심, 즉 아동기를 떠올리도록 하는 것 외에 과거를 회생시키는 의미도 담겨 있다. 점토로 작업을 하는 것은 기억력의 장애를 보이는 치매환자들에게 도움이 되는 재료이자 활동이 된다.

◀ 그림 33 **한복 따라 그리고 채색하기**
트레싱지나 OHP필름지를 사용하여 한복을 따라 그리고 채색하는 작업.
노인들에게 한복은 옛 기억을 떠올리는 훌륭한 매개체이다. 돌잔치, 전통 혼례, 특별한 행사에 한복을 입었던 노인들의 회상은 그들의 증상을 완화시키는 데 도움을 줄 수 있다. 또한 따라 그리는 작업은 손과 눈의 협응 및 조절능력을 향상시키는 데 효과가 있다. 자발적이지 못한 대상자들에게 적당한 자극제가 될 수 있다.

일으켜 치매로 인한 증상을 완화시킬 수 있다. 또한 미술활동과정 중에 얻게 되는 색이나 형태에 대한 학습은 치매노인들이 가진 저하된 인지 기능을 회복하는 데 도움을 줄 수 있으며, 특히 신체감각을 활성화할 수 있는 프로그램은 매우 효과적이라 할 수 있다. 예를 들어 점토, 흙이나 모래, 돌 같은 자연물, 생크림과 같은 부드러운 재료, 굵은 소금 등 촉감을 느낄 수 있는 재료를 이용한 미술활동은 신체 감각을 활성화하는 데 유용하다. 특히 점토 작업은 만두나 송편을 빚어 왔던 노인들에게 과거에 대한 기억(활동)을 회생시키는 역할을 하기도 한다.

기능이 낮은 치매환자들은 종종 재료를 입에 넣는 경우가 있는데 이런 경우 색 밀가루를 사용하도록 한다.

지난 삶과 관련 있는 사진이나 그림들을 이용한 미술치료기법, 실제의 사진을 활용한 미술치료 기법들도 많은 도움이 된다.

277

4

예방적 차원에서의
미술치료

치료적 차원에서의 미술치료접근이 정신적·신체적 문제로 고통받고 있는 환자(내담자)의 증세를 완화시키거나 치료하기 위해 적용하는데 반해, 예방적 미술치료는 일반인을 대상으로 개인이 가진 소극적인 요소들을 감소시키고, 긍정적인 자아상을 발전시키기 위해 미술활동을 적용하는 것을 말한다. 즉, 문제 자체의 발생을 예방하기 위해 문제가 될 수 있는 소지가 있는 부분(부정적 사고, 위축 등)을 감소하게 하여 문제 발생의 원인을 줄이고 개인이 가진 긍정적인 요소들을 더욱 발전시키는 것이라 할 수 있다.

미술치료는 개인의 자율적인 표현을 유도하고, 참여하는 개인으로 하여금 자신의 욕구를 맘껏 표출하도록 하며, 그 과정에서 자신이 가졌던 편견을 버리고, 지금까지 해 보지 않았던 새로운 경험(미술활동)을 시도하게 한다. 이러한 과정은 개인이 가졌던 무기력함을 극복하고 자신을 더욱 성숙하게 만들고 자연스러운 개성화 과정을 촉진시킨다.

따라서 예방적 미술치료는 치료대상을 환자에 국한시키지 않고, 어린아이부터 노인에 이르는 다양한 연령층을 대상으로 하며, 다음과 같은 관점에서 접근할 수 있다.

1) 학교 안의 아동들을 대상으로 한 예방적 미술치료

학교 안의 상담과 생활지도는 문제의 심각성이 발생되기 전에 미리 예방하는 것에 주안점을 두고 있다. 이시용(2000)은 아동생활 지도원리 중에서, 부적응 행동을 일으키는 아동들에 대한 접근은 치료적 접근보다는 아동들의 잠재력을 키워 주고 자아실현을 위한 능력을 키워 줄 수 있는 예방적 차원의 발달 지향적 접근이 필요하다고 말하고 있다. 이와 같은 아동의 잠재력과 자아실현은 미술치료가 갖는 그 목적과 의미에 있어서 일맥상통하며 따라서 예방적 차원의 활동을 효과적으로 수행할 수 있는 미술치료의 구체적인 방법과 접근은 학교 안의 상담과 생활지도에 있어 실제적인 대안으로 모색될 수 있다.

아동들의 생활지도에 있어서 예방적 차원의 활동은 중요한 요소로 부각되고 있으며(박신숙, 2001), 이러한 맥락에서 미술치료과정에서의 창의력 계발과, 자기인식을 통한 자존감 향상, 스트레스 해소 등은 아동으로 하여금 자신의 잠재력을 키워 줌과 동시에 성취감과 용기를 주어 학교생활뿐 아니라 일상생활을 영위하는 데 자신감과 활력을 불어넣어 줄 수 있다.

미술치료가 갖는 이런 장점에 힘입어 최근에는 초ㆍ중ㆍ고등학교의 방과 후 활동에 정서수업이라는 이름하에 예방적 차원에서의 미술치료가 실시되고 있다. 학교 안에서의 따돌림 문제, 성적을 비관한 자살, 학교 내 폭력 등이 계속 증가하고 있는 것을 감안할 때 예방적 차원의 미술치료는 매우 중요한 부분을 차지한다. 물론 각 학교는 이미 이전부터 상담실 등을 개방해 놓고 학생들의 정서적 문제를 해결하기 위해 노력해 오고 있다. 그러나 기존의 상담은 상담에 대한 거부감을 보이거나 언어적 기술로는 표현하거나 이해되기 힘든 점이 있다는 측면에서 어려움을 보이는 듯하다.

(1) 아동상담에 있어 미술치료의 장점

아동을 상담하고 치료하는 데 있어 미술치료가 갖는 장점은 다음과 같다(이재연 외, 1990).

① 미술은 아동으로 하여금 그들의 정신과 감각을 사용하게 한다. 아동은 미술활동에 앞서 먼저 생각해야 하고, 환경에 대한 지식을 사용하고 여러 가지 감각을 통합시켜 그림이나 조각 등 여러 가지 미술작품을 만들어 가기 때문에 미술활동은 아동의 인지능력을 활성화시킨다.

② 아동은 과거나 현재의 사건과 관계되는 감정, 심지어는 미래에 대한 생각까지도 표현할 수 있다. 따라서 치료자는 직접적으로 관찰하기 어려울 수 있는 환자의 자기행동에 대한 인식을 알아볼 수 있다.

③ 미술활동은 아동으로 하여금 사회적으로 수용되며 해롭지 않은 방식으로 분노, 적대감 등을 해소할 수 있는 정화기능을 가지고 있다.

④ 미술활동은 아동이 스스로 주도하고, 조절하는 활동으로 아동은 자신의 작품결과로 자아를 고양시킬 수 있다.

⑤ 미술재료를 선택하고, 미술활동을 해 나아가면서, 또 완성된 작품을 통해 아동은 성취감과 개인적인 만족감과 가치관을 느낄 수 있다.

⑥ 미술은 주저하거나 말이 없는 아동과 친밀감을 형성하여 치료관계를 이루는 데 한 방법이 되므로 치료자에게 유용하다.

⑦ 미술은 치료자로 하여금 아동의 마음을 다치지 않고, 아동의 방어요소를 허물어뜨리지 않으면서 아동의 무의식 세계를 알아볼 수 있게 한다.

⑧ 미술은 여러 정보와 더불어 아동에 대한 보충적 자료가 되므로 아동을 진단하는 데 도움을 준다.

(2) 미술치료 프로그램

아동의 창의력과 잠재력, 자존감 향상을 위한 여러 가지 프로그램을 적용한다. 다양한 재료를 사용하고 다룸으로써 미술활동 안에서 자신만이 가진 독특한 표현력과 재료에 대한 응용력을 키우고, 작품을 완성한 뒤에는 노력에 대한 성취감을 느낄 수 있도록 격려와 지지를 보낸다. 학교 안의 생활지도는 대부분 집단으로 이루어지므로 집단에서 행할 수 있는 프로그램을 적용할 수 있는데, 협동화를 그리기나 이어 그리기 등은 집단 내 상호작용을 활성화시키고 내성적이거나 조금은 위축된 아동들을 집단으로 끌어낼 수 있는 촉진제가 될 수 있다. 이 과정에서 미술활동뿐 아니라 아동이 가진 생각이나 감정들을 발표할 수 있도록 한다. 혹은 게임을 응용한 미술놀이(예: 가위, 바위, 보로 이긴 사람이 자신의 손도장을 큰 종이 위에 찍어 점차 넓혀 가는 게임) 등은 색다른 재미를 줄 수 있으며 미술에 대한 거부감을 없앨 수 있다. 여러 가지 폐품을 이용한

◀ 그림 34 **협동화**

크레파스, 연필, 물감을 이용한 뿌리기, 흘리기 등의 기법과 빠른 템포의 음악이 겸비된 협동화 작업, 큰 종이 위에 자유자재로 맘껏 표현해 보는 이런 시간은 아동으로 하여금 실패감이나 그리기에 대한 거부감을 없애고 미술활동을 놀이로 즐길 수 있다는 점에서 아동의 흥미를 유발하고, 자율성을 촉진시킨다. 위축된 아동이나, 또래 관계의 상호작용 및 아동의 스트레스 해소에 많은 도움이 되며, 따라서 아동기에 보일 수 있는 여러 가지 부적응 행동을 예방할 수 있다.

◀ 그림 35 **집단 만다라**

개인의 개성을 강조하면서도 집단 안에서의 소속감을 느낄 수 있는 활동. 참여자 각각의 장점과 특성을 볼 수 있으며 함께하는 즐거움을 깨닫게 하는 작업이다. 개인은 만다라 그리기를 통해 질서와 안정을 경험할 수 있을 뿐만 아니라 집단과 함께하는 소중한 시간을 경험할 수 있다.

◀ 그림 36 **미술 전시**

자신의 작품을 전시하는 것은 아동·청소년들에게 자신을 표현할 수 있는 기회를 제공하며 이를 통해 자신감과 용기를 얻게 한다. 전시는 일회적인 행사이기는 하지만 낮은 자존감과 자신감, 위축된 행동을 보이는 아동·청소년들에게 치료적 효과가 크다.

현장적용을 위한 미술치료의 이해

만들기는 노력에 대한 성취감을 맛볼 수 있으며, 물감 뿌리기나 흘리기, 불기, 손도장이나 발도장 찍기 등은 놀이적 요소와 함께 긴장감을 풀어 주고 스트레스 해소에 많은 도움을 줄 수 있다.

2) 태교미술치료

여성은 임신을 하게 되면 입덧을 하게 되고, 급격한 신체적 변화와 함께 심리적 불안감을 갖게 된다. 임산부가 마음과 몸을 건강하게 유지하고 다스리는 일은 안전한 출산을 위해 가장 중요한 부분일 것이다.

Sontag(1946)에 의하면 임신부의 격분, 공포, 불안 등은 자율신경계통에 영향을 줌으로써 아세틸콜린이나 에피필린과 같은 화학물질이 혈액 속에 분비되고 결국 임신부의 강한 정서적 반응이 태아에게 해를 끼칠 수가 있다고 한다. 즉, 임신부가 빈번하게 긴장을 하게 되면 태아는 지나치게 민감하거나 많이 울고 신경질적인 아이가 되기 쉽다(손직수, 1980).

Montag(1959)도 어머니의 과도한 심리적 스트레스는 태아의 뇌 발달에 큰 영향을 주며 그 영향은 약 80%에 달한다고 발표했다(이동민, 1988). 이처럼 태아에게 가장 나쁜 영향을 주는 것은 어머니의 정신적인 긴장과 불안, 초조, 슬픔, 걱정, 불만, 실망, 분노와 아기를 달갑지 않게 생각하는 것과 같은 정서라고 한다(신연식, 1986). 또한 임신 중 큰 충격이나 좌절 등 극도로 높은 정서 상태를 겪으면 유산이나 조산을 유발하게 된다(유옥형, 1997).

따라서 건강한 아기의 출산을 위해서는 몸과 마음을 건강하게 유지하고 다스리는 것이 매우 중요하며, 이러한 관점에서 불안한 감정을 표출하고 내면의 감정을 표현하여 심리적 안정을 얻을 수 있는 미술치료는 임신부의 정서안정에 많은 도움을 줄 수 있다.

태교미술치료와 관련된 국내 연구는 2000년대 이후부터 행해졌고, 임신부의 불안감 감소 및 분만에 대한 자신감, 임부－태아 간의 애착 증진 및 임신부의 정서적 안정에 많은 효과가 있음이 보고되었으며(반주영, 2002; 김병철, 2004; 홍은주, 2003), 이에 힘입어 최근에는 병원(산부인과), 산모교실 등에서 태교미술치료가 실시되고 있다.

(1) 태교미술치료

태교미술치료와 미술태교는 엄격히 구분된다. 미술태교가 일반적으로 임신부가 보기 좋은 명화 같은 그림을 감상하며 정서적 안정을 찾고 아름다움을 연상해 보는 것이라면, 태교미술치료는 임신부가 다양한 미술재료를 직접 만지고, 그림을 그려 보면서 임신부와 아기가 함께 정서적 안정을 찾고 하나가 되게 하는 일종의 정신적인 치료 성격을 갖는 것이라 말할 수 있다(홍은주, 2003).

태교미술치료는 임신 중에 생기기 쉬운 출산에 대한 두려움, 몸의 변화에 따른 스트레스 등을 극복할 수 있도록 도우며, 자신의 불안한 감정을 미술활동을 통해 자유롭게 표출하여 심리적 · 정서적 안정을 얻을 수 있게 한다.

또한 미술활동에 필요한 손동작은 그 자체로 좋은 태교가 되어 배 속의 아기에게 영향을 미친다. 작업에 몰두하는 동안 편안해진 엄마의 마음이 아기에게 그대로 전해지기 때문이다. 이렇듯 태교미술치료는 임신으로 인한 심한 스트레스와 아기를 기쁘게 기다리는 임신부 모두에게 좋은 태교방법이며(김선현, 2006a), 태아와 임신부 간의 애착증진에 매우 효과적이라고 말할 수 있다(유현자, 2005).

(2) 태교미술치료 프로그램

① 엄마랑 아기 애칭 짓기

그림 혹은 색을 통하여 아기와 엄마의 애칭을 다양한 글자의 형태로 나타나게 한 후 자신의 생각을 이야기하도록 한다.

② 나의 어린 시절 그리기

자신의 어린 시절에 대한 기억을 통해 태어날 아기가 맺게 될 정서적 · 사회적 관계에 대해 생각해 보고 바람직한 방향을 설정해 본다.

③ 아기에게 편지 쓰기

아빠와 엄마가 태어날 아기를 위해 그림과 함께 편지형식의 이야기를 써 보고, 아빠나 엄마가 배 속의 아기에게 읽어 준다.

④ 아기에 대한 이미지 그려 보기

그림을 그리는 과정을 통해 아기를 상상하고 엄마의 기쁜 마음을 아기에게 전달할 수 있다.

⑤ 아기에 대한 엄마의 마음 그리기

구체적인 글을 써 보거나 어떤 이미지를 표현해도 좋다. 아기를 기쁜 마음으로 기다리는 모성이 전해질 수 있다.

◀ 그림 37 **아기와 나**

임신을 하면서 출산에 대한 공포가 많았던 내
담자는 자신의 두려움이 태아에게 해롭지 않
을까 두려움이 더욱 가중되고 있었다. 태교미
술치료를 받으면서 집단원들과의 대화를 통
해 출산에 대한 공포를 줄여 나갈 수 있었으
며, 자신만이 아니고, 어머니가 되고자 하는
사람이면 누구나 겪어야 할 일이라고 담담하
게 생각할 수 있었다고 했다. 태아인 듯한 원
을 감싸 안고 있는 푸른 나뭇가지와 반달 형태
의 표현이 아기에 대한 포근한 어머니의 사랑
을 전해 주고 있다.

참 고 문 헌

• 김동연 외(2001). 『아동미술심리이해』 (서울: 학지사).
• 김동연(1994). 『미술치료의 이론과 실제-한국미술치료학회편』 (대구: 동아문화사).
• 김동연 외 편저(2002). 『HTP와 KHTP심리진단법』 (서울: 동아문화사).
• 김선현(2006a). 『마음을 읽는 미술치료』 (서울: 넥서스).
• _____(2006b). 『임상미술치료학』 (서울: 학지사).
• 김진숙(1993). 『예술심리치료의 이론과 실제』 (서울: 중앙 정성출판사).
• 김승국 외. 『행동장애와 심리치료』 (서울: 교육과학사).
• 노안영(2005). 『상담심리학의 이론과 실제』 (서울: 학지사).
• 민성길 외(1999). 『최신정신의학』 (서울: 일조각).
• _____(2006). 『최신정신의학』 (서울: 일조각).
• 신연식(1986). 『부모교육』 (서울: 학문사).
• 이근매(2003). 『정서 · 행동장애아동을 위한 미술치료의 실제』 (서울: 교육과학사).
• 이동민(1988). 『태중교육』 (서울: 명문당).
• 이시용 외(2000). 『아동생활 지도와 상담』 (서울: 교육과학사), p.41.
• 이영화(1990). 『서양미술사』 (서울: 박영사).
• 이옥형(1997). 『아동발달』 (서울: 집문당).
• 이재연 외(1990). 『아동상담과 치료』 (서울: 양성원), pp.117~119.
• 임승룡 편저(1994). 『미술』 (서울: 시대기획).
• 원호택 · 이훈진(2002). 『정신분열증』 (서울: 학지사).
• 정여주(2003). 『미술치료의 이해』 (서울: 학지사).
• _____(2003). 『행동장애아동을 위한 미술치료』 (서울: 학지사).
• 정여주 · 최재영 · 신승녀(2002). 『유아미술치료』 (수원여자대학).
• 정현희(2006). 『실제적용 중심의 미술치료』 (서울: 학지사).

- 조수철(1999). 『소아정신질환의 개념』(서울대학교출판사).
- 최정윤 외(2000). 『이상심리학』(서울: 학지사).
- 한국미술치료학회 편(1999). 『미술치료의 이론과 실제』(대구: 동아문화사).
- 김동연(2001). 「발달미술치료가 발달장애아동의 전반적 발달에 미치는 효과」, 『재활심리연구』, Vol. 8, No. 2.
- _____(1989). 「장애아동의 특성과 미술」, 『특수아동교육』, 제16권 9호 pp. 162~163.
- _____(1990). 「미술을 통한 심리치료」, 『정서·학습장애아교육』, 제6권 1호 pp. 1~7.
- 김동연 외(1990). 「시각장애아 미술의 치료적 입장」, 『시각장애연구』, 제6권 9호 pp. 39~58.
- 김미화(2004). 「발달미술치료가 발달지체유아의 상호 주의하기와 요구행동에 미치는 효과」(창원대학교 대학원 석사학위논문).
- 김병철(2004). 「임부와 태아 간 애착증진을 위한 태교미술 프로그램의 효과」(원광대학교 대학원 석사학위논문).
- 김태은(2003). 「저소득층 한 부모 가족 아동의 집단미술치료 활동체험연구」(서울여자대학교 대학원 석사학위청구논문).
- 김효진. 「정신분열증 환자의 미술표현에 관한 연구」(숙명여자대학교 석사학위논문, 1996).
- 류정자(2000). 「집단미술치료가 노인의 학습된 무기력 및 우울정서에 미치는 효과」(경성대학교 대학원 석사학위논문).
- 문지원(2000). 「미술치료 이론 및 그 적용 가능성 연구」(대구 효성가톨릭대학교 대학원 석사학위논문).
- 박신숙(2001). 「예방적 차원에서의 미술치료를 통한 아동의 자아상 향상에 관한 연구」(이화여자대학교 대학원 석사학위논문).
- 반주영(2002). 「그림일기 형식의 미술치료가 초임부의 분만심리에 미치는 영향」(대구대학교 대학원 석사학위논문).
- 방지원(2006). 「집단미술치료가 치매노인의 행동과 인지기능에 미치는 영향」(동국대학교 석사학위논문).
- 손직수(1980). 「이조시대 여성교육에 관한 연구」, 『인문과학』 제9집, 성균관대학교 인문과학연구소.

- 신연숙(1995). 「정신분열증 환자의 미술표현 연구」 (서울대학교 대학원 석사학위청구논문).
- 유미(2006). 「커뮤니케이션 매체로서의 미술」, 『임상미술치료학연구』, 제1권.
- 유미(2005) · 신동근. 「만성정신분열병 환자의 미술치료와 삶의 질」, 『용인정신의학보』, 제12권 제1호.
- 유현자(2005). 「명상과 미술활동을 통한 태교미술 프로그램이 임신부의 정서에 미치는 효과」 (동국대학교 대학원 석사학위논문).
- 윤경미(1994). 「만성정신분열증 환자를 대상으로 한 미술요법 사례연구」 (홍익대학교 석사학위논문).
- 이부영(1995). 「한 정신과 환자의 정신치료과정에서 나온 시각재현의 의미」 (신경정신의학).
- 이수진(2002). 「집단미술치료가 정신분열증 환자들의 사회생활기술과 대인관계변화에 미치는 효과」 (대구대학교 석사학위청구논문).
- 이옹표(2003). 「현장과제를 활용한 정신장애인 사회기술훈련 프로그램의 효과」 (정신보건과 사회사업).
- 임은숙(2002). 「발달미술치료가 정신지체아동의 공격성에 미치는 효과」 (단국대학교 대학원 석사학위논문).
- 정지은(2004). 「인지－행동 집단미술치료가 기혼여성의 우울증과 자기 지각에 미치는 효과」 (영남대학교 대학원 석사학위논문).
- 진석균(1995). 「정신분열증 환자의 재활을 위한 사회기술훈련 프로그램」 (정신보건과 사회사업, 제2집).
- 최현진(2004). 「집단미술치료가 정신분열증 환자들의 사회기술향상과 증상완화에 미치는 효과」 (대구대학교 석사학위청구논문).
- 최화현(2004). 「집단미술치료가 청각장애아동의 사회 정서에 미치는 효과」 (원광대학교 대학원 석사학위논문).
- 최혜진(2005). 「시각장애아동의 미술교육 프로그램 연구」 (대구대학교 대학원 석사학위논문).
- 한국미술치료학회(1994). 『미술치료의 이론과 실제』 (서울: 동아문화사).
- 황영순(2004). 「낮 병동에서 미술활동에 의한 치료중재가 정신질환자의 사회기술에 미치는 영향」 (동국대학교 대학원 석사학위논문).
- 홍은주(2003). 「미술치료기법을 이용한 임신부 태교 프로그램 계발」 (숙명여자대학

289

교 대학원 박사학위논문).

- 황태연 외. 「직업재활프로그램이 만성정신분열병 환자의 삶의 질에 미치는 영향」 (신경정신의학회, 1998).
- Cathy A. Malchiodi, 미술치료(The Art therapy sourcebook), 최재영 · 김진연 역(서울: 조형교육, 2000).
- Carl Gustav Jung 외, 인간과 상징(Man And His Symbols), 이윤기 역(서울: 열린 책들, 1996).
- Ernst Hans Josef Gombrich, 서양미술사, 최민 역(서울: 열화당 미술선서, 1995).
- Gisela Schmeer, 그림 속의 나(Das Ich im Bild), 정여주 · 김정애 역(서울: 학지사, 2004).
- Ingrid Riedel, 융의 분석심리학에 기초한 미술치료, 정여주 역(서울: 학지사, 2000).
- Jennifer Mason, 질적 연구방법론(Qualitative Researching), 김두섭 역(서울: 나남).
- Robert Burns, 동적 집 − 나무 − 사람그림 검사, 김상식 역(서울: 하나 출판사, 1998).

- Arieti, S., 「Creative activities of schizophrenic patients」. Interpretation of Schizo−phre-nua, 2nd ed. Basic Book, New York, 1974.
- Anderson, F.(1978). Art for All the Children. Spring field: Chares C. Tomas.
- Domma, W.(1990), Kunsttherapie und Beschfigungstherapie. Grundlegung und Praxisbeispiele klinischer Therapie bei schizophrenen Psychosen. Koln: Maternus.
- Green, B. L, Wehling, C. & talsky, G. J. 1987. Group Art Therapy as an Adjunct to Treatment for chronic Outpatients. Hospital & Community Psychiatry, 38(9).
- Laing, J.,(1974). 「Art theraphy」 : Painting out the puzzle of the Inner Mind, New Psychiatry.
- Landgarten, H. B.(1981). Clinical art therapy. New York Brunner/Mazel.
- Mueser, K, T., Bellack, A. S., Douglas, M. S. & Morrison, R. L. (1991). Prevalence and stability of social deficits in schizophrenia Research, 5.
- Navratil, L.(1966). Kunst und Schizophrenie−ein Beitrag zur Psychologie des Gestatens−Munchen: dtv.
- Prinzhorn, H.(1972). Artistry of the Mentally Ill. New York: Springer−Verlag(original work published in 1922).
- Prinzhorn, H.(1994). Bildnerei der Geisteskranken(4th ed.). Wien, New York: Springer.
- Klemm, H.(2000). Die Relevanz der Kunsttterapie. Dargestellt am Besipie der Arbeit mit

Schizophrenen. Diplomarbeit an der Evangelischen Fachhochschule fur Sozialarbeit Dresden.

- Rubin, J. & Klineman, (1974). Child Art Therapy: Understanding and helping children grow throu art. New York: Van Nostrand Reinhlld.
- V. Lowenfeld., W. L. Brittain., The Changing Status of the Blind from Separetion to Integral S: Tomas, 1975. p. 11

291

미술치료의 진행

미술치료를 진행하기 위해선 여러 가지 계획이 필요하다. 전체 과정에 대한 목표 및 회기의 목표, 주제 선정과 매체의 선택, 그리고 치료사의 진행 방식 등이 그것이다.

미술치료의 계획은 미술치료를 효과적으로 수행하기 위한 첫 단계이며, 전체 과정에서 가장 중요한 위치를 차지한다(정여주, 2003). 효과적인 미술치료를 위해선 세밀한 계획이 필요하며, 치료사의 경험과 자질이 중요시된다. 미술치료의 진행은 계획을 토대로 시작되지만 환자(내담자)의 상황에 따라 유동적으로 변화될 수 있으며, 따라서 치료사의 경험과 다양한 안목 및 융통성 있는 태도가 요구된다.

또한 미술치료에는 다양한 매체와 프로그램이 적용되는데, 이 모두가 모든 내담자(환자)에게 용이한 것은 아니며, 대상자의 현 수준에 따라 변형되어 적용된다. 이 장에서는 미술치료 진행에 필요한 기본적인 사항들과 미술치료에 사용되는 프로그램 및 매체에 대해 간략하게 다루고자 한다.

1

미술치료의
계획

1) 미술치료의 대상

대상은 유아, 아동, 청소년, 성인, 노인으로 구분할 수 있다. 대부분 미술치료 대상자는 병원에서 어떤 진단을 받고 위임되거나, 정신과 방문에 대한 사회적 편견 때문에 그 대안으로 찾아오는 경우, 유·아동의 경우 어떤 선천적 장애로 인한 문제개선과 정서적 안정을 위한 예방적 차원에서 방문하는 예가 많다.

또한 청소년이나 성인, 노인의 경우에는 우울증, 정신증, 불안증 및 스트레스와 같은 정신과적 질환으로 인한 방문이 많다. 미술치료 대상을 간략하게 분류하면 장애아동 미술치료, 아동·청소년 미술치료, 성인 및 노인 미술치료, 정신질환자 미술치료 등으로 나눌 수 있지만, 그 분류에 명확한 경계가 있는 것은 아니다(미술치료의 대상은 제3장의 미술치료의 영역에 자세히 기술되어 있다).

최근에는 다문화 가정이나 새터민 가정이 늘어나면서 이에 대한 국가적 차원에서의 미술치료 지원이 증가되고 있으며 이 외에도 말기 암 환자, 약물이나 알코올 및 마약중독자, 재소자, 소년 소녀 가장을 위한 미술치료, 군부대 안에서의 미술치료 등 점점 그 범위가 확대되고 있는 실정이다.

2) 미술치료의 형태

미술치료는 환자(내담자)의 특성과 현 수준 및 흥미, 태도 등에 따라 적절한 미술치료의 기법을 적용시켜야 하며, 미술치료 대상자의 수에 따라 개인미술치료와 집단미술치료로 분류할 수 있다. 집단치료에는 가족치료도 포함된다. 또한 기간에 따라 단기치료와 장기치료로 나눌 수 있는데 그 기간에 대해서는 정확하게 분류되지 않고 있다. 장기치료는 몇 년이 될 수도 있고 단기치료의 경우 일주일에 몇 회를 하게 될 수도 있으며, 어떤 미술치료(특정한 프로젝트를 위한)는 하루 동안 이루어지기도 하며, 대상이나 집단의 특성에 따라 그 목표는 크게 변화된다.

(1) 개인미술치료

개인미술치료는 치료대상자(환자/내담자)와 미술치료사 간의 1:1로 미술치료가 진행되는 것을 말하며, 대체로 주 1~2회로 실시되며 시간은 45~50분 정도가 적당하다(그러나 간혹 어떤 대상자의 경우는 더 짧게 진행되기도 한다). 아동의 경우 미술치료 외에 부모(보호자)상담이 요구되며, 별도로 지속적인 부모교육이 진행되는 것이 바람직하다고 볼 수 있다.

치료 중도에 작품을 끝내는 것은 좋지 않으며, 회기가 종결되기 이전에 작품을 정리할 시간을 주는 것이 좋다.

개인미술치료의 진행은 심리치료의 이론(제2장 참조)에 따라 그 절차에 차이가 있지만, 한 가지 이론을 고집하기보다는 적절하게 보완하는 통합적 접근을 통해, 치료효과를 높이는 것이 효과적이라 할 수 있다.

(2) 집단미술치료

집단미술치료는 집단심리치료에 미술활동을 도입한 것으로 일반적으로 8명 정도가 적당하며 주 1회, 90분~2시간 정도로 진행된다. 주로 집단 내의 '나'의 모습을 알아 가고, 사회적 상호작용 및 대인관계 개선을 위한 목적으로 실시된다. 집단미술치료는 집단의 한 일원으로서 개인적인 책임을 지며, 치료자와 환자(내담자), 집단 상호 간의 교류를 통찰하고 자신을 객관적으로 시각화할 수 있다는 것이 큰 장점이라 말할 수 있다.

집단치료에서는 집단 내 상호작용을 유발할 수 있는 치료사의 역할이 요구되며, 위축이나 자신감이 결여되어 있는 집단 내에서는 치료사의 적절한 격려와 지지가 필요하다.

3) 목표설정

미술치료의 목표는 이론적 바탕을 기반으로 대상자의 현 문제나 집단 구성원에 따른 분포(개인치료, 집단치료, 가족치료, 부부치료 등)에 따라 달라질 수 있으며, 가장 최적의 상태는 치료사와 환자(아동의 경우 보호자도 포함)의 목표점이 같을 때이다. 또한 환자(내담자)의 치료가 단기치료이냐 장기치료이냐에 따라 목표에 대한 단계 설정도 변화된다.

미술치료를 위한 일반적인 목표는 다음과 같이 설명할 수 있다(정여주, 2003).

① 환자(내담자)를 내적 치유와 내적 성장으로 나아가게 한다.

② 문제를 받아들여 다루고 극복하는 능력을 기른다.

③ 자기 내면과 대화하게 하여, 무의식에 잠겨 있던 문제나 기억들을 의식화한다.

④ 창의적 경험을 통하여 내적 풍요로움과 융통성 있는 사회적 관계를 맺는다.

⑤ 자아를 통제하고 자기통합을 돕는다.

⑥ 균형 있는 삶으로 나아가게 한다.

⑦ 자기 정체성과 자신감과 사회적 통합을 가능하게 한다.

4) 미술치료실의 환경

미술치료실은 개인이 운영하는 미술치료실과 복지관 내 미술치료실, 병원 내의 미술치료실 등으로 구분되어 있지만, 미술치료실 외에 다른 용도로 함께 사용되는 경우도 많다. 때에 따라서는 미술치료과정이 야외에서 이루어지기도 한다.

미술치료실이 기본적으로 갖추어야 할 조건들은 다음과 같다.

① 미술치료실은 환자(내담자)에게 편안하고 안정감을 줄 수 있어야 한다.

② 통풍이 잘되고 될 수 있으면 자연광이 들어올 수 있도록 하며, 커튼이나 블라인드로 자연광을 조절할 수 있도록 한다. 적절한 조명기구의 선택도 필요하다.

③ 물을 쉽게 사용할 수 있도록 세면대가 설치되어 있는 것이 좋다(될 수 있으면 냉·온수를 모두 사용할 수 있는 것이 좋다).

④ 벽과 바닥은 편안한 색채로 하고, 바닥은 미끄러움을 방지할 수

있거나 충격이 적은 재질로 선택한다.

⑤ 장애아동을 위해 문지방에 턱을 없애고 평면으로 한다(휠체어 사용
이 쉽도록 한다).

⑥ 작업대는 넓고, 모서리는 둥근 것이 좋으며, 작업대와 의자의 높
이는 연령대를 생각하여 높이 조절이 가능한 것이 좋다.

⑦ 필요에 따라서는 엎드려서 작업할 수 있는 공간이 필요하며, 특
히 뇌성마비와 같은 신체장애인의 경우 움직이는 동작이 크므로
넓은 공간이 요구된다.

⑧ 환자(내담자)가 재료를 자유롭게 선택할 수 있도록 개방된 재료선
반이 필요하다.

⑨ 음악을 들을 수 있는 시스템이 되어 있으면 도움이 된다.

⑩ 작업을 보관할 수 있는 보관실을 구비한다.

⑪ 벽면은 작업한 것을 전시할 수 있도록 미리 설계되어 있으면 좋
고, 이젤을 구비하여 작업에 사용하거나 전시 때 사용할 수 있도
록 한다.

⑫ 모든 시설은 환자(내담자)의 안전을 고려하여 선택한다.

5) 미술치료과정

미술치료과정을 크게 구분하면 초기, 중기, 후기 단계로 나눌 수 있
으며 각 단계에 필요한 사항을 간단히 살펴보면 다음과 같다.

(1) 초기 단계

초기 단계는 미술치료의 전체 과정을 풀어 나갈 수 있는 첫 단추에 해

당된다(정여주, 2003). 환자(내담자)가 미술치료실에 첫발을 디디는 순간부터 환자가 보였던 행동, 표정, 대화 등은 환자의 치료에 중요한 정보를 줄 수 있으며, 치료사는 이 상황을 주의 깊게 관찰하는 자세가 필요하다. 치료사는 대상자의 증상에 집착하지 않고 안정감 있게 치료가 진행될 수 있도록 배려한다.

① 치료사는 환자(내담자)에 대한 정보를 상세하게 파악할 수 있어야 한다.
② 초기 과정에는 환자(내담자)에 대한 정보를 얻기 위해 그림 진단이 실시될 수 있다.
③ 치료사는 환자(내담자)가 선호하는 것을 파악하도록 한다.
④ 초기 과정에는 치료사와 환자(내담자) 간의 신뢰관계 형성이 매우 중요하다.
⑤ 치료사와 환자(내담자)와의 '치료적 동맹'[1]이 이루어진다.
⑥ 치료 상황에 대한 녹음 및 녹취 등에 대한 동의를 얻는다.
⑦ 환자(내담자)에게 동기유발을 줄 수 있도록 다양한 시도를 한다.
⑧ 아동의 경우 사전에 부모와의 면접이 이루어져야 한다.

(2) 중기 단계

중기 단계는 치료사와 환자(내담자)가 신뢰관계를 형성하여 구체적인 미술활동에 들어가는 시기로 환자(내담자)는 자신의 문제 해결에 적극적으로 노력하게 된다.

---

1) 치료에 참여하는 사람과 치료사 간의 신뢰와 목표를 달성하기 위해 양쪽 모두 전력을 다하는 것을 의미하며, 미술치료에서의 치료적 동맹의 성공은 치료사의 접근방법이 치료로서의 미술작품 제작에 대한 내담자의 필요와 목표에 얼마나 부합되느냐에 달려 있다(MALCHIODI, 2000).

① 치료사의 변함없는 관심과 배려가 필요하며, 환자를 전폭적으로 지지하고 이해하며 수용할 수 있어야 한다.

② 중기 단계는 치료사의 계획보다는 환자 스스로 주도해 나가는 경향이 많아지므로 치료사의 계획이 수정될 수 있다.

③ 환자는 자신의 한계를 수용하게 되며, 자신에 대한 인식이 확장되고 고통을 극복할 수 있는 힘이 생긴다.

(3) 후기 단계

후기 단계는 치료사가 세운 목표가 이루어지는 시기로 환자와 치료사는 종결이 다가옴을 인식하게 된다. 이 단계는 자신에게 집중되기보다는 실질적이고 사회적인 면에 관심을 보이며 자신의 삶을 책임질 수 있는 새로운 국면을 맞이하게 되는 변화의 시기이다(Peterson, 2000; 정여주, 2003).

① 치료사는 환자(내담자)가 현실세계에 적절하게 대응하고 극복할 수 있는 능력을 키우도록 배려한다.

② 치료사는 치료종결을 환자(내담자)에게 알려 주어야 한다. 치료의 종결을 두려워하는 환자(내담자)를 위해선 치료횟수를 점차적으로 줄여 나가는 방법을 선택하기도 한다.

6) 미술치료과정에 대한 기록과 평가

미술치료에 대한 과정을 기술하고 평가하는 것은 환자(내담자)의 상태를 파악하고 치료하는 데 매우 중요하며 다음 단계를 위한 자료가 된다. 미술치료과정을 기록하는 과정은 치료사가 치료과정 중 간단히 메모를 하거나 녹화 혹은 녹취를 하는 경우가 있으며 어떤 방법을 선택하든 간에 다음과 같은 사항을 기본으로 기록하여야 한다.

(1) 회기별 기록

① 전체 사항

㉠ 환자 이름

㉡ 병명 및 주 호소사항(증상)

㉢ 일시 및 회기

㉣ 장소 및 시간

㉤ 주제 및 기대효과

㉥ 재료

㉦ 대상(개인, 집단, 가족, 부부 치료 중 선택하여 표시한다)

㉧ 참여자: 치료사, 감독자, 실습생, 보조자 및 의료진 등

㉨ 미술치료 계획안: 전체 목표와 회기에 따른 세부목표를 기록한다
   (전체 목표 및 전체 계획안은 앞면에 부착하도록 한다).

② 주요 기록사항

㉠ 치료 상황의 분위기 및 앞 회기와의 비교 후의 변화(행동 및 그림양식의 변화 등)

㉡ 출석 여부 및 참여 후의 적극성 정도

㉢ 미술치료과정상에 나타난 환자의 반응 및 치료사, 집단원들에 대한 반응

㉣ 작업결과에 대한 기록(작품에 대한 서술 및 작품에 대한 환자의 반응)

ⓜ 치료사의 평가: 미술작품에 대한 평가 및 개인의 행동과 작품결과에 대한 평가

303

2
미술치료
프로그램

1) 이름 그리기(꾸미기)

이름을 그리거나 꾸미는 활동을 통해 자신의 존재감과 정체성을 인식하고 가족 및 사회 속에서의 자신을 돌아볼 수 있게 한다. 미술치료 초기 자신을 소개하는 의미에서 많이 사용되고 있으며, 초기의 낯설음이나 어색함을 감소시킬 수 있다.

이 작업은 장애아동에게 있어서 또 다른 접근을 시도할 수도 있다. 정신지체와 같은 지능에 문제가 있어 읽기 혹은 쓰기와 같은 학습이 어려운 아동들에게는 자신의 이름을 인지하고 방법적인 면에 변화를 주면서(쓰기, 우드락에 점 찍기, 스티커 붙이기 등) 소근육 운동을 도울 수 있다. 변형된 방법으로는 자신의 이름에 대한 이미지를 표현하거나 혹은 갖고 싶은 이름이나 별명 등을 표현해 보는 것도 좋다. 작업이 끝난 후 자신의 작업과 자신의 소개를 하는 시간을 갖고, 집단의 경우 집단원들 간에 작업결과에 대한 느낌 및 타인의 작업결과에 대한 궁금점과 감상 등을 이야기하도록 한다.

① 대상: 아동, 청소년, 성인, 노인, 개인, 집단

② 목적: 초기의 낯설음이나 어색함을 감소 및 자신에 대한 소개(자신에 대한 존재 인식)

③ 재료: 켄트지, 크레파스, 물감, 파스텔 등 다양한 미술재료

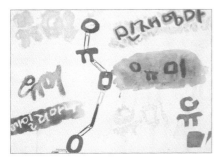

◀ 그림 1 이름 꾸미기

<그림 1>은 필자의 초기작품이다. 필자는 이 작업에서 살아가는 동안 불렸던 다양한 이름을 색다르게 표현해 보면서 내 이름과 관계하는 사람을 인식하고, 그들에게 내 자신이 소중한 사람이라는 것을 깨닫게 되었다. 또한 그러한 인식은 미래에 대한 계획의 한 부분을 긋는 중요한 역할을 하게 되었다.

◀ 그림 2 이름 꾸미기

스텐실 기법을 이용한 이름 작업. 기능이 낮은 대상자들에게는 자극매체를 사용할 수도 있다. 좌측의 그림은 자음, 모음 모양이 오려져 있는 판을 사용하여 자신의 이름을 재구성한 작업. 조합하는 과정은 학습효과가 있으며 그 외에 색의 선택이나 기타 작업 등은 표현력을 증대시키도록 돕는다.

2) 첫인상 그리기

집단에서 처음 만난 집단원들에 대한 느낌을 표현하는 것으로 자신에 대한 인식을 도울 수 있다. 7, 8명 정도의 집단에서 한 귀퉁이에 자신의 이름을 쓰고 시계방향으로 종이를 돌리고 귀퉁이에 씌어 있는 사람에 대한 느낌을 표현하는 식으로 진행된다. 그리고 자신의 이름이 쓰여

있는 종이가 돌아올 때 작업은 끝나게 된다. 첫 만남에서 사람은 대부분 자신의 긍정적인 면을 보여 주려 한다. 그럼에도 불구하고 가끔은 첫인 상이 좋지 않았던 사람들도 기억에 있을 것이다. 사람과의 만남에서 첫 인상에 대한 느낌은 매우 중요하다. 사람의 인상은 그 사람이 살아온 날 들을 대변해 주며, 타인과의 관계가 지속될 수 있을지의 여부는 그때 결 정되기 때문이다. 이러한 작업과 결과에 대한 느낌을 통해 자신에 대한 많은 느낌(반성 혹은 자신감 등)과 생각들을 정리하는 계기가 될 수 있다.

① 대상: 아동, 청소년, 성인, 노인, 개인, 집단
② 목적: 타인이 보는 자신의 모습을 인식하고, 자신이 생각했던 모 습과의 차이점을 인식한다. 자신이 몰랐던 새로운 자신을 만나게 되기도 한다.
③ 재료: 켄트지, 크레파스, 물감, 파스텔 등 다양한 미술재료

◀ 그림 3 첫인상 그리기
타인에게 보이는 자신에 대한 첫인상은 매우 중요하다. 그림은 어떤 대상의 첫인상에 대한 냉정함, 차가움, 무서움, 규율에 대한 압박감 등을 표현하고 있다. 그러나 반대로 은은한 따사로움도 보인다. 이러한 결과는 대상자로 하여금 자신을 돌아보게 하는 계기가 될 수 있다.

3) 감정 사전 만들기

자신의 희로애락(喜怒哀樂)에 대해 표현한다. 언제 어떤 때 그런 감정 들이 생겼는지에 대한 느낌을 집단원 혹은 치료사와 이야기해 보고 타

인이 그와 같은 상황에 처했을 경우엔 어떤 느낌을 받았는가에 대해 서로 이야기해 본다. 격려와 지지를 얻을 수 있기도 하고, 과도한 감정표현에 의해 집단원의 지적을 받을 수 있기도 하다. 이러한 과정은 자신의 행동에 대해 반성 혹은 수정할 수 있는 계기를 만들어 주기도 하며, 자신의 상황에 대한 타인의 공감과 이해는 힘든 상황을 극복할 수 있는 힘을 준다.

① 대상: 아동, 청소년, 성인, 노인, 개인, 집단
② 목적: 자신의 감정을 표출함과 동시에 집단원 혹은 치료사와의 대화를 통해 자신의 감정을 수용하고, 반성하며 타인을 이해하게 된다.
③ 재료: 켄트지, 크레파스, 물감, 파스텔 등 다양한 미술재료

◀ 그림 4 감정 표현하기(怒)
20년 이상 정신분열증을 앓아 온 환자는 자신을 병원에 남겨 둔 채 떠나고 있는 아버지의 자동차를 그림으로 그렸다. 자동차 안에는 가족들이 타고 있다고 했다. 환자는 가족들에 대한 감정을 노여움으로 표현하고 있다. 늘 망상에 빠져 있던 환자는 이 작업을 통해 자신의 현재 감정을 느끼게 되었다.

◀ 그림 5 감정 표현하기(哀)
같은 환자의 작품. 홀로 병원 앞에 남겨진 환자가 양손에 무거운 짐을 든 채 병원으로 들어가고 있다. 양손에 들고 있는 짐이 환자가 가지는 고통을 상징하는 듯하다. 환자는 이때의 감정을 슬픔으로 표현했다. 위의 그림과 더불어 환자는 자신이 경험했던 고통스러운 부분을 사실적으로 표현하고 있다.

4) 둘이서 그리기

두 사람이 한 조가 되어 서로 말을 하지 않고 그림을 한 번씩 번갈아 가며 그린다. 적당한 시간에 치료사가 마치도록 지시한다. 주제를 처음부터 정할 수도 있고 주제 없이 시작할 수도 있다. 그림이 완성된 후 집단원들과 작업과정과 그 결과에 대한 느낌을 주고받는다. 개인의 경우 치료사와 함께 진행되기도 한다. 그림을 그리는 과정에서 상대의 감정들을 읽을 수 있으며, 같이 그리는 작업에서 상대에 대한 배려를 하게 되기도 한다. 선택적 함구증 아동이나 타인과의 관계형성에 문제를 보이는 내담자에게 적합한 프로그램이다.

① 대상: 아동, 청소년, 성인, 노인, 개인, 집단
② 목적: 타인과의 대화능력과 상호관계를 향상시킨다.
③ 재료: 켄트지, 크레파스, 물감, 파스텔, 사인펜, 마카 등 다양한 미술재료

◀ 그림 6 둘이서 그리기
둘이서 그리는 활동은 많은 의미를 지닌다. 파트너에 대한 배려와 함께 그 마음을 읽게 되기도 한다. 누구나 이러한 경험을 통해서 혼자 그리는 것과는 무척 다른 점을 발견한다. 내 의지보다는 상대의 행위에 따라 달라지는 점이 많기 때문이다. 또한 참여자들은 작업과정에서 그림을 통하여 무언의 대화를 하고 있었다는 것을 스스로 깨우치게 되며, 타인을 이해하게 된다.

5) 석고로 손 뜨기

잘라진 석고 붕대 조각을 한 겹 한 겹 손에 붙여 나간다(물의 양을 적당히 조절한다). 자신의 손을 직접 다른 한쪽의 손을 이용하여 붙일 수도 있고, 두 명이 한 조가 되어 붙일 수도 있다. 석고가 손에 붙여질 때마다 자신의 손에 대한 새로운 인식이 생기게 된다. 손의 소중함, 거칠어진 손에 대한 느낌 등을 생각하게 될 수 있으며, 이때 명상에 사용되는 음악을 겸비하면 도움이 된다.

아동에게는 이렇게 반복되는 작업을 통해 인내심을 기를 수 있으며, 꼼꼼히 붙여 문지르는 과정에서 집중할 수 있으며, 무엇보다도 작업결과에서 큰 만족감을 느낄 수 있다.

완성된 자신의 손을 보면서 집단원 혹은 치료사와 이야기를 나눈다.

석고가루를 적당한 물과 섞어 손이 들어갈 만한 적당한 용기에 담고 손을 찍어 내는 작업도 유용하다.

① 대상: 아동, 청소년, 성인, 노인, 개인, 집단
② 목적: 자기인식의 증가 및 타인에 대한 고마움(2인 1조가 되었을 경우)을 느낌과 동시에 대화능력을 키울 수 있다.
③ 재료: 석고붕대, 물

◀ 그림 7 석고로 손 뜨기
이 작업과정은 자신의 현재 모습을 인식하는 데 많은 도움을 준다. 대부분의 내담자들은 자신의 손을 돌아보며, 살아온 지난날들을 회상한다. 그 안에는 자신에 대한 고마움과 아쉬움, 반성 등 다양한 감정들이 존재하며, 무엇보다 중요한 것은 현재의 자신을 되돌아보게 하는 계기가 된다는 것이다.

6) 주고 싶은 선물, 받고 싶은 선물

여러 가지 상자를 준비한 뒤, 치료사가 타인에게 줄 선물과 자신이 받고 싶은 선물을 포장할 것이라고 환자(내담자)에게 이야기해 준다. 집단에서는 많은 상자들(크기와 모양이 다른) 속에서 선택할 수 있도록 한다(그 선택과정은 집단 속에서의 나를 한 번 더 생각하도록 만든다). 선물에 들어갈 내용물을 그리거나 글로 쓰고, 예쁘게 포장한 뒤 집단원 혹은 치료사와 왜 이 선물을 그 대상에게 주고 싶은지, 왜 자신이 이런 선물을 받고 싶은지 등의 이야기를 나눈다. 대상과의 관계와 다른 집단원과 각각의 관계(선물을 주고받는 대상)를 인식하면서 작업과정의 의미를 되새겨 본다.

① 대상: 아동, 청소년, 성인, 노인, 개인, 집단
② 목적: 자신이 소원하고 바라던 것을 인식하고, 타인과의 관계를 생각하고 이해한다.
③ 재료: 여러 가지 크기, 모양의 상자, 포장지, 선물포장용 리본, 테이프, 가위, 도화지, 크레파스, 사인펜 등

◀ 그림 8 선물
내담자는 아들을 위해 목도리(직접 손으로 뜬)를 선물하고 싶고, 남편에게 여행상품권(부부만을 위한 여행)을 받고 싶다고 했다. 아들에 대한 사랑과 함께 결혼 후 15년간 대가족 안에서 부부만의 시간을 갖기 힘들었던 내담자의 소망이 잘 나타나 있다. 부부간의 불화가 찾았던 내담자는 작업과정에서 집단원들과의 대화를 통해 공감과 이해, 조언을 얻으면서, 자신에게 일어나는 일들이 자신의 탓인 경우가 더 많은 것 같다며, 스스로 변해야겠다는 생각을 하게 되었다고 말했다.

7) 점토작업

　큰 대야에 점토를 담고 물을 사용하여 다양한 활동을 한다. 주무르거나 비비거나 하는 등의 다양한 동작을 통해 과정을 즐기고 그 느낌을 이야기한다. 우드락에 점토를 편 뒤 그 위에 낙서를 하거나 글을 쓰는 것도 재미있다. 템포가 빠른 음악을 함께 사용하면 더욱 효과적이다. 물과 찰흙의 양에 따라 다양한 결과가 나올 수 있다. 점토가 꼭 삼차원 재료라는 편견을 버리는 것은 사람을 좀 더 융통성 있게 만들어 줄 수 있다.

　① 대상: 아동, 청소년, 성인, 노인, 개인, 집단
　② 목적: 감각을 활성화시키고 소근육 및 대근육 운동을 돕는다. 정서
　　　적 이완과 감정 표출을 원활하게 하며 스트레스를 해소할 수 있다.
　③ 재료: 찰흙, 물, 큰 대야, 스펀지, 찰흙 도구

◀ 그림 9 **점토 놀이**
점토 작업은 삼차원적인 형태를 만들 수도 있지만, 이처럼 평면에 펼쳐 놓고 작업할 수도 있다. 미술치료에 있어 매체를 다루는 것은 일반적인 방법을 벗어나는 경우가 많다. 그리고 그것은 개개인의 독특한 표현이자 마음이다. 많은 성인들이 이 작업을 통해 어린 시절로 돌아갈 수 있었다고 말한다. 점토는 이처럼 퇴행을 촉진시키기도 한다.

8) 어린 시절 그리기

　어린 시절을 그림으로 나타내면서 과거를 회상하고 그때의 자신과 현재의 자신에 대해 차이점과 공통점을 생각해 본다. 그림의 상황은 현

재의 나와 어떤 관계가 있는지? 그림 속에 등장하는 자신 외의 사람들은 현재의 나와 어떤 관계에 있는지도 함께 생각해 본다. 즐거운 기억일 수도 있고 좋지 않은 기억일 수도 있다. 이런 여러 가지 작업결과를 집단원 혹은 치료사와 이야기 나눈다. 그때 느꼈던 감정과 현재 느꼈던 감정은 차이가 많을 수도 있다. 그 이유에 대해 생각해 보아도 좋다.

① 대상: 아동, 청소년, 성인, 노인, 개인, 집단
② 목적: 어린 시절의 기억이 현재 미치는 영향을 인식함과 동시에 과거와 현재의 자신을 통합하여 심리적 균형을 얻는다.
③ 재료: 4절지, 크레파스, 파스텔 등 그림도구

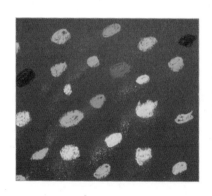

◀ 그림 10 어린 시절의 기억
어린 시절 즐겨 먹던 색색의 초콜릿을 표현한 작품. 내담자는 아버지가 퇴근길에 늘 사다 주셨던 초콜릿이 가장 기억에 남는다며, 그 시절을 회상했다. 내담자는 늘 자상했던 아버지의 죽음이 늘 자신을 괴롭게 만들었으며, 또한 결혼 생활에도 큰 문제를 준 것 같다고 이야기한다. 내담자는 남편에게서 아버지의 역할을 기대하게 된다고 말했다. 이처럼 어린 시절의 기억들은 지금 현재 자신의 모습과 많은 관계가 있다.

9) 자화상 그리기

자신의 현재 모습을 관찰하여(거울을 보고) 그리거나 자신이 생각하는 자신의 모습을 그리도록 한다. 그림을 그리는 과정을 통해 자신을 되돌아보고, 자신의 모습을 인식하게 된다. 변형된 작업으로 2인 1조가 되어 상대방의 얼굴을 그려 보는 방법도 있다. 자신이 그린 자화상과 비교해 보면서 자신이 생각하는 모습과 타인이 자신을 바라보는 자신의 모습을 인식하게 된다.

① 대상: 아동, 청소년, 성인, 노인, 개인, 집단
② 목적: 자기인식의 증가, 자신의 내적 상황을 투영하여 본다.
③ 재료: 4절지, 크레파스, 파스텔, 연필 등 그림도구

◀ 그림 11 요술구슬 – 15회기
4세(女)의 정신분열증 환자가 그린 자화상(중기의 그림). 표현하는 과정 중에 자신이 현재 입고 있는 옷을 관찰하여 그렸다. 회색빛 얼굴은 병들어서 창백한 자신의 모습을 표현했다고 설명했다. 사실적 묘사는 정신분열증 환자의 미술치료에서 매우 중요하다 할 수 있다. 환자가 가진 망상이나 판타지 등을 감소시키고 현실 감각을 키우는 데 도움이 되기 때문이다. 환자는 자화상을 통해 현재의 자신을 느낄 수 있었으며, 병이 빨리 나아서 얼굴색이 이전처럼 돌아왔으면 좋겠다고 했다.
이처럼 자화상을 그리는 것은 현재의 자신을 인식하는 데 많은 도움을 줄 수 있다.

313

10) 인생의 그래프 그리기

개인 혹은 집단이 함께 둘러앉아 눈을 감은 다음 자신의 지난날을 조용히 회상해 보는 시간을 갖는다(조용한 음악을 들려주며 호흡과 근육의 이완을 유도하도록 한다). 회상이 끝나면 켄트지 위에 자신의 초기 기억부터 현재에 이르는 동안 자신의 기억에 강하게 남는 사건, 기억들을 그림으로 표현한다(구체적인 형상이 아니라 추상적인 표현도 가능하다). 미래의 일을 예상하여 그리는 것도 좋다. 작업이 끝난 뒤 치료사 혹은 집단원들과 자신이 표현한 부분에 대해 설명하고, 타인의 작업에 관심이 있는 부분에 대한 질문과 자신이 받은 느낌들을 이야기해 본다.

① 대상: 아동, 청소년, 성인, 노인, 개인, 집단

② 목적: 자신의 삶 전체를 돌아보며 자신의 경험을 정리해 본다(자신의 삶을 수용한다). 자신의 정체성을 발견하게 되고 집단원과의 이야기를 통해 타인을 이해하게 된다.

③ 재료: 켄트지, 크레파스, 파스텔 등 여러 가지 그림도구

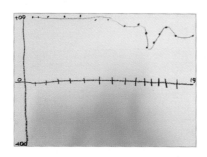

◀ 그림 12 인생의 그래프

자신이 살아왔던 날에 대해 행복감과 만족감을 표시해 보는 작업. 작업을 통해 자신의 삶을 한 눈에 들여다볼 수 있다. 치료실에 왔음에도 자신의 삶을 긍정적으로만 표현한 작업 속에서 부정적인 표현에 대하여 힘들어하는 내담자의 모습을 볼 수 있다. 그래프를 통해 삶과 현재와의 관계를 인식해 보는 시간을 갖는다.

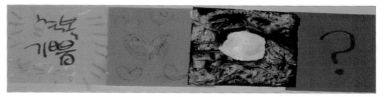

▲ 그림 13 인생의 파노라마

자신의 삶을 돌아보며 중요했던 순간을 표현해 보는 작업과정. 내담자는 자신의 탄생은 가족의 행복이자 기쁨이었고, 그로 인해 어린 시절은 행복했지만, 남편과의 불화로 현재는 불안하고 허전하며, 자신의 미래 역시 불투명하다고 느끼고 있었다. 내담자는 같은 연령대의 집단원들과 비슷한 상황에 대한 경험을 이야기하며, 위로받을 수 있었으며, 행복했던 자신의 어린 시절을 감사하게 생각하게 되었다고 말한다.

11) 소망의 나무

크레파스 등 그림도구를 이용하여 나무줄기와 가지 등을 그린 다음 자신이 소망하는 모습이나 가지고 싶은 물건 등을 잡지책에서 찾아 오려

서 자신이 그린 나무에 붙여 본다. 만약 찾는 게 없다면 그려 넣어도 무방하다. 아동들에게는 자신이 찾고자 하는 사물 등을 잡지책에서 찾는 과정이 집중력과 순간적인 관찰력을 기르는 데 도움이 된다. 그리기 싫어하는 아동에게도 좋은 프로그램이라 할 수 있다. 오리거나 찢기를 통해 소근육 활성을 도울 수 있다. 작품이 완성된 후 치료사 혹은 집단원들과 자신이 소망하는 모습이나 가지고 싶은 물건들에 대한 이유와 소망이 이루어졌을 때의 자신의 모습에 대해 이야기해 본다. 자신이 소망하는 것과 타인이 소망하는 것은 어떤 차이가 있는지도 생각해 본다. 이러한 과정은 자신의 현재 모습을 객관적으로 평가할 수 있도록 돕는다. 또한 자신의 소망을 타인에게 말하면서 그것을 이루기 위한 노력을 하게 된다.

① 대상: 아동, 청소년, 성인, 노인, 개인, 집단
② 목적: 내가 바라는 소망을 인식하고 표현함으로써, 그에 다가갈 수 있도록 노력하게 한다.
③ 재료: 4절지, 풀, 가위, 잡지책, 여러 가지 그림도구

315

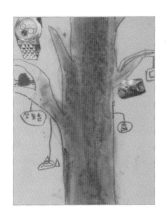

◀ 그림 14 소망의 나무
위축 아동(만 7세)의 작품으로, 자신이 평소 가지고 싶은 물건, 좋아하는 음식(시계, 닭고기, 오토바이 등)을 오려 붙이거나 그렸다. 무거워 보이는 듯한 시계와 오토바이의 모습에서 남자다워지고 싶은 아동의 소망이 보인다. 이 작업에서 특이한 것은 나무 오른쪽 맨 아래 가지의 물체였다. 치료사가 물어보자 아동은 '본드'라고 대답했다. 이 그림으로 아동의 보호자는 아동이 최근 '본드'에 대한 관심이 생겼다는 것을 알게 되었다. 보호자는 아동이 몇 개월 전집 근처 중학생 형들로부터 '본드 흡입'이 기분을 좋게 한다는 이야기를 한 적이 있었는데, 대수롭지 않게 생각했다고 했다. 미술치료를 진행하다 보면 간혹 이처럼 예상하기 어려운 일이 발생하기도 한다. 이런 경우 아동이 가진 증상의 감소와 더불어, 별도의 교육지침이 필요하다.

12) 가족의 소원 그리기

　가족 모두 4절지를 한 장씩 나눠 가진 뒤, 자신의 소망을 그려 보거나 잡지책에서 오려 붙인다. 작품이 완성된 뒤 한곳에 모아 자신의 소망들을 이야기한다. 이야기를 통해 가족 구성원을 이해하고 자신이 가족을 위해 할 수 있는 일을 각자 생각해 보도록 한다. 이 작업은 가족을 이해하고 배려하며 가족 간의 결속을 다지는 데 유용한 프로그램이라 할 수 있다. 작업이 끝난 뒤 각자 가족에게 해 줄 수 있는 부분에 대해 편지를 써 보는 것도 좋다.

① 대상: 가족집단
② 목적: 가족들이 소망하는 것을 인식하면서 그들을 이해하고 도울 수 있게 되며, 가족의 응집력을 높일 수 있다.
③ 재료: 4절지(가족 수만큼), 풀, 가위, 잡지책, 여러 가지 그림도구

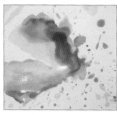　　　　　　

　　▲ 그림 15 자유　　　　　▲ 그림 16 친구 사귀기　　　▲ 그림 17 가족선물

어머니, 언니, 여동생의 소원을 그림으로 그린 것(좌측부터). 큰아이(심한 불안장애)에 대한 문제로 자신의 생활이 거의 없는 어머니는 자유를, 큰아이(내담자/12세)는 친구를 사귀는 것, 동생은 가족 모두가 바라는 소원이 들어 있는 선물상자를 그렸다. 이 작업으로 가족 구성원들은 그들의 소원을 이야기해 보면서 서로 이해하고 감사하는 마음을 갖게 되었다고 말했다. 특히 어머니는 이 작업이 지쳐 있는 자신에게 큰 에너지를 준 것 같다고 소감을 말하기도 했다.

13) 나의 그림자

　자신이 평소 싫어하는 유형의 사람들을 생각하고 종이 위에 그려 보거나 잡지책에서 찾아서 오려 붙인다. 작품이 완성되면 치료사 혹은 집단원들과 그 이유에 대해 설명하고 대화한다. 자신이 다른 집단원과 같은 생각을 하고 있는지 아니면 다른 생각을 하는지 생각해 보고, 자신이 싫어하는 유형의 사람이 자신과 어떤 면이 다른지 혹은 닮은 면이 있지는 않은지 생각해 본다.

　① 대상: 아동, 청소년, 성인, 노인, 개인, 집단
　② 목적: 자신의 어두운 면을 고찰함과 동시에 자신의 성격을 인식하고 수용한다. 자신의 부정적인 측면을 수정하도록 한다.
　③ 재료: 4절지, 풀, 가위, 잡지책, 여러 가지 그림도구

◀ 그림 18 나의 그림자
집단치료에 참여한 내담자는 이를 드러내고 웃는 사람이 제일 싫다고 한다. 집단치료과정에서 내담자는 한때 비행 청소년이었던 자신을 오빠가 때린 적이 있었는데, 그 사건으로 이가 부러져 의치를 하게 되었고, 다시는 이를 드러내고 웃을 수 없게 되었다며, 많이 울었고, 오빠를 미워한 적이 있기도 했지만, 지금은 오빠보다는 그 당시의 자신이 너무 미워 견딜 수 없다고 토로했다.

14) 나의 신체 그리기

　치료사 혹은 집단이 2인 1조가 되어 큰 종이(전지를 이어 붙여 사용) 위에 한 사람씩 누어 교대로 파트너의 신체를 따라 그려 준다. 파트너가 자

신의 몸을 그려 줄 때 그 움직임에 따라 자신의 신체를 느껴본다. 서로 작업이 끝나면 본을 뜬 자신의 신체를 여러 가지 미술재료를 사용하여 완성해 보도록 한다.

　파트너가 그려 준 자신의 신체본이 맘에 들었는지 혹은 어느 부분이 맘에 들지 않았는지 이야기해 본다. 자신의 몸을 완성해 나가는 데 느꼈던 여러 가지 감정과 완성품에 대해 이야기해 보고 자신과 닮은 점 혹은 전혀 다르게 느껴지는 부분들에 대해 집단원과 대화해 본다. 서로의 작품에 대해서도 같은 방법으로 이야기 나눠 본다(제1장 미술치료의 기법 참조).

　　① 대상: 아동, 청소년, 성인, 노인, 개인, 집단
　　② 목적: 자기인식의 증가 및 자신이 바라는 모습을 인식하게 된다.
　　③ 재료: 전지 여러 장, 여러 가지 그림도구

◀ 그림 19　신체 본뜨기
자신의 신체를 이용한 그림은 자신에 대한 부정적인 이미지를 가진 대상자에게 다소 힘든 작업이 될 수 있지만 자신의 신체를 자극매체로 창의적인 표현을 하는 과정에서 사고를 긍정적으로 전환시킬 수 있다. 진행방법에 따라 현재의 자신을 인식시키는 작업이 될 수도 있고 미래에 대한 긍정적인 사고를 갖도록 할 수도 있다. 그리기 도구 외에 다양한 소품을 사용하기도 한다.

15) 동화 그림 이어 상상하기

　치료사가 동화를 읽어 주면서 환자(내담자)에게 장면 장면을 그림처럼 연상하도록 한다. 이미 알고 있는 이야기가 아니면 더욱 효과적이다. 결말 부분을 이야기하지 않고 상상하여 표현하도록 한다. 그리는 데 거부감이 있는 아동의 경우 치료사는 전 장면의 일부분을 그려 시작하게 하는 '출발용지법'을 사용할 수도 있고 콜라주를 이용할 수도 있다(예: 잭과 콩나무 이야기를 들려준 뒤 콩나무를 타고 올라간 뒤 잭이 보게 될 장면을 상상하여 그리게 한다).

① 대상: 아동, 청소년
② 목적: 상상력과 창의력을 기를 수 있으며, 자신의 감정 및 소망을 나타낸다.
③ 재료: 4절지, 여러 가지 그림도구

◀ 그림 20 하늘나라 상상하기
부모의 이혼으로 아동보호소에서 생활하고 있는 아동에게 잭과 콩나무 이야기를 들려준 뒤, 콩나무를 타고 올라간 다음의 모습을 상상하여 그리도록 했다. 아동은 그곳에 가면 넓고 큰 집과 엄마가 맛있는 음식을 차려 놓고 자신을 기다리고 있을 것 같다고 말했다. 아동은 어떤 상상력을 발휘하기보다는 현재의 자신이 소망하는 모습을 표현한 듯하다. 이러한 표현에서 모성적 사랑과 따뜻한 가정을 그리워하는 아동의 모습을 읽을 수 있다.

16) 창을 통해 보이는 장면 그리기

치료사가 4절지에 적당한 크기의 창틀을 그려 주고 생각나는 장면을 그리도록 한다. 창 안에 바깥의 풍경을 그리는 사람도 있고, 집 안의 내부를 그리는 사람도 있을 것이다. 바깥의 경우 계절감각도 느껴질 수 있다. 완성된 작품을 두고 치료사 혹은 집단원들과 이야기 나눠 본다.

자신이 소망하던 모습이나 현재의 감정을 스스로 느낄 수 있으며, 자신과는 다른 생각을 갖는 집단원들을 통해 타인을 이해하게 된다.

① 대상: 아동, 청소년, 성인, 개인, 집단
② 목적: 자신의 감정 및 소망을 나타내고 인식하며 타인에 대해 이해한다.
③ 재료: 4절지, 여러 가지 그림도구

◀ 그림 21 겨울풍경
정신분열증을 앓고 있는 55세의 여성 환자는 창밖을 겨울로 표현했다. 단색(보라색)으로 표현한 길과 길을 따라 곧게 서 있는 소나무들 사이로 바람이 불어 쓰러지려 하는 한 나무가 보인다. 환자는 병든 자신의 모습을 쓰러져 가는 나무로 표현하고 있다. 오랜 유학생활을 했지만, 병원에서 지내는 자신의 현실이 병식이 있는 환자에게는 감당하기 어려워 보였다. 그림은 집단의 공감과 이해를 불러일으키며 많은 대화를 이끌게 하였다.

17) 밑그림 완성하기(협동화–조각 그림 완성하기)

전지 크기의 종이에 치료사가 스케치를 한다(될 수 있으면 일반적으로 고유색을 가지고 있다고 생각하는 풍경을 스케치한다). 밑그림을 집단원들에게 보여주고 집단원들의 수만큼 등분한 뒤 나눠 주고, 채색하도록 한다. 작품이 완성된 후 다시 뒤를 이어 붙여서 전체적으로 완성된 작업을 집단원과 감상하고 이야기 나눈다. 가장 눈에 띄는 부분은 어느 부분인지? 표현과정 중 힘들었던 부분은 어디였는지? 만약 혼자 그렸다면 어떻게 완성되었을지? 가장 마음에 드는 부분은 어느 곳인지? 차례로 이야기해 본다. 이 과정은 집단 안에서의 자신을 되돌아볼 수 있으며, 전체에서 생활하는 방법을 제시하기도 한다.

① 대상: 아동, 청소년, 성인의 집단치료
② 목적: 자신에 대한 인식 및 대인관계, 사회성 향상
③ 재료: 전지, 여러 가지 그림도구

◀ 그림 22 조각 그림 그리기
그림은 분명 연결선이 있지만 표현이 독특하다. 다시 붙여진 완성품을 통해 자신이 그린 그림과 타인과의 그림을 비교해 보고, 자신이 표현했던 부분에 대해 여러 가지 생각들을 정리해 볼 수 있다. 자신의 개성보다는 타인에 대한 배려와 협동이 우선시되는 작업이라 할 수 있다. 집단원은 작업을 통해 소속감과 협동심을 가질 수 있다. 인지기능이 낮은 집단에서는 학습효과도 기대할 수 있다.

321

18) 함께 종이 돌려 그리기

6~8명 정도가 한 조가 되어 전지를 앞에 두고 둘러앉는다. 한 사람씩 차례로 그림을 그린다. 그림의 완성도를 보고 치료사가 적당한 시기에 종료를 알린다. 주제를 정할 수도 있고 자유롭게 그릴 수도 있으며, 그리는 과정 동안 말을 하지 않고, 그림을 바라본다. 완성된 작품에 대해 집단원과 이야기 나눈다. '내 그림은 전체에서 어느 정도의 비중을 차지하는가?', '나는 다른 사람과의 그림과 어울려 그리려 했는가?', '나의 흔적은 다른 사람과 가까이 있는가? 아니면 홀로 있는가?', '가장 맘에 드는 부분은 어디인가? 반대로 가장 마음에 들지 않는 부분은 어디

인가?', '내가 그린 부분이 좋다고 지목되었을 때 기분은 어떠했는가? 혹은 반대의 경우는?', '다른 집단원은 왜 그런 생각을 했을까?'등 여러 가지 질문과 함께 자신을 돌아볼 수 있다.

① 대상: 아동, 청소년, 성인의 집단치료
② 목적: 집단 속의 자신을 통해 현재의 자신을 인식하고, 타인과의 관계형성을 되돌아보게 한다.
③ 재료: 전지, 여러 가지 그림도구

◀ 그림 23 과일과 꽃
7명의 집단원이 완성한 그림. 전체적으로 그림이 무척 조화롭다. 집단원들은 타인과 같이 어울려 그리는 작업이 재미있고 흥미롭다고 했다. 어떤 대상자는 그리는 동안만큼은 타인과 어울리려 노력했다고도 말한다. 물론 모든 내담자가 이런 작업을 선호하지는 않지만, 대부분의 내담자들은 이 작업이 타인과의 관계형성에 많은 도움이 되었다고 이야기한다. 즉, 그리는 시간만큼은 모두에게 집중할 수 있다.

19) 가고 싶은 곳 그리기

평소에 가고 싶었던 곳을 생각해 보고 그 장소를 그려 본다. 구체적 장소일 수도 있고 막연히 상상하는 곳일 수도 있다. 그림이 완성된 후 치료사 혹은 집단원들과 이야기 나눈다. '가고 싶었던 이유는?', '같이 가고 싶은 사람은 누구인가?', '그 사람과 나는 어떤 관계에 있는가?', '그 장소는 가 본 적이 있는 곳인가?', '있다면 누구와 갔는가?', '그 사람과 다시 가고 싶은가?', '구체적인 장소가 아니었다면 그 이유는 무엇인가?', '그 장소는 다른 사람도 원하는 곳인가?' 등 여러 질문을 통해 현재의 자신의 감정을 돌아볼 수 있다.

   ① 대상: 아동, 청소년, 성인, 개인, 집단
   ② 목적: 현재의 자신과 자신이 소망하는 것을 인식한다.
   ③ 재료: 4절지, 여러 가지 그림도구

◀ 그림 24 가고 싶은 곳 그리기
공격성과 충동성이 심해서 또래관계형성에 문제가 있었던 한 아동의 그림. 유아기 때, 애착물건(장난감, 젖병 등)에 대한 강압적인 분리와 아버지의 엄격한 태도가 원인으로 추정되었다. 아동은 부모에 대한 부정적인 생각이 많았다. 아동은 목적지는 알 수 없지만 기차를 타고 오랫동안 여행을 하고 싶다고 했다. 답답함을 벗어나 자유롭고 싶은 아동의 소망을 엿볼 수 있다.

323

20) 지도 그리기

   아동·청소년에게 집을 기준으로 자신이 자주 가는 곳(대부분 학교가 된다) 사이를 그림지도로 표현해 보도록 한다. 이 프로그램은 아동·청소년의 생활과 관심대상을 알 수 있게 한다. 행동장애(conduct disorder)의 경우 장소에 대한 회피나 그리기에 대한 거부 등이 나타날 수도 있다. 치료사의 재치 있는 설명과 유도가 필요하다. 필자의 경험에 의하면 간혹은 상상 외의 장소나 사람이 등장하는 경우도 있다. 그리기에 자신이 없는 아동·청소년의 경우 치료사가 지도(길)를 미리 그려 주어도 무방하다. 그림이 완성된 후 치료사 혹은 집단원들과 이야기를 나누어 본다. '아동 · 청소년이 가장 관심 있어 하는 장소는 어디였는가?', '나는 그곳을 간 적이 있는가?', '필수적으로 들어갔어야 하는 장소가 생략되지는 않았는가?', 여러 질문을 통해 아동 · 청소년의 생각과 감정을 읽을 수 있고 그들을 이해할 수 있게 된다. 또한 아동 · 청소년은 집단원과의 이야기를 통해 자신과 타인이 어떻게 다른지 혹은 그런 부분이 긍정적인지 부정적인지 알 수 있게 된다.

① 대상: 아동, 청소년(개인, 집단)
② 목적: 현재 자신이 가진 관심을 통해 자신을 인식하고 타인과의 차이점을 발견한다. 그로써 자신의 긍정적인 부분과 부정적 요인을 알 수 있게 된다.
③ 재료: 전지, 여러 가지 그림도구

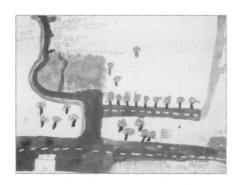

◀ 그림 25 지도 그리기
학교에서 집에 이르는 길을 그린 아동의 작품. 아동의 관심은 놀이터와 문구점으로 보인다(좌측 상단과 우측 하단). 지도 그리기는 아동의 관심사를 알 수 있으며, 기억에 대한 시각적 재현을 통해 아동의 표현력과 관찰력을 촉진시킬 수 있다.

3

미술치료의 매체

1) 미술매체의 심리적 특성

미술치료에는 일반적인 미술재료뿐 아니라 주위에서 흔히 볼 수 있는 흙이나, 나뭇잎, 돌 등과 같은 자연물 혹은 소금, 콩, 설탕 등의 음식 재료가 이용되기도 한다. 이러한 선택은 대부분 환자(내담자)의 선호도에 따르는 게 대부분이지만, 환자(내담자)의 현 수준에 따라 치료사의 지시가 따르기도 한다.

미술치료에 있어서 매체의 선택은 계획의 한 부분으로 환자(내담자)의 치료에 있어 매우 중요하다 할 수 있다. 어떤 매체를 사용하느냐에 따라 환자(내담자)의 반응(적극성, 흥미유발, 집중도, 정서적 반응)은 변화될 수 있기 때문이다.

즉, 매체의 특성은 치료대상자에게 이지적 · 정서적으로 다른 심리적 표현을 불러일으킬 수 있어 환자(내담자)의 심리를 변화시킬 수 있다 (정현희, 2006).

따라서 미술치료에 사용되는 매체의 특성을 이해하는 것은 미술치료 프로그램을 계획하는 데 중요하다 할 수 있다. 환자(내담자)의 심리적 통제를 기준으로 한 미술매체에 대한 일반적 특성은 다음과 같으며, 1로 갈수록 통제가 낮은 재료가 된다.

▼ 표 1 통제를 기준으로 한 매체의 특성(Landgarten, 1987)

1	2	3	4	5	6	7	8	9	10
젖은 점토	그림 물감	부드러운 점토	오일 파스텔	두꺼운 펠트지	콜라주	단단한 점토	얇은 펠트지	색연필	연필

2) 미술매체

(1) 종 이

그림을 그리기에는 좋은 종이를 선택하는 것이 매우 중요하다 (Malchiodi, 2000). 종이에는 크기와 재질, 색상 등의 차이에 따르는 여러 종류가 있으며, 환자(내담자)의 환경에 따라 선택될 수 있다. 그림 그리기에 자신이 없는 환자(내담자)의 경우는 색상이 들어간 종이(이 경우는 그림도구에 있어 발색이 좋은 포스터칼라나 아크릴물감을 사용하는 것이 좋다) 혹은 큰 종이보다는 작은 종이를 사용하여 쉽게 완성도를 높일 수 있고 성취감을 느끼도록 하는 것이 도움이 된다. 어떤 심리적 원인이 있어 필압이 강한 환자(내담자)의 경우, 얇은 종이는 찢어지는 경우가 많으므로 두꺼운 종이를 사용하는 것이 좋지만, 때론 찢어지는 과정 자체를 즐기는 수도 있으므로 치료사의 적절한 판단이 요구된다. 그러나 그러한 행위가 병적일 수도 있으므로 적절한 프로그램을 통해 서서히 수정할 수 있도록 한다. 뇌성마비의 경우 움직임의 범위가 크므로 작은 종이보다는 큰 종이에 작업할 수 있도록 하는 것이 좋다. 위축된 아동의 경우 너무 큰 종이는 위압감을 줄 수 있기 때문에 주의하도록 한다. 정신지체나 학습장애 아동의 경우 낱장 종이보다는 스케치북을 사용하여 차례에 대한 개념을 심어 주는 것도 도움이 된다. 놀이나 율동이 통합적으로 사용되는 미술치료 프로그램에서는 두루마리로 되어 있는 종이를 사용하는 것도 좋다(굴리면서 그리고, 멈춘 뒤 그리고, 하는 반복적 동작과 그림을 그리는 화면이 움직인다는 점에서 아동의 흥미와 호기심을 자극할 수 있다).

찢기와 같은 활동이 필요한 프로그램에서는 종이의 결에도 신경을 써야 하며, OH필름지는 밑그림을 직접 대 보고 그릴 수 있어서 그대로 따라 그리는 작업이 도움이 되는 정신분열증 환자, 산만한 아동, 발달장애 및 쓰기장애가 있는 아동에게 적절히 사용될 수 있다. 종이의 종류는 화선지나 한지 등과 같이 침투성이 강하고 부드러운 것에서부터 와트만지처럼 거칠고 울퉁불퉁한 종이에 이르기까지 무척 다양하며, 환자(내담자)의 증상, 연령 및 회기의 프로그램에 따라 사용되는 종이도 달라진다. 또한 종이의 크기는 환자(내담자)의 선호도에 따라 원래의 종이 크기 그대로 쓰이기도 하지만, 더 작게 잘라지거나 혹은 이어 붙여 사용될 수도 있다.

(2) 연 필

연필은 가장 친숙하고 접근이 용이한 재료로 딱딱하고 부드러운 정도에 따라 구분된다. 2H, HB, 2B, 4B 연필이 있다. H는 Hard, B는 Black의 머리글자로 H의 숫자가 높을수록 단단하고 흐리게 써지며, B의 숫자가 높으면 부드럽고 진하다. 따라서 HB는 4B보다 얇은 선을 그을 수 있고, 4B는 진한 선을 만들 수 있다. H는 심이 단단하고 흐려서 그림을 그리기엔 적당하지 않다. 높은 숫자의 B심은 통제력이 강한 매체로 어린 아동에게는 크레파스나 색연필을 경험한 후에 제공하는 것이 좋다. 연필은 세밀하고 정교한 묘사, 날카로움과 활기를 표현하는 데 모두 이용되고 있고 그 용도는 매우 다양하다. 그림 진단에서 필압이나 선의 형태 등으로 환자(내담자)의 심리를 파악하는 것도 연필이 가지는 이러한 특성 때문이다.

또한 연필을 사용함에 있어서 좋은 지우개를 구입하는 것도 매우 중요하다(Malchiodi, 2000). 연필은 통제가 강한 매체이긴 하지만 지울 수 있다는 장점이 있어서, 위축되거나 그리기에 자신이 없는 아이들이 많이 사용하기도 한다.

328

(3) 색연필

색연필은 심이 여러 색으로 구성되어 있으며, 하드 색연필, 소프트 색연필, 수채 색연필 등으로 구분된다. 하드 색연필은 심이 가늘고 단단하여 섬세한 작업에 많이 사용되며 소프트 색연필은 심이 두껍고 부드럽다. 수채 색연필은 그대로 쓸 수도 있지만 붓에 물을 묻히거나 젖은 스펀지를 이용하면 부드러운 효과를 낼 수 있다. 결벽증이 있는 환자(내담자)들은 손에 묻는 크레파스보다는 색연필을 선호하는 경향이 있다.

또한 소프트 색연필은 껍질을 벗겨 사용하는 것과 손잡이를 돌려 사용하는 색연필이 있는데, 이러한 도구의 사용은 정신지체나 발달장애 아동의 인지에 도움을 줄 수 있다.

(4) 파스텔

파스텔은 가루로 되어 있어 선과 테두리가 부드럽고 잘 섞을 수 있다는 장점이 있지만, 먼지가 많이 나기 때문에 장소가 더럽혀지기 쉽고, 또렷한 색이 나오지 않아 선명한 색채를 원하는 환자(내담자)에게는 적절하지 않다. 또한 결벽증이 심한 환자(내담자) 경우 손에 가루가 묻는 것에 대한 저항이 많기도 하다. 그러나 파스텔은 부드러운 느낌과 은은한 색상을 나타낼 수 있는 장점을 지니고 있어 그림을 잘 그리지 못해도 분위기 있는 작품이 나올 수 있으며, 손가락을 사용하여 도화지 위에서 직접 색을 섞거나 문지르는 과정 등을 통해 손에 대한 감각기능을 활성화할 수 있다.

작품이 완성된 후에는 반드시 정착액을 뿌려야 하며, 장기보존을 위해선 유리액자를 하는 것이 좋다.

329

(5) 크레파스

크레파스는 색을 다루는 재료 중 가장 친숙한 재료일 것이다. 크레파

▲ 그림 26 스크래치 기법

아동에게 친숙한 기법이다. 여러 색의 크레파스를 칠한 뒤 그 위에 검은색 크레파스를 덧칠하여 가늘고 굵은 여러 가지 기구를 사용하여 긁어내어 다양한 효과를 낸다.

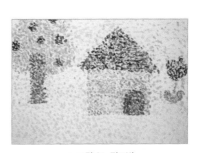

▲ 그림 27 점묘법

점을 찍어 형태를 완성하는 기법으로 독특하고 재미있는 결과를 얻을 수 있지만, 너무 큰 화지를 사용할 경우 흥미를 잃게 되며, 지치기 쉽다.

▲ 그림 28 지우기 기법
크레파스로 칠한 뒤 지우개로 표현하고자 하는 만
큼 지우는 기법으로 색다른 분위기를 볼 수 있다.

▲ 그림 29 시너로 문지르기
크레파스로 그림을 그린 뒤 솜에 시너를 묻혀 녹여 문
지르는 기법으로 파스텔과 비슷한 효과를 나타낸다.

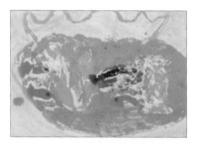

◀ 그림 30 크레파스 판화
사포에 크레파스로 그림을 그린 뒤, 종이를 올려놓
고 다리미로 다려 찍는 기법이다. 기법 자체가 아
동의 흥미를 돋우며 작업 완성에서의 만족도가 매
우 높다. 그러나 꼼꼼히 칠해야 만족된 결과를 얻
을 수 있고, 열에 의한 표현이기에 통제가 필요하
다. 사포의 거친 정도에 따라 각기 다른 효과를 얻
을 수 있다.

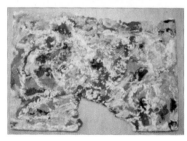

◀ 그림 31
촛불에 크레파스를 녹여 스티로폼에 찍는 기법으
로 유화와 비슷한 효과를 볼 수 있다. 위험하기 때
문에 각별한 주의가 필요하다.

스는 재료를 다루기가 쉽고 사용이 간단하여 부담 없이 자유로운 표현
이 가능하다. 그러나 한번 칠하고 나면 수정이 어렵고 강하게 색칠하면
가루가 나온다는 단점이 있기도 하다. 크레파스는 일반적으로 그리는
데 많이 사용되지만 <그림 26~그림 31>과 같은 여러 가지 기법을 사용
하여 색다른 느낌을 얻을 수 있다.

(6) 물감류

① 수채 물감

수채 물감은 물의 양과 종이의 종류에 따라 흡수가 다르며, 종이의 경사에 따른 흐름이 있어 통제가 매우 어려운 매체이며, 미술치료에서는 일반적으로 불기, 찍기, 데칼코마니, 뿌리기, 흘리기 등의 놀이요소가 많은 작업에 사용된다. 물을 많이 사용하면 맑고 경쾌한 느낌이 들며 반대로 물을 적게 사용하면 무겁고 힘찬 느낌을 준다. 또한 튜브용기의 수채 물감을 손으로 눌러 짜는 과정은 스트레스 해소와 소근육 활동에 효과적이다. 단, 이러한 형태의 치료에는 적당한 용기의 물감이 필요하다(손에 들어갈 정도의 두께와 충분히 짤 수 있을 정도의 물감 용량이 필요하다).

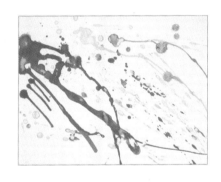

◀ 그림 32 **뿌리기와 흘리기를 이용한 기법**
뿌렸을 때의 힘과 부는 정도에 따라 그 속도가 달리 느껴진다. 놀이식 접근이나, 스트레스 해소에 많은 도움이 된다.

② 아크릴물감

아크릴물감은 수채 물감에 비해 건조가 빨라 단시간 작업에 좋지만 값이 비싸다는 단점이 있다. OHP나 우드락, 아크릴판 등에도 발색이 되며, 두터운 표현을 할 수 있고, 물을 많이 섞어 사용하면 수채화 물감과 같은 느낌을 낼 수도 있어 다양한 프로그램에 사용될 수 있다.

(7) 점토류

점토의 종류는 무척 다양하다. 갈색 점토, 흰색 점토, 지점토 외에 다양한 색상을 가진 컬러 점토도 있다. 또한 신문지 죽과 밀가루 풀을 섞어 점토를 만들 수도 있다(종이 죽). 물에 신문지를 불린 뒤 작게 찢는 활동과 밀가루 풀을 섞는 과정은 아동들에게 흥미와 재미를 불러일으키며, 소근육 활성 및 에너지 발산을 통한 스트레스 해소에 많은 도움을 줄 수 있다.

◀ 그림 33 종이 죽 만들기
미술활동은 값싼 재료로도 얼마든 충분히 만족감을 느끼며 즐길 수 있다. 아동은 이런 자유스러운 표현을 통해 스트레스를 해소하고, 자신의 표현력을 증진시킬 수 있다. 재료를 만들어 쓰는 과정은 사람을 좀 더 융통성 있고 창의적으로 만들 수 있다.

(8) 지우개

지우개는 환자(내담자)에게 작품 제작 시(연필 사용 시) 수정할 수 있다는 특성 때문에 편안함을 주는 재료이다. 지우개를 자주 사용하는 것은 환자(내담자)의 불안, 방어, 저항 및 작품완성에 대한 부담감(잘 그려야만 한다는 강박적인 사고)을 의미하기도 한다. 4B 연필 사용할 때는 일반 지우개보다는 미술용 지우개를 사용하는 것이 깔끔하다.

(9) 테이프

테이프는 굵기, 재질, 색상, 용도 등에 따라 무척 다양하다. 풀이나

▲ 그림 34 테이프 인형

시중에서 판매되는 색 전기 테이프는 다양한 용도로 활용된다. 좌측의 사진은 철사로 뼈대를 만든 인형. 아동치료에서는 스스로 장난감을 만들어 흥미를 유발하여 집중력을 키울 수 있다. 자신감과 만족감이 큰 작업이다.

▲ 그림 35 미로 만들기

테이프로 미로를 만드는 작업. 출발에서 나오는 출구를 생각하며 테이프를 붙이게 된다. 집중력을 키울 수 있다. 지루해한다면 재미있는 물건들을 출구에 두고 게임식으로 진행한다면 좋은 효과를 기대할 수 있다.

본드처럼 마를 때까지 고정물을 고정시켜야 할 필요가 없다는 장점이 있기는 하지만, 쉽게 떨어지는 단점이 있기도 하다. 일반 투명 테이프 외에 다양하지는 않지만 몇 가지 색으로 구성되어 있는 비닐테이프는 고정 용도뿐 아니라 디자인적으로도 충분히 활용될 수 있다.

(10) 가 위

종이 두께, 자르고자 하는 재료(헝겊, 철사 등)에 따라 사용하는 가위의 종류도 달라진다. 또한 어린 아동을 위한 안전가위, 뾰족하거나 둥근 모양을 낼 수 있는 핑킹가위도 있다.

공격성이 강하거나, 정신분열증 환자 등은 가위 사용에 특히 신중해야 한다.

(11) 붓

붓의 종류는 무척 다양하다. 수채화 물감, 포스터컬러, 아크릴물감 등 물감의 종류에 따라 붓의 종류도 달라진다. 수채화 물감은 붓털이 부드럽고, 물감을 묻혔을 때 물을 머금은 채로 탄력이 강해야 좋은 붓이라 할 수 있다.

사용한 물기를 적당히 제거한 후 걸어 말리거나, 털이 위로 가게 보관해 두는 것이 좋다. 페인트용 붓은 크기가 다양해서 큰 종이를 사용하는 작업이나, 집단화 작업 시 많이 사용되며, 어린 아동들에게 흥미를 유발시켜, 작업의 집중도를 높일 수 있으며, 스트레스 해소에도 도움이 된다. 넓은 면적을 칠하는 데 유용하게 쓰인다.

(12) 풀

풀 역시 접착물의 종류에 따라 다르게 선택된다. 딱풀, 물풀, 밀가루풀, 목공용 풀 등 매우 다양하며, 간혹 접착 외의 용도로 쓰기도 한다. 밀가루 풀은 물감과 함께 섞어 핑거페인팅 작업에 쓰이기도 하며, 신문지 등과 함께 종이 죽을 만들기도 한다. 우드락용 본드는 시중에 그리기에 사용될 수 있도록 용기에 담아 판매되는 것이 있는데, 밑그림을 그린 후 우드락 본드로 선을 따라 흘려 그린 뒤 말리고, 그 위에 래커를

◀ 그림 36 **우드락 본드 그림**
직접 자유롭게 작업을 하는 경우는 발산이나 이완작업이 되며 스케치한 뒤의 작업은 조절 능력을 기르도록 하는 장점이 있다. 붙이는 용도로 쓰이는 재료가 그리기 재료가 되는 것은 다양한 사고를 기를 수 있도록 한다.

뿌리면 근사한 작품이 된다. 이 작업은 흐르는 우드락용 본드를 조절하여 그려야 하므로 집중력과 조절능력이 요구된다.

(13) 기타

그 외에도 미술치료에 사용되는 재료는 무척 다양하다. 끈이나 리본, 공 모양의 스티로폼, 여러 가지 장식들, 솜이나 잡지에 들어간 여러 가지 사진, 콩이나 조와 같은 곡식에서부터 모래, 조개껍데기 등에 이르기까지, 내담자에게 위험하지만 않다면 얼마든 다양한 재료가 사용될 수 있다. 그리고 이처럼 다양한 재료의 표현은 내담자의 창의력과 표현력을 증대시키고, 자신감과 함께 활력을 불어넣어 줄 수 있다.

▲ 그림 37. 그림 38 다양한 매체를 사용한 작품

- 김동연 외(1987). 『유아의 특수교육』(전주: 진아출판사).
- 김선현(2006). 『마음을 읽는 미술치료』(서울: 넥서스).
- 노부자(1989). 「미술교육에서의 입체 개념 형성을 위한 기초연구」(한양대학교 논문집 6).
- 김정선(1997). 「미술과 교육내용 비교 고찰」(한국초등미술교육학회, 사향미술교육논총).
- 서울교육대학교 미술교육연구회 역(1995). 아이스너, 『새로운 눈으로 보는 미술교육』(서울: 예경).
- _____(1993). 로웬필트와 브리테인, 『인간을 위한 미술교육』(서울: 미진사).
- 이규선 · 김동영 · 전성수(1995). 『미술교육학 개론』(서울: 미진사).
- 이성도(1999). 「미술과 수업에서 교육매체 활용의 방향」(한국교원대학교 교원교육 15).
- 이정환(1993). 『유아를 위한 미술교육』(서울: 교문사).
- 이정환 · 박은혜(1995). 『교사를 위한 유아관찰 워크북』(한국어린이 육영회).
- 이택중(1985). 「회화요법의 이론과 실제」, 『임상예술』.
- 전성수(2006). 『교과교육학 & 미술교육학』(경기: 한국학술정보(주)).
- 전성수 외(2003). 『함께 배우는 미술』(서울: 예경).
- 정여주(2003). 『미술치료의 이해』(서울: 학지사).
- 정여주 · 최재영 · 신승녀(2002). 「유아미술치료」(수원여자대학).
- 정현희(2006). 『실제적용 중심의 미술치료』(서울: 학지사).
- 정희남(1994). 『신나는 미술교실』(서울: 생활지혜사).
- 한국미술치료학회(1994). 「미술치료의 몇 가지 기법들」, 『미술치료연수회자료집』 5.
- _____(2001). 「미술치료의 이론과 실제」, 『미술치료연수회자료집』 31.
- 박주연(1999). 「자기표현 미술활동이 정서장애아동의 자아개념에 미치는 효과」(대학교 대학원 석사학위논문)

336

- 이근매 · 박주연(1998). 「미술치료활동 프로그램이 정신지체아동의 부적응 행동개선과 사회성에 미치는 효과」.
- Cathy A. Malchiodi(2000), 미술치료(The Art therapy sourcebook), 최재영 · 김진연 역 (서울: 조형교육).
- 수잔핀처 지음, 김진숙 옮김(1998). 『만다라를 통한 미술치료』(서울: 학지사).
- 수잔스드리거, 정환 옮김(1995). 『창조적 사고를 하는 아이로 키우는 법』(서울: 서림문화사).

- Dewey, J.(1902). The child and the curriculum. chicago: Unirersity of chicago.
- Landgarten,(1987). Family art psychotherapy. N. Y: Brunner/Mazzel, Pub.
- Peterson, P.(2000). Der Therpeut alt Kinstler. Hannover, M.
- Eisner, E. W. & Vallance, E.(1974). Conflicting conceptions of curriculum. California: Mocutchan Publishing.
- Goleman, D.(1995). Emotional intelligerce. N. Y: Bantam.
- Lowenfeld, V.(1957). Creative and mental growth. New York: Macmillan Publishing.
- Lowenfeld, V. & Brittain, W. L.(1964). Creative and mental growth. New York: Macmillan Publishing.

HTP검사 보고서

이름:	나이:	성별:	생년월일:

주소:

연락 전화번호:　　　　　　　E – Mail:

직업:

의뢰사유

가족배경과 개인력　　　　　　FAMILY TREE

검사 시의 행동 관찰

요약 및 검사자의 견해

검사일시:	검사장소:	검사자:

	1. 전체적 인상

<table>
<tr><td rowspan="2">2. 형식적 분석</td><td>1. 그림의 크기:</td></tr>
<tr><td>2. 그림의 위치:
3. 필압:
4. 선의 형태:</td></tr>
</table>

3. 내용적 분석

필수성분

내 용		유	무	형 태	해 석
집 그 림	지붕				
	벽				
	문				
	창문				
	굴뚝				
	수관				
나 무 그 림	줄기				
	가지				

341

3. 내용적 분석	나무그림	뿌리					
		열매					
	사람그림(女)						
	사람그림(男)						
4. 전체적 인상							

그림 그린 후의 질문

1. 집 그림

① 이 집은 시가지에 있는 집입니까?

② 이 집 가까이에 다른 집이 있습니까?

③ 이 그림의 경우 날씨는 어떠합니까?

④ 이 집은 당신에게서 멀리 있는 집입니까?

⑤ 이 집에 살고 있는 가족은 몇 사람입니까? 어떤 사람들입니까?

⑥ 가정의 분위기는 어떠합니까? 따뜻한 가정입니까? 애정이 없는 가정입니까?

⑦ 이 집을 보면 무엇이 생각납니까?

⑧ 이 집을 보면 누구의 일이 생각납니까?

⑨ 당신은 어떤 집에 살고 싶습니까?

⑩ 당신은 이 집의 어느 방에 살고 싶습니까?

⑪ 당신은 누구와 이 집에 살고 싶습니까?

⑫ 당신의 집은 이 집보다 큽니까? 작습니까?

⑬ 이 집을 그릴 때 누구의 집을 생각하고 그렸습니까?

⑭ 이것은 당신의 집을 그린 것입니까?

⑮ (특수한 집인 경우) 왜 이 집을 그렸습니까?

⑯ (그림에서 이해하기 곤란한 부분에 대하여) 이것은 무엇입니까?

⑰ 이 그림에 더 첨가하여 그리고 싶은 것이 있습니까?

⑱ 당신이 그리려고 했던 대로 잘 그려졌습니까? 어떤 부분이 마음에 들지 않습니까?

2. 나무 그림

① 이 나무는 어떤 나무입니까?

   (확실하지 않은 때는 상록수인가, 낙엽수인가를 묻는다.)

② 이 나무는 어디에 살고 있는 나무입니까?

③ 한 나무만이 있습니까? 숲 속에 있는 나무입니까?

④ 이 그림의 경우 날씨는 어떠합니까?

⑤ 바람이 불고 있습니까? 불고 있다면 어떤 바람이 어느 방향으로 불고 있습니까?

⑥ 해가 떠 있습니까? 떠 있다면 어느 쪽에 떠 있습니까?

⑦ 이 나무는 몇 년쯤 된 나무입니까?

⑧ 이 나무는 살아 있습니까? 말라 죽었습니까? 말라 죽었다면 언제쯤 어떻게 말라 죽
었습니까?

⑨ 이 나무는 강한 나무입니까? 약한 나무입니까?

⑩ 이 나무는 당신에게서 누구를 생각나게 합니까?

⑪ 이 나무는 남자와 여자 중 어느 쪽을 닮았다고 생각합니까?

⑫ 이 나무는 당신에게서 어떤 사람을 느끼게 합니까?

⑬ 이 나무는 당신으로부터 멀리 있는 나무입니까? 가까이 있는 나무입니까?

⑭ 이 나무에 필요한 것은 무엇입니까?

⑮ 이 나무는 당신보다 큽니까? 작습니까?

⑯ (상흔 등이 있으면) 이것은 무엇입니까? 어떻게 해서 생겼습니까?

⑰ (특수한 나무인 경우) 왜 이 나무를 그렸습니까?

⑱ (이해하기 곤란한 부분에 대하여) 이것은 무엇입니까? 왜 그렸습니까?

⑲ 이 그림에 더 첨가하여 그리고 싶은 것이 있습니까?

⑳ 당신이 그리려고 했던 대로 잘 그려졌습니까? 어떤 부분이 마음에 들지 않습니까?

3. 인물화(남녀 각각의 인물화에 대하여)

① 이 사람의 나이는 어느 정도입니까?

② 결혼했습니까? 가족은 몇 명 정도이며, 어떤 사람들입니까?

③ 이 사람의 직업은 무엇입니까?

④ 이 사람은 지금 무엇을 하고 있습니까?

⑤ 지금 이 사람은 무엇을 생각하며, 어떻게 느끼고 있습니까?

⑥ 이 사람의 신체는 건강한 편입니까? 약한 편입니까?

⑦ 이 사람은 친구들이 많습니까? 어떤 친구들입니까?

⑧ 이 사람은 어떤 성질의 사람입니까? 장점과 단점은 무엇입니까?

⑨ 이 사람은 행복합니까?

⑩ 이 사람에게 필요한 것은 무엇입니까?

⑪ 당신은 이 사람이 좋습니까? 싫습니까?

⑫ 당신은 이러한 사람이 되고 싶습니까?

⑬ 당신은 이 사람과 함께 생활도 하고 친구가 되고 싶습니까?

⑭ 이 사람을 그리고 있을 때 누구를 생각하고 있었습니까?

⑮ 이 사람은 당신을 닮았습니까?

⑯ (특수한 사람인 경우) 왜 이 사람을 그렸습니까?

⑰ (그림에서 이해하기 곤란한 부분에 대하여) 이것은 무엇입니까?

⑱ 이 그림에 더 첨가하여 그리고 싶은 것이 있습니까?

⑲ 당신이 그리려고 했던 대로 잘 그려졌습니까? 어떤 부분이 그리기 어려웠고 마음에 들지 않습니까?

미술치료 회기 기록지

1) 전체 사항

주제/기법		일시/회기	
장 소		시 간	
회기목표			
준비물		참석자 정보 (치료사/참관자)	

2) 내담자 정보 및 회기 기록사항

대상자 이름/나이/성별 주 증상	미술치료과정 기록	치료사 평가

3) 전체 결과 및 추후의 목표와 방향

자유화분석 보고서

	형 태	해 석
전체적인 인상		
분 류		
색		
선		
공간 — 크기		
공간 — 위치		
주제		
상징		
줄거리		
자아방어기제		
요 약		

347

유 미

경희대학교 사범대학 미술교육학과 졸업
동국대학교 문화예술대학원 예술치료학과 졸업(미술치료 전공 – 예술치료학 석사)
경희대학교 일반대학원 사학과 박사과정 수료(미술사 전공)
독일 드레스덴 미술치료대학원 Kunstetherapie mackenspie 과정 수료
독일 Artaban Kunstetherapie Schule 인지학 미술치료 과정 수료
독일 헤어텍 대학교 부속병원 인지학 미술치료 과정 수료
영국 런던 CHT(Community Housing & Therapeutic) 인턴십 과정

성균관대학교 겸임교수 역임
경기대학교 대학원, 동국대학교 대학원, 영동대학교 강사 역임
경기대학교, 용인송담대학교, 홍익대학교 미술교육원 강사 역임
한국정신보건미술치료학회 부회장
한국조형교육학회 정회원
현) 아트포미미술치료연구소장
　　웨스트민스터 신학대학교 대학원 겸임교수
　　경희사이버대학교, 동국대학교, 광운대학교 대학원 출강
　　서울탑 마음 클리닉 미술치료사
　　한국정신보건미술치료학회 부회장
　　한국조형교육학회 정회원
　　INDTC(International Network of Democratic Therapeutic Communities) 이사

주요활동

한라그룹 홍보실 디자이너
갤러리 프린스 인 큐레이터
더리미 미술관 학예사 겸 문화센터 강사
서울시립 용인정신병원 미술치료 임상실습
서울시립아동복지센터 미술치료사
새중앙아동발달센터 미술치료사
황원준 신경정신과 미술치료사
경기도 제2청사 여성문화기획과정 출강
대한임상미술치료학회 임상수련교육과정 강사 역임
용인시 정신보건센터 미술치료사
특수 분야 교사직무연수 출강(미술치료)

독일 프뢰벨 특수학교 미술치료프로젝트 참가(동서의 만남)
장애아동 미술치료 피크닉 행사
다문화 가족 미술치료 피크닉 행사
장애아동 미술치료 피크닉 행사
다문화 가족 미술치료 피크닉 행사
탄생에서 죽음까지 – 더리미 미술관(2008. 전시기획)
상여가는 길/전통 장례문화 재현 – 더리미 미술관(2008. 전시기획)
허수아비전 – 더리미 미술관(2008. 전시기획)
더리미 미술관 청소년 도예전(2008. 전시기획)
더리미 미술관 실버 도예전(2009. 전시기획)

통합예술치료축제 "숨겨진 멋진 너를 찾아봐" – 숙명여자대학교(2009, 미술치료부문기획)
갤러리 Si 이야기가 있는 그림전(2011, 전시기획)
갤러리 Si 인지학 미술치료 소개전(2011, 전시기획)
갤러리 Si 테마가 있는 아동 미술전 – 꿈을 나누다(2011, 전시기획)
한국정신사회재활협회 "Peace in mind"전(2011, 전시기획) – 갤러리 푸쉬케, 갤러리 Si 순회 전시
아동미술전 – 꿈, 희망, 사랑(2012, 전시기획)
인지학미술치료 개인전(2012)

주요논저
『현장적용을 위한 미술치료의 이해』(2007)
『(개정판) 현장적용을 위한 미술치료의 이해』(2010)
『정신분열증 환자의 미술치료와 삶의 질』(2010)
『현장적용을 위한 미술치료 프로그램과 진행』(2010)
『가족미술치료와 물고기 가족화의 해석』(2011)
『미술치료와 삶의 질』(2005)/동국대학교 석사학위논문
『만성정신분열증환자의 미술치료와 삶의 질』(2005)
『커뮤니케이션 매체로서의 미술』(2006)
『만성정신분열증환자의 미술치료 임상사례 – 집단미술치료과정에 따른 작품변화를 중심으로』(2006)
『미술작품 속에 보이는 자아방어기제』(2007)
『미술치료실증사례연구 – 미술치료의 사회적 기여도에 관한 연구』(2009)
『정신보건센터에서의 미술치료 임상사례 – 풍경구성법의 변화를 중심으로』(2010)

방송출연
EBS <생방송 60분 부모> 패널
EBS <다큐프라임 엄마가 달라졌어요>
EBS <다큐프라임 남편이 달라졌어요>
KBS <해피하우스>
KBS <동행>
KBS <열린 TV>
EBS <다큐프라임 부모가 달라졌어요>
EBS <다큐프라임 부부가 달라졌어요>
EBS <다큐프라임 가족이 달라졌어요>
SBS <우리 아이가 달라졌어요>
외 다수

최신 개정판 현장적용을 위한

미술치료의 이해

초판인쇄 2013년 9월 20일
초판 2쇄 2019년 1월 11일

지은이 유 미
펴낸이 채종준
기 획 이주은
편 집 정지윤
마케팅 송대호
디자인 이효은

펴낸곳 한국학술정보(주)
주 소 경기도 파주시 문발동 파주출판문화정보산업단지 513-5
전 화 031) 908-3181(대표)
팩 스 031) 908-3189
홈페이지 http://ebook.kstudy.com
E-mail 출판사업부 publish@kstudy.com
등 록 제일산-115호(2000.6.19)

ISBN 978-89-268-4649-0 93180 (Paper Book)
      978-89-268-4650-6 95180 (e-Book)

이담 한국학술정보(주)의 지식실용서 브랜드입니다.